JN257041

SD選書 265

劇場空間の源流

本杉省三 著

鹿島出版会

劇場は生きている

劇場は、演者と観客によって作られる。演者と観客は一定の時間と場を共有し、ひとつの物語あるいはひとつの音楽をともに作り出す。どちらが欠けても成り立たない。演劇も音楽もその時間が過ぎてしまえば消えていってしまうもので、一つひとつが独自の時間と空間を持つところに大きな特徴がある。具体的な形でなく、記憶として人の心に残るのが演劇や音楽、劇場の中身である。建築空間がそこにあるかないかは問題にならない。そして、そうした行為が繰り返されていく過程で劇場やコンサートホールという特定の場が生まれ、建築的な意味を持つことになる。建築としての劇場空間は、それらを支援する場を提供しているに過ぎない。とはいえ、ひとたび建築としての劇場が存在すれば、そこに強い性格を持った場が生まれるのも必然で、劇場建築は黒子であると同時に主役にもなるということになる。そこに劇場建築を巡る話題の根源がある。だから、いつもその成り立ちに戻って考える必要がある。

劇場の源流を辿っていくと、劇場が見る空間であると同時に、聴く空間、あるいはそれ以上に居る空間であることを教えられる。確かに、物語の展開にとって、背景や衣裳による場や時の設定は欠かせないものだろう。ただ、立派な道具立てや照明・音響設備など持たない舞台であっても、せりふのやり取りとそれに伴う演技などによって、観客たちがどれほどイメージを膨らませてきたことか、そこに居合わせた人の分だけの物語が作り出されてきたことか、それを思うと心が弾む。そこに自分以外の他者とともに居ること、その居方の作り方が劇場空間の生命であることに気付かされる。それがバラバラにならず、あるまとまりを持って共有されていくことで建築としての劇場が形作られてくる。その場に立ち会った者同士の創造力が芝居を作っていくためにどれだけ大切か、そのイメージのまとまりで芝居の質が決まってくる。そんな体験ができる場として劇場空間を作り出せればどんなに素晴らしいことだろうと思う。見ることも、聞くことも受動的に舞台のままを受け取るのではなく、そこから想像力を持って物語や音楽を作り出すところに劇場作りの楽しさがある。

だからこそ、劇場はもっと豊かなバラエティさの中にあって欲しい。音楽・舞踊・演劇などを演じる人たちの創造力、観客たちの想像力を刺激する場であって欲しい。舞台の邪魔にならず、しかし意識される空間である。多様な公演が行われる劇場では、それに相応しい空間や機能が求められるのは当然なことかも知れないが、ステレオタイプ化された劇場ほど退屈なものもない。シェイクスピアが「There is nothing either good or bad, but thinking makes it so」（『ハムレット』）と語っているように、考え方ひとつでものの見方も変わってくることを心に留めておけば、私たちの気持ちももっと自由になれるはずだ。幅広い視野、多様性を認める考え方、そうした思考なしに文化を理解できないことは多くの人も認めている。そのことを踏まえれば、建築を批評する際に誰もが口にする「使いやすさ」という指標も、実は注意深く振り返ってみる必要があるのだろうと思う。

あなたがもし劇場人なら、音楽や演劇などを行える空間を劇場という場所にこだわらず発見して欲しい。素敵だと思う劇場空間に出会ったら、その魅力を私たちに教えて欲しい。あなたがもし観客ならば、舞台で行われる催しだけでなく魅力ある劇場にも注目して欲しい。旅先でも劇場に出掛け、ここが好きという劇場を見つけて欲しい。ここでこんな公演を聴いてみたい、ここならこんな公演が楽しめそうだという場所をできるだけ多く見つけ出して欲しい。劇場はきっとそうした人々の思いから発生してきたのだろうと思う。演じる側の気持ち、それを見て、聴いて楽しむ人たちの気持ち、それらがひとつになって生まれてきたものだろう。そんなことを考えながら、街を歩き劇場を訪ねるのはいつも楽しい。

目次

DTP　奥山良樹

第一章　生成する劇場空間

1　建築家は劇場空間を用意する

細部は劇場自らが作る

劇場やホールの計画・設計は一筋縄ではいかない。人に聞けば聞いた分だけの劇場・ホールが必要になる。しかも、出来上がってみると、こんなつもりではなかったと言われるのが落ちだ。そうした身勝手さは創造に携わるものなら誰もが持っていることは百も承知している。建築もその仲間だし、自分だって同じだ。住宅にしても同じことだろう。誰だって他人が暮らす住まいを考えるよりも自分のライフスタイル、価値観で思いを巡らすものだ。劇場設計はその自分が沢山集まっている分、多様性に富んでおり、そうした個性・面倒が多い分だけ楽しくもある。何をどのように作っていくのかに常に直面し、しばしば何か割り切れないものを感じている私にとって、何のために、誰のために劇場を作るのかと問われれば、結局のところ、劇場人が逞しく創造力を発揮し、観客がそれを楽しむためにということではないだろうか。この抽象的な目標のために、どのように取り組むべきか私たちはいつも試行錯誤する。

そこで現場に行く。人の話を聞く。異なった意見の中を漂うようにしながら、落とし所を探り出す。一九八〇年代初頭、留学先のベルリンでは実に多くのことを学んだ。ベルリン・ドイツオペラ［1］では、劇場は工場であり学校であると知

1　Deutsche Oper Berlin
一九一九年シャルッテンブルグ・ドイツ歌劇場として設立され、その後の変遷を経て、一九六一年分断された西ベルリンのオペラハウスとして再開場した。一九六三年日生劇場開場時、日本初のオペラ引っ越し公演を行ったことでも知られる。

F・ボーネマン「ベルリン・ドイツオペラ」一九六一年

らされた。シャウビューネ[2]では、観客もまた演出されることを学んだ。それぞれの劇場で技術部に席をもらい、ベルリン・ドイツオペラでは二年、シャウビューネで一年間も各部門に自由に出入りさせてもらいながら、製作場、稽古から本番までを隈無く見せてもらえた。研究とはいえ、日本で外国人をこんな風に扱ってくれる劇場があるのだろうか。危険と隣り合わせの劇場で、である。それを可能にしているのは、彼らの自信と責任感だ。建築家は原型を作るが、細部は劇場自らが作る、そんな自負を心強く思う。

劇場は今を実感し体験する場である

劇場人は誰しも挑戦者たらんとしている。今までにない解釈、今までにない方法で作品を作ろうとする。それは創造者として当然のことだろう。それ故、以前に行われたものの痕跡が残っているような空間を嫌う傾向がある。客席の照明が消えると共に、その存在が消えてしまうことを望みさえもする。舞台だけが浮かび上がり、舞台と真剣に向かい合う観客の姿を思い描く。二〇世紀以前に建設された様式的・装飾的な劇場空間における主役が建築であるのに対して、現代劇場の主役は舞台芸術そのものでなければならないと主張する。で、その結果二〇世紀後半以降は、真っ黒なインテリアによって作られたブラックボックスタイプの劇場が積極的に作られた。

2　Schaubühne am Lehniner Platz　一九六〇年代ベルリン・ハーレッシェスウファの保険会社ホールを拠点に設立された劇団。六〇年代後半、ブレーメンから移って来たペーター・シュタインらが合流し一躍斬新な作品作りで注目されるようになり、一九八一年から現在の劇場（かつてのUFA社映画館の外観を残しながら内部を大改造）で活動。

E・メンデルゾーン「ウニヴェルズム」一九二八年、J・サワデ改修「シャウビューネ」一九八一年

それは、前世紀のものに比べれば明らかに特徴的な空間だが、地味さが目立つ。存在を意識させない空間を個性的とは言い難い。そんな空間を誰もが望んでいるのかと思って、どこ劇場が好きなのか仲間に聞いてみると、意外だ。オペラやバレエの人は東京文化会館、演劇の人は紀伊国屋ホール[3]、日生劇場[4]、シアターコクーン[5]、世田谷パブリックシアター[6]といったところが上位にくる。どれも決して良い搬入条件とは言えないし、コクーンと世田谷以外は一九六〇年代の施設だ。二一世紀の劇場ではまつもと市民芸術館が高評だ。これらの事例が物語ることは、基本的な計画面がしっかり押さえられていること、観客の心理に働きかける建築的な魅力を有していること、働いている人が仕事に誇りと情熱があること、舞台を作る自由度があること、ものを作ってきた痕跡が染みついていることなどが挙げられる。劇場人にしても両方に引き裂かれた思考の間に生きている。

劇場は演劇に奉仕する場ではない、演劇の言うことを聞きすぎると建築がつまらない、建築が頑張りすぎると演劇を邪魔する。創造的でなければ劇場でない、が、我が儘も無謀も邪魔だ。芸術は不必要なもの、不可能なものによって生き続ける。劇場は教室ではないし、演劇を研究する場にしてはならい。それは、良くも悪くも「現在」を実感し体験する場である。その意味で、演劇は舞台と観客の競演であり共演であるはずだ。観客が自らの視点で舞台と関係付けを行える、そんな選択可能性が幅広く保証された計画であって欲しい。

3 前川國男設計、四一七席、一九六四年開場。
4 村野藤吾設計、一三三〇席、一九六三年開場。
5 石本建築事務所設計、七四七席、一九八九年開場。
6 アトリエR設計、六一二席、一九九七年開場。

p.13
劇場人が好きな劇場
村野藤吾「日生劇場」
伊東豊雄「まつもと市民芸術館」二〇〇四年、一八〇〇席。一三六七席の中ホールも可能。舞台上に実験劇場(三六〇席)を作ることもできる
前川國男「東京文化会館」一九六一年、二三〇三席、大ホール客席
石本建築事務所「シアターコクーン」
アトリエR「世田谷パブリックシアター」

日生劇場

まつもと市民芸術館

東京文化会館

世田谷パブリックシアター

シアターコクーン

戯曲が舞台を必要とするのでなく、舞台がドラマチックな戯曲を必要としているくらいが丁度いい。作家にしても、まだ見たこともない劇場空間を思い浮かべ構想するとは考えられないだろう。自分の経験や見聞の延長線上の世界に入り込んで想像することはあっても、それは大抵ボンヤリとした輪郭のものでしかなく、具体的な姿形を有するものではないだろう。

基本的機能を充足することが求められるだろうが、何もかも用意された劇場から革新的な演劇が誕生するわけでもない。むしろ困難な状況や貧しい場所に立ち向かうところから次世代に繋がる演劇、劇場空間が生まれてきた。

キレイな施設である以上に、五感で感じられる劇場

どうも私たちは、便利さ、使いやすさ、キレイさなどに追いつめられているように思える。文化という言葉には、確かにそうした意味合いもある。広辞苑（第六版）には「世の中が開けて生活が便利になること」という説明がある。文化住宅、文化包丁という表現はまさにそこに由来している。しかし、ある地域・社会が受け継いできた固有の行動・生活、あるいは精神的な働きによって生み出された芸術的活動は、そうした利便性とは時に逆行するものでもある。だから、文化活動には知性と同時に野性も欠かせないし、生命体として全感覚と呼吸し合わなければならないということになる。演出家の鈴木忠志[7]もかつて「身体・空間・

7　鈴木忠志（1939―）
大学在学中から演劇活動を行い、卒業後「早稲田小劇場」を結成。唐十郎、寺山修司らとともに、一九六〇年代演劇をリードした。水戸芸術館（一九八九年）はじめ、公立文化施設における芸術総監督制導入の先導者でもある。

言語」[8]と題した文章の中で、舞台空間は極めて触覚的であるとし、演劇では見ることもまた触角の延長であると位置付けていた。

そのことは建築においても同様に当てはまる。とりわけ、快適化が急速に進んでいる建築空間だからこそ、このことを気に留める大切さを思う。建築技術が向上し、キレイな建築が増えてきている。色々な人たちの意見を聞いて上手くまとめるようになってきているし、計画技術も進んで、以前のような破綻は少なくなってきている。ただその一方で、お決まりのパターンも出来上がってきてしまったようにも思う。どうせ他と同じ活動しかないし、全国ツアーでやってくる公演を受け入れるだけだから、同じでいいんだということで良いのだろうか。

誰にもできない芝居、誰もしたことがない芝居、誰も思ったことがない芝居は、こうした思考からは生まれてこないだろうと思わずにはおれない。舞台がテキストと役者による格闘であるとするならば、その場となる劇場もまた格闘の参加者たるエネルギーを持つものであるのだと思う。野性を秘めずにはおれないというものだ。上手な、キレイな施設である以上に、その場所にしかない、五感で感じられる味わいを忘れない、そんな施設の在り方、活動の在り方を考えられないのだろうか。

8　谷川俊太郎編『住む――ふるさとの環境学』平凡社、一九七九年。同様の内容が、鈴木忠志著『演出家の発想』太田出版、一九九四年にも「合掌造りとの出会い」とタイトルを変えて所収。

劇場空間の全てが人工照明だけという固定観念

劇場にもっと自然光を取り込みたい。こう言うと、何を馬鹿なことを言ってるの、だから建築の人間は分かってないんだと言う声が聞こえてきそうだ。音楽空間における視覚情報の重要性について研究するため[9]、多くの音楽関係者にインタビューをしたり座談会をお願いした時に言われたことだ。半分くらいの人は理解を示してくれたが、もう半分は懐疑的で「コンサートホールは音楽のためにあるのだから音のことだけを考えて設計すればいいのであって、建築デザインなんて二の次でしょ。そんな変なことを考えるから私たちが苦労する。いくら素晴らしい演奏をしても報われないのは、そうした建築側の横暴によるものだ」と言われ、それ以上話が進まなかった場面もあった。しかし、そうした彼らにしても、木のインテリアやキラキラしたシャンデリアが好きなのだ。舞台衣裳に拘るのは、その方が印象的だと思っているからだ。つまり、知らず知らず視覚情報を認めている。よーく話してみると、多くのことは思い込みだったり先入観だったりする。そんなことが劇場にもあるのではないか。

もちろん演出効果・人工的な照明効果のためには、真っ暗な場所である必要がある。それはそうだ。でも、それは照明リハーサルやゲネプロ[10]、そして公演時のことだ。一般の仕込み作業など、それ以外はオフィスのように明るい方が気持ちがいい。電気代も節約できる。自然光が入ってくるホール空間は、一九世紀

9　その成果は『音楽空間の誘い』（日本建築学会編、鹿島出版会、二〇〇二年）にまとめられている。

10　Generalprobe（ドイツ語）の略称。公演初日に先立って、公演同様の条件下で行われる最終稽古。英語ではドレス・リハーサル。

W・M・デュドック設計（一九四一年）、ヴォーダ建築事務所改修「ユトレヒト市立劇場増築」一九九五年、外観、断面図

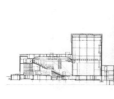

までのコンサートホールではしばしば見られたことで、それほど違和感なく受け入れられようが、プロセニアムを持つ劇場空間では、あまり例のないことなので違和感があるかも知れない。しかし、ユトレヒト市立劇場では建て増しされた舞台がガラスで覆われ、頂部から採光できる仕掛けになっている。確かに直射日光は困るかも知れないが、コントロールされた自然光は私たちをリラックスさせてくれる。そんな考え方から、最近関わったホールでは、自然光を拒否しない計画を心掛けている。ただ、何でもかんでも、どこでもというわけではない。

自然光を採り入れたホール事例
上から
磯崎新「静岡グランシップ」一九九九年、大ホール
C+A「ビッグハート出雲」一九九九年、白のホール
磯崎新「なら一〇〇年会館」一九九九年、中ホール

創造的な劇場は融通性に富む

劇場設計には決まり事が多い。最も見えにくいのが音響に関わることだが、何といっても厄介なのは形式だ。劇場・ホールという形式、施設利用の形式、管理の形式などから来る制約が結構自分たち自身を縛っていることに出会《でくわ》す。個性的で創造的であるはずの劇場が、知らない間に出来上がってきた型に捕らわれていることも少なくない。多目的に劇場やホールを使うことは自然なことだ。ミラノ・スカラ座[11]はオペラだけでなくコンサートも行う。ベルリン・ドイツオペラにも組み立て式の音響反射板が作られていたし、ブレーゲンツのフェスティバル劇場[12]にも大変立派な移動式の音響反射板がある。でも、それを多目的ホールとは誰も呼ばない。劇場が主体的に公演活動をしている。貸しホール中心の日本の多目的ホールとはこの点が全く違う。市民にどのような文化的サービスをするのか、責任を持って働いている組織がある。このため当然劇場空間も違う。組織・施設が形式化された多目的ホールという様子は微塵も感じられない。つまり、創造的たらんとすれば自ずから融通性を持って利用することになる。そんな発想の二点を紹介したい。

まず、ホワイエを積極的に生かすこと。それでなくても劇場・ホール施設は夜型で、活動が表に現れてきにくい。昼間も仕込みやリハーサルが行われ、活動しているが、観客が来るのは夕方から夜になるため、昼間は人気のない施設になり

11　Teatro alla Scala
一七七七年開場、イタリア最高峰のオペラ劇場。歴代の音楽監督にはそうそうたる音楽家が並ぶ。二〇〇二年から足掛け三年にわたって舞台裏を中心に大改修(設計：マリオ・ボッタ)が行われた。

12　Bregenzer Festspiele
一九四六年からボーデン湖ほとりに舞台を作って始まった音楽祭。徐々に施設を整え、現在は中心となる湖上舞台用観客席と一体的に作られたフェスティバル劇場、ワークショップ劇場などを有し国際会議、メッセなど幅広い利用を誘致している。

がちだ。このためせっかく町の中心部などに位置していても、そこだけポッカリ穴が開いたように昼間は活気のない場所になってしまう可能性がある。そこで、できるだけ施設全体を街に対して開き、人々が寄り付きやすい場所とする。新潟りゅーとぴあ、大社文化プレイス、ビッグハート出雲などでは、ロビーやホワイエが街と繋がるよう解放的計画としている。この際、もぎり位置をどこに設定するかを十分に検討しておく必要があることは言うまでもない。が、課題よりも得るものの方が大きい。

上から
ベルリン・ドイツオペラにおけるコンサート（リハーサル）
ブレーゲンツ祝祭劇場におけるコンサート（音響反射板）
日建設計「兵庫県立芸術文化センター」二〇〇五年、客席・音響反射板の連続的なデザイン
伊東豊雄「大社文化プレイス」一九九九年、図書館

もう一つは、利用に対して積極的に応えるホール空間の提案である。コンサートと演劇を一つのホールで行おうとするのは難しい。従来型多目的ホールの発想では、どちらに対しても中途半端で不満が残るものになってしまうことから逃れられなかった。舞台を舞台のままで、客席を客席のままで何とかしようとするから限界があった。しかし、もっと具体的な利用のイメージを持ち、融通性に富んだ空間を発想することができれば、一気にそのギャップを乗り越えることができるはずだ。無論、複数の利用形態を一つの中で実現しようとすれば限界はあるし、矛盾と隣り合わせになる危険もある。それを乗り越えていくのは、建築側と劇場側の協力以外にない。

2　劇場を進行形で考えられないか

仮設で構築される屋根が生み出す共同体意識

地方施設の良さは、距離感である。運営者と出演者・利用者、出演者・利用者と観客、観客同士・利用者同士との距離感は、東京など大都市にはないものがある。むろん出演者は必ずしも他から来る人だけでない、地元民も多い。そこに行けば誰か知っている人に会うというのは、一方で地縁や血縁に強く縛られすぎていると感じる人にとっては煩わしいことだ。しかし、町内会とは別の場所でどこか相通じる価値を持っている別の人と出会うことは、緩やかな関係を築いていく上で大切なことのように思われる。誰かを通して誰かと知り合う、共通の場所・話題が持てることにも繋がるし、そうした近い関係でコミュニケーションの場があるということは、大都会にはない良さである。

ずっと以前から続いている人同士の繋がり、それが煩わしい関係でなく、共同意識を育てるものとして途切れることなく今に至っている地域に出会うと羨ましくなる。そうした繋がりは自然に生まれたものでなく、いろいろな生活の場面、祭りなどを通じて育てられてきた。芸能もその重要な役割を担ってきたことは全国津々浦々に存在していた農村舞台や芝居小屋の数を知れば納得する。その数は、二千数百の公立ホールがあると言われる現在と比較しても圧倒的な量だった。ただ、農村舞台と称される建物は、まさに舞台だけで、客席は屋外の広場的な場所をそのまま土間席とするといった利用がほとんどで、客席まで屋根が全面的に掛けられた全蓋式の芝居小屋の数は全体から見ればそれほど多いとは言えない。客席部分に屋根が仮設される場合もあったことは知られているが、その数は限られたものだった。

そうした中でも赤城山麓上三原田（群馬県渋川市）の事例は注目すべきもので、そこから学ぶことは少なくない。茅葺き屋根の舞台が固定で設けられている点は

農村舞台の多さを示す図

多くの農村舞台と変わらない。しかし、晩秋の歌舞伎公演のためだけに数年に一度仮設で構築される客席部の屋根掛けは見事である。今日では他に見ることができない極めて特徴的な架構である。

松崎茂『日本農村舞台の研究』によれば、舞台部分は文政二（一八一九）年頃赤城山天竜寺の境内に建てられたものを明治一五（一八八二）年現在地に移築したものだという。茅葺き屋根の舞台部分の外観は、農村舞台によく見られるものだが、ガンドウ機構[13]・遠見機構[14]・回転機構・セリヒキ機構[15]といった特徴ある機構が装備され、今日でも機能している。

しかし、何と言っても客席部の屋根には圧倒される。支柱として、なら材三本を束ねて、その間に杉丸太を掛け、更に直行方向に杉丸太を渡して、両方向からの杉丸太を中央部で結束する。両端部に重し（昔は土俵、今はコンクリート塊＋土嚢）を取り付けてアーチを形成し、それらの間に孟宗竹を渡して井桁状に組み連続させることでヴォールト状の屋根を作り出すという豪快な作りである。二〇〇七年の「全国地芝居サミット[16]」開催時、その前は二〇〇一年「国民文化祭・ぐんま二〇〇一農村歌舞伎 in あかぎ」の時に建てられている。一〇月初旬から搬入、組立などが始まり、現場での作業だけでもほぼ一・五か月程度を要しているという。その前、杉材をはじめとした資材の切り出し・調達などを入れると数か月にも及ぶ大変な催しであることに驚かされる。

13　三方の板壁を外側に倒して舞台面を大幅に拡張できる。

14　背景を舞台の奥に更に作れるようにして舞台奥行を実際より深く見せる。

15　演技面となる床を奈落および天井から迫り上げ・下ろす。

16　民俗芸能の保存団体や民俗芸能に関心を持つ個人を会員とする全国地芝居連絡協議会が、一九九〇年から毎年加盟団体自治体が持ち回りで開催。

外観

杉丸太アーチに竹を組み合わせて形成された客席屋根

支柱と丸太梁の部分

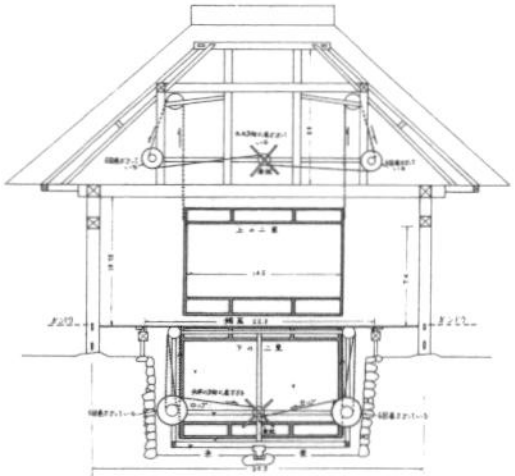

舞台断面図

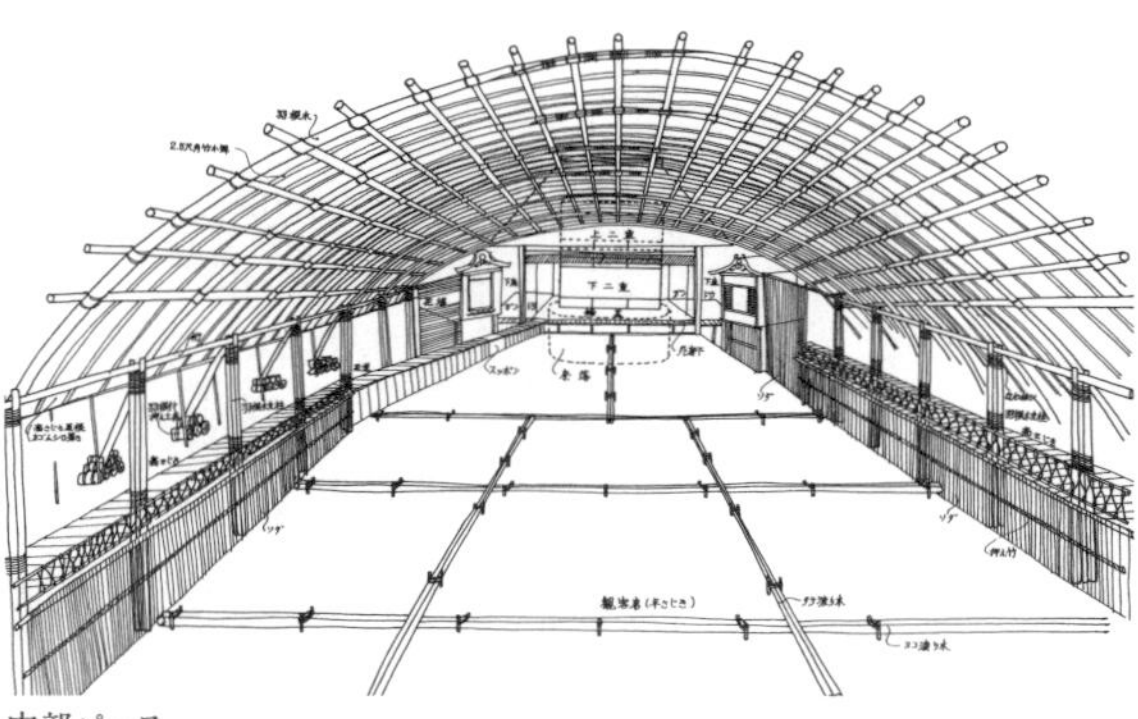

内部パース

「上三原田の歌舞伎小屋」外観、支柱と丸太梁の部分、断面図、パース

しかも、実施する側はほとんど舞台を見ることができない。そうまでして行う理由は何だろう。そこで思い出されるのが、ウィンストン・チャーチル[17]の言葉「We make a living by what we get, but we make a life by what we give（人は得るもので生計を立て、与えるもので人生を築く）」だ。チャーチルの言葉で、上三原田の人たちの心意気を私たちが長いこと忘れてしまっていることに気付かされる。自分と仲間内だけのカラオケとは正反対の精神である。

丸太は全て皮付きのまま、杉丸太と竹の結束などを縄（今では一部番線も使っているが）でしばいていくという有り様は、春日若宮のおん祭[18]における御旅《おたび》所《しょ》「若宮神の行宮《あんぐう》」の造りを思い起こさせる。あくまでも素朴なままの造りや佇まいに、この催しが人々の楽しみである以上に、神に捧げる祭事のようにも思えてくる。これを作るためにどれほど日常生活・業務を犠牲にすることか。そのことが、逆にこうした共同作業が人々の生活にとって重要であることの証しでもある。毎年だとしたら大変なことだろうが、数年に一度の催しとすることで経済的にも労働負担としても凌いでいける、そんな緩やかな決まりもいい。それによって、代々受け継がれる仕組みとなっている。

ここまで大規模でないにしろ、地域の人たちが協力しないことには成立しない舞台・芸能は、実は全国的にもまだ数多くある。どれも共通するのは、自らが舞台を作る側（必ずしも舞台に立つという意味だけでなく裏方や更にその支援業務

17　Winston Leonard Spencer-Churchill (1774-1965) イギリスの政治家・作家。第二次世界大戦中の一九四〇—一九四五年、戦後の一九五一—五五年首相を務める。一九五三年ノーベル文学賞受賞。

18　一一三六年関白藤原忠通により始められた大和一国を挙げて行われる祭り。現在まで途切れることなく続けられており、松の下式やお旅所祭における猿楽や雅楽、神楽や舞楽など、中世以前の芸能をよく伝えているとされる。

を含めて）として参加しているということだ。その手間の掛かり具合はかなり幅広い範囲にあるのだろうが、そうした手間を掛けるからこそ、共同意識も育つというものである。こうした催しは、チャーチルが上手く言い表したように、自ら楽しんでいる以上に他の人達に喜んでもらうことに意義がある。そのことに改めて気付かされる。

成長を担保した劇場づくりを

東北の地では、宮沢賢治が誕生した一八九六年に明治三陸地震、亡くなった一九三三年にも昭和三陸地震に見舞われ、共に津波による大きな被害を被っている[19]。そんな状況下でも、人々は芸能や祭を絶やすことなく伝えてきた。住まい・生活を再建し、次の世代に希望を託すことで人生を築いてきた。そうした人の営みが建物として表現される。建物は、竣工した時から古くなる。人も同じはずだが、生まれたての赤ん坊に対しては「成長する」という言葉を使い、ある年齢を超えてくると「年を取る」という言い方に変化していく。建物は、生まれた時からしっかりした大人としての働きが期待され、全速力で走らなければならない。それがどれほど大変なことか、これまでの歴史を振り返ってみるとよく分かる。

そのことから思うことは、施設にも人のように「成長する」「成長を見守る」「育てる」という期間を余裕を持って見てやることができないだろうか、ということ

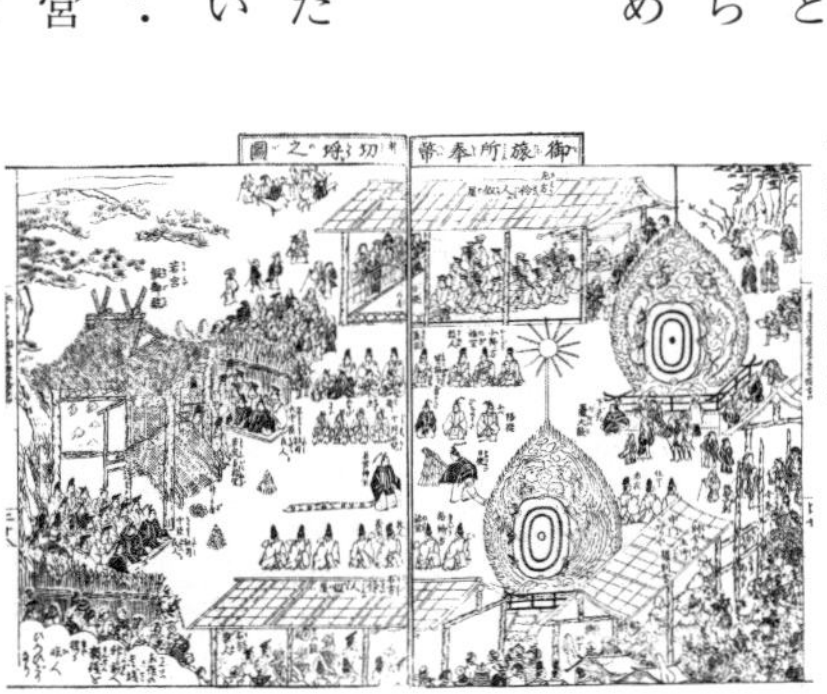

春日若宮おん祭りの御旅所（「春日大宮若宮御祭礼図」）

19　明治三陸地震では、最高海抜三七・二mまで津波が遡上した記録があり、死者・行方不明者が約二万二〇〇〇人の犠牲が出た。昭和三陸地震では、最大遡上高海抜二七・七mで、死者・行方不明者は三〇〇〇人超となった。

である。作った時が完成形でなく、成長する幅や余裕を持たせた施設の在り方、運営の在り方を考えるということだ。メタボリズムのように建築そのものが新陳代謝していくことでなく、活動が成長していくこと、それをきちんとサポートする計画性を持って施設を考えることが必要だろう。

自分たちだけでなく、次世代へと繋がる成長の場として劇場を構築していくこと、そこを問い直してみる必要がある。そのためには、始めから完成形を求めすぎないことではないか。誰しもベストのものを手に入れたいと思う。設計者ももちろんベストを尽くすだろう。しかし、建築は生命を守るという大きな構造的枠組みから、肌に触れる微妙な細部に至るまで様々なスケールとレベルによって成り立っており、一つ一つがほとんど手作りの製品である。それを踏まえ、施設・活動において誰もが参加できる余地を常にとっておくような作り方ができればいいなと思う。

その時に参加した人だけのものでなく、後々参加する人たちの分も考えておくことは、自分たちのことなのだという意識付けを持たせる意味で欠かせない。上三原田にしても客席を恒久施設にしてしまえば、後の者は面倒もなく楽になるかも知れないが、楽になった分失われてしまうこともある。ただ、毎日使うものを仮設物とする訳にもいかない現実の下で留意すべきことについて考えると、最初からあまり完全なものを求めすぎないことが大事なことのように思えてくる。

使いながら、少しずつ自分たちにフィットする姿を作っていく方が、一度に勢いで作ってしまうよりもみんなの気持ちが込められていくように思う。新築は、関わった者にとっては深い愛着がある建物であるが、関わらなかった人にとっては、単に用意された場であるにすぎない。それは活動においても同様ではないのか。

このことについて考えるキッカケになったのは、留学先のベルリン自由大学とは別に研究及び実修目的で籍を置かせてもらったベルリン・ドイツオペラにおける話である。それは二年に及ぶ二段階コンペ[20]とその後五年を要した設計・工事[21]を経て一九六一年にオープンした劇場だった。戦禍によって劇場は無惨な姿になってしまっていたが、残された部分を使いながら客席や製作場などを全面的に増改築することになった。それはベルリン再生の象徴であると同時に西側世界を代表するショーウインドウでもあった。

注目すべきは、一九八一年まで市の建築担当部局がオープン後三〇年にわたってそこに留まりながら大小の改修計画・工事を実行していたことだ。始め聞いた時には非常に驚いた。しかし、劇場の実態を知るにつれ、納得できるようになってきた。客席側だけを見ていると、劇場は確かに着飾った人たちがゆったりと過ごす応接間のように見える。けれど、それを施設全体のイメージに結び付けてしまうのは大きな間違いだ。舞台を含め実はほとんど工場に等しい場所であり、一

20　一等はF・ボーネマン。
21　客席棟以外は市の建築住宅局による設計。

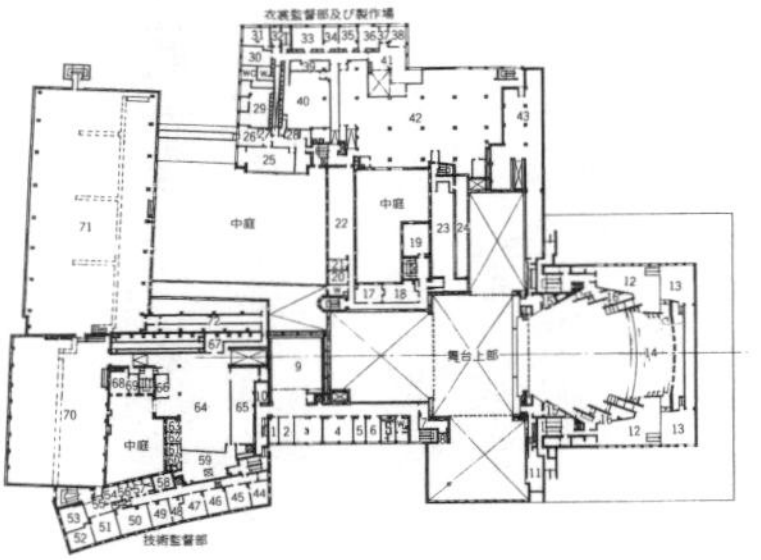

舞台レベル(2F)

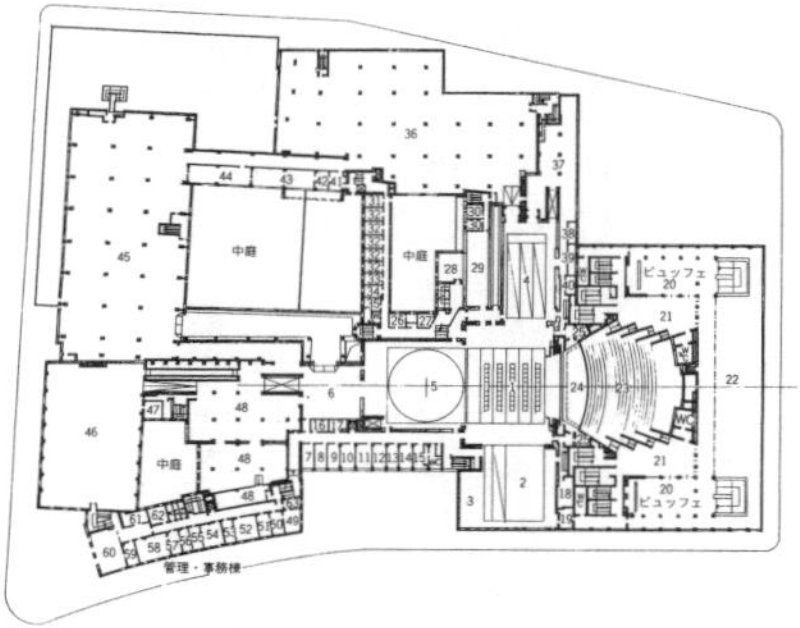

製作場レベル
(舞台レベル+ 9.0m)

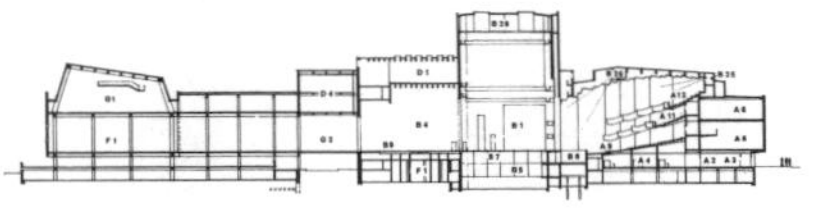

F・ボーネマン「ベルリン・ドイツオペラ」一九一九年
上から客席、平面図、断面図

つひとつの演出作品を生産する工事現場でもある。数週間を掛けて新演出作品の舞台稽古が毎日行われる一方で、毎晩上演される舞台のために、出演者はもちろん舞台装置・衣裳も照明も音響も入れ替わる。

道具や衣裳を製作する工房は、材料から切り出す製作工場そのものである。金属・木材・化学物質・布・革・塗料など各種の材料を扱い、騒音・埃・汚れ・危険物・有毒ガスなど決して良い環境とは言えない仕事場である。舞台内では高所・暗所での作業も多く、転落・落下物の恐れなど危険と隣り合わせで常に緊張が強いられる。リハーサル室も試作現場のようなものだ。毎日、似たようだが違った作業が同時並行で行われている複合体なのである。

だから建築・設備の消耗具合も事務空間とはそもそも大違いである。そういう空間・装備を備えている劇場だからこそ、細かな改良・更新が付きもので、時間を掛けてそれを行っていくことで、みんなが関わったみんなの劇場になっていく、働いている人たちのものになっていくのだと教えられた。実際、長年夢見てきた第二の劇場空間（かつての木工場を改造）を二〇一三年にオープンさせるなど、進化の歩みを止めていない。

「目透しの手すり」に見るフレキシビリティ

バイロイト[22]やザルツブルク[23]の音楽祭と並ぶイギリスにおける最も際立っ

p.30
「ベルリン・ドイツオペラ」
[大画工場]主舞台の約三倍の広さがあり、出来上がった装置を仮組みしながらペイントしていく
[木工場]主舞台よりひとまわり大きい。金属フレームに木製床を張っているところ
[女性衣裳製作室]仮縫いされた衣裳が通路に並ぶ。男性衣裳製作室も別にある
[後舞台ワゴン]傷んだ床は数年に一度張り替えられる
[主舞台での技術リハーサル]迫りを使った舞台装置とその転換の仕方をチェックしているところ
[主舞台におけるバウプローベ]仮の道具で演出、美術などの検証、確認を行う。美術プランが決まり、工場での製作を始める前に行われる
[金属工場]金属を扱う製作工場。多くは装置の下地作りだがこのように大掛かりな装置そのものを製作することもある

主舞台での技術リハーサル

大画工場

主舞台におけるバウプローベ

木工場

金属工場

女性衣裳製作室

後舞台ワゴン

たオペラ・フェスティバルといえば、グラインドボーン[24]をおいて他にない。一九三四年五月「フィガロの結婚」、「コジ・ファン・トゥッテ」でオープンしてからほぼ六〇年後、新装になったオペラハウスは、当初のサロン的な劇場から今や本格的なオペラ劇場へと変身し、一段と輝きを増しているように見える。しかし、見渡す限り畑や牧草しかなく一軒の家も見えないサセックスの丘陵地に、オペラ劇場を建設するなどという発想は、自動車や高速道路が発達した現代でも尋常とは言えない。

振り返ってみれば、オペラ・フェスティバル創設以来、設立者ジョン・クリスティは毎年のように大道具倉庫や楽屋、ホワイエ、リハーサル室、客席の拡張・増築などを繰り返してきた。これまで建築工事を何もしていなかった年は、記録によれば一九四〇年からの一〇年間の他に数年ある程度で、必要に応じて順次にオペラ劇場としての機能を整えてきた。客席の増改築だけを数えても当初の三〇〇席から、実に九回も行われて、一〇回目が一九九四年に新築された現在の姿（一二〇〇席）である。

ところで、そのオーケストラピット周りにハッとさせられる部分がある。客席との境界を仕切る目透かしの手すりである。リヒャルト・ワーグナーがあれほど拘って隠そうとしたオーケストラピットの存在（第四章参照）を、二代目のジョージ・クリスティは、いともあっさりと見せてしまっている。手すりの頂部は黒く

22　Bayreuther Festspiele
リヒャルト・ワーグナー自らが「ニーベルングの指環」上演を目的として創設した音楽祭。上演作品はワーグナーのオペラに限られる。ボックス席やホワイエを設けず、肘掛け・クッションがない椅子など旧来の劇場との決別を鮮明にしている。

23　Salzburger Festspiele
演出家マックス・ラインハルトらが中心となり一九二〇年に始まったフェスティバル。翌年コンサート、その翌年はオペラにも拡充され現在に繋がる。今では、モーツァルトを記念した音楽祭として、著名なオーケストラ、指揮者、歌手らによるオペラに注目が集まるが、演劇も含んだ催しである。

24　Glyndebourne Festival Opera
ロンドンの南約七〇kmの田舎で一九三四年ジョン・クリスティによって創設され、クリスティ家が代々主催に当たっている。屋内化されたホワイエはなく、周囲の庭で休憩や散策することをピクニックと称し楽しんでいる。

塗装された金属の丸パイプで、その下の幕板部分は五枚の横桟木板が数cmの間隔を空けて両側の金属に止められているといった具合で、当然その隙間からはオーケストラピット内の様子が見えてしまう仕様になっている。また、オーケストラピット内は床も壁も真っ黒に塗装されているが、この幕板部分だけは北米産のピッチパインの木地をそのまま表すように、客席側ばかりでなくオーケストラピット側も同じ仕上げが施されている。

金属パイプに木の幕板というデザインは、バルコニー客席の手すりも基本的に同様で、特に平土間席後方のサークル席では、オーケストラピット手すりに似た目透かしの幕板としている。こうしたディテールは音響的な考察によるものであると音響設計に携わったArupアコースティックのデレク・サージェンは語っている[25]。確かに目透かしの手すり板は、光を通すばかりでなく当然音も通すという点で、オーケストラの音楽を素直に観客に伝えるには良い方法なのかも知れない。ワーグナーが目指した深い神秘の淵から湧き出づる音楽とは違って、モーツァルトを中心に構成されるグラインドボーンのオペラでは、一つひとつの楽器がくっきりと浮かび上がるような透明感を持って客席にブレンドされることが相応しい。それには観客の目からオーケストラの存在を消し去るのではなく、むしろそれとして視覚化されて良いと考えられている訳だ。

無論、視覚的にオーケストラを見せたくないような場合には、別の工夫ができ

目透かしの手すり

25 Marcus Binney, Rosy Runciman, *Glyndebourne*, Thames and Hudson Ltd, 1994.

p.33
Micheal Hopkins Architects「グラインドボーンオペラ劇場」一九九四年、客席、外観、配置図、断面図

外観

客席

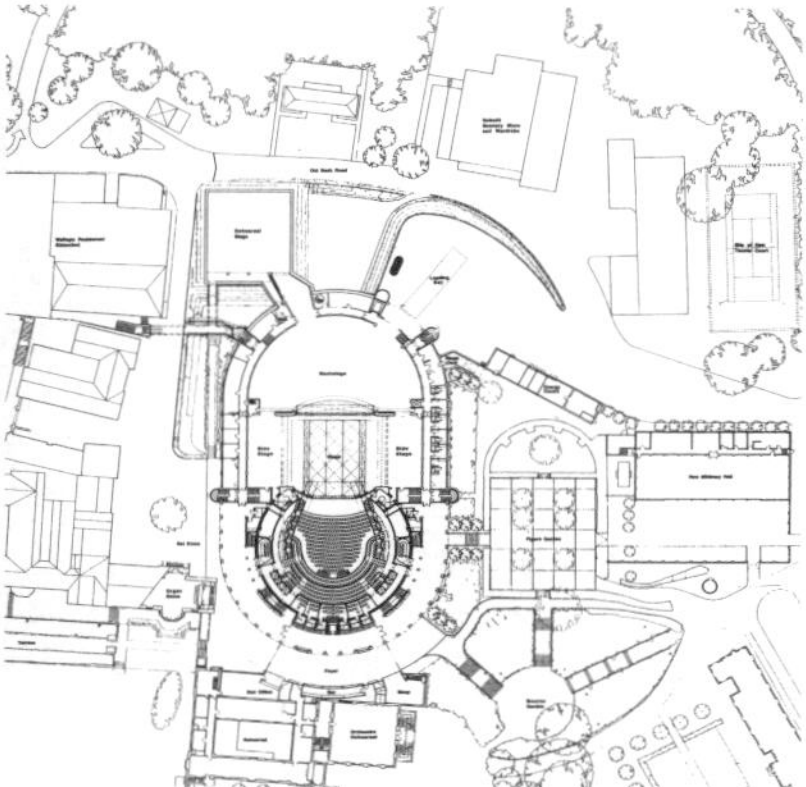

配置図

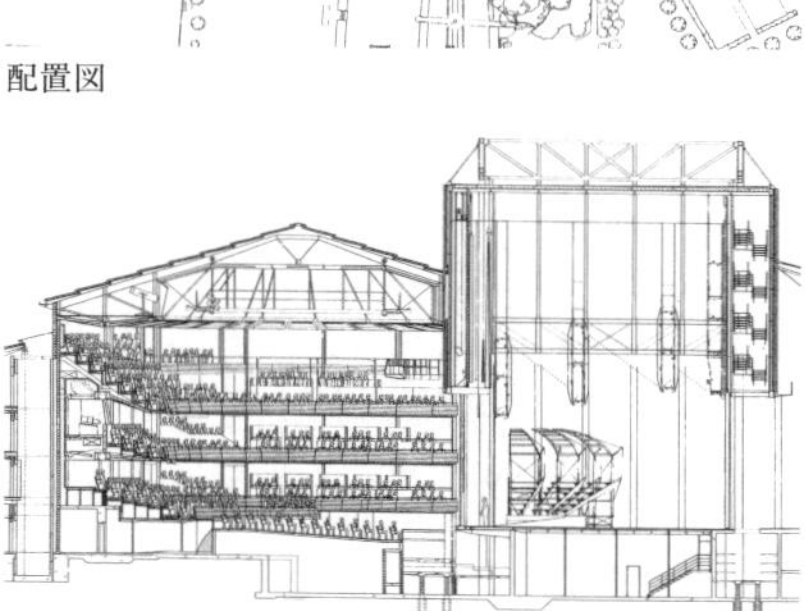

舞台・客席断面図

るような手立ても考えられている。つまり、音楽的な要求ばかりでなく、視覚的な問題に対しても、ある自由度をオーケストラピット空間に保証するという訳だ。オーケストラピットに関しては、これまでせいぜい迫りによって深さの要求に対応する程度であったが[26]、グラインドボーンでは、様々な作品を上演することが求められ、そのため劇場では、いつでもどこでもそう言われ続けてきたとおり、フレキシビリティをオーケストラピットにも与えようということなのである。

自在な舞台床

劇場の舞台は、どうも傾斜地地盤で仮に定められた平均地盤面[27]というものに近い感覚があるようにも思える。確かに建築側にとっては、舞台は一つのしっかりした概念で成り立つ存在、基準でなければならない。もし、舞台のレベルがあれこれあるとしたら、各種楽屋・倉庫の計画や大道具の搬入動線も防災や区画の計画も成り立たない。観客の視線の先をどこに設定して客席断面の構成を考えるべきなのか迷ってしまう。それ故、建築設計上舞台は確固たる位置に規定されなければならない。この舞台面を基準として簀の子[28]高さも奈落深さも決められることになる。防火区画用のシャッターの大きさだって、緞帳の大きさや昇降ストロークだって、それがなければ決められない。それは確かにそうだ。

が、演出家や舞台美術家にとっては、建築的舞台面は演技面の一つにしかすぎ

26　新国立劇場オペラ劇場、まつもと市民芸術館大ホールでは、オペラ公演時の音楽的な要求に応えるために、オーケストラピット手すりが昇降する機能を備えている。

27　建物が建つ地面に傾斜や高さが異なるレベルがある場合、建物が接する地面の平均高さを地盤面とするという概念。詳しくは、建築基準法施行令第二条二項参照。

28　舞台上部の最も高い位置に設けられた作業床で、機能上隙間を多く有した簀の子状の形態であることからそう呼称される。バトンなど吊り物装置のための滑車やワイヤーなどが設置され、仮設の吊り物などに対応するため機器も設置できることが必要とされる。

29　中島みゆきのコンサートでも演劇でもミュージカルでもない、それらの要素が混じり合った公演。一九七九年にスタートし、二〇〇四年まではシアターコクーンで開催されていたが、二〇〇七年以降は赤坂ACTシアターで開催されている。

30　堀尾幸男（1946-）武蔵野美術大学、ベルリン芸術大学

ない。私たちが舞台だと思っているところは、最も利用度の高いレベルであるが、別に固定的に考えられるべき存在ではない。それを教えてくれたのがベルリンのシャウビューネであり、シアターコクーンにおける歌手の中島みゆき「夜会」[29]シリーズである。「夜会」は、徹底して劇場空間をゼロからスタートさせることに挑戦し続けた公演として常に興味深い舞台空間を見せてくれた。舞台美術家の堀尾幸男[30]は、そこでいくつもの舞台床を作っている。基準となっている舞台床レベルがどこにあるのかもよく分からないくらいに、幾重にも重なり合う舞

で舞台美術を学んだ日本を代表する舞台美術家。舞台空間を時間表現として捉え直すことで物語の核心に迫る舞台創造を実践している。NODA・MAP、歌舞伎の他、オペラの美術も多く手掛けている。

堀尾幸男による中島みゆき「夜会Vol.5」（一九九三年）の舞台デザイン画

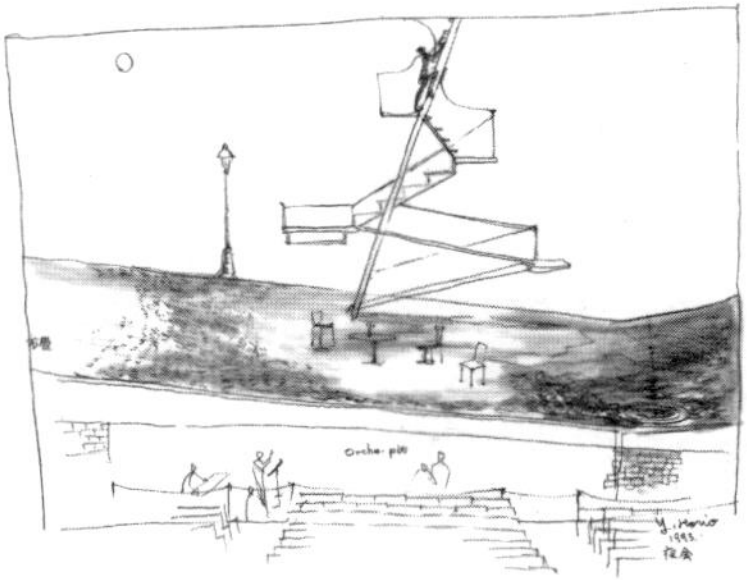

スケッチ

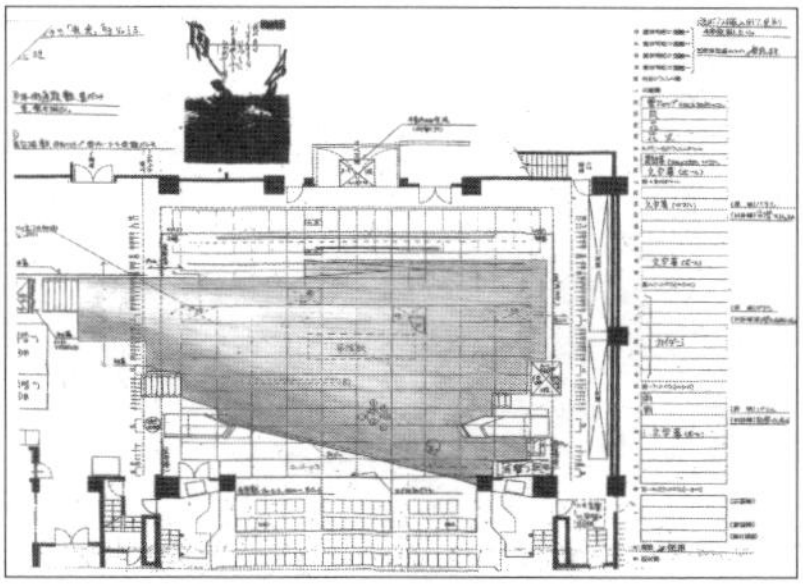

平面図

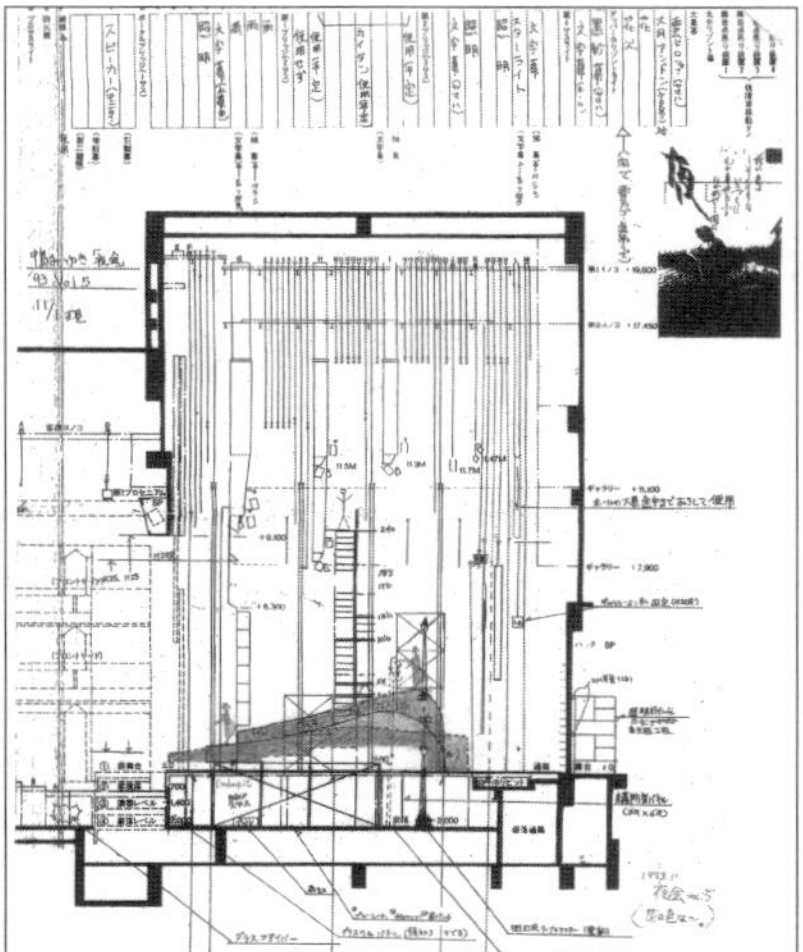

断面図

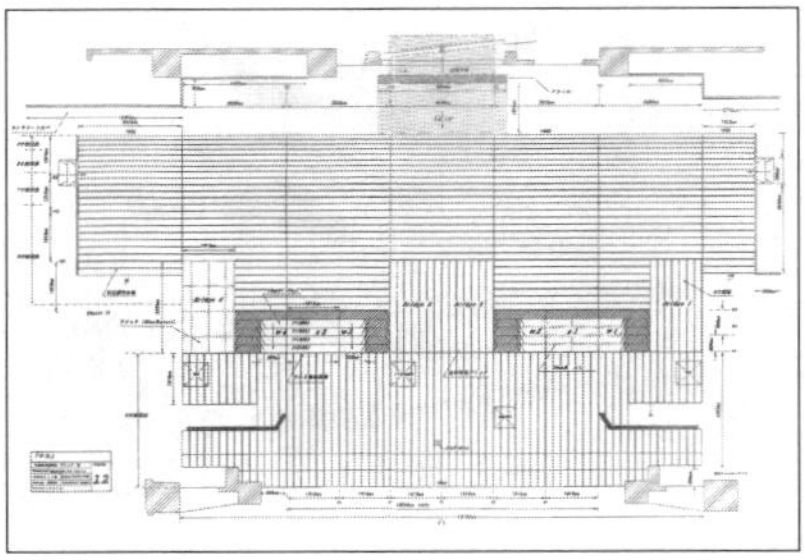

平面図

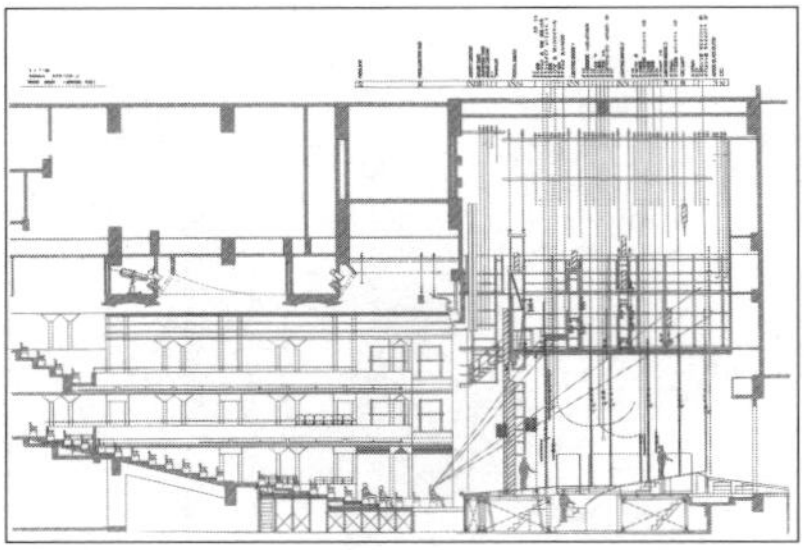

断面図

堀尾幸男による野田秀樹演出「キル」の舞台デザイン画

台構成は、何回見ても見飽きないものだった。一見単純そうに見えながら、コンクリートスラブの奈落レベルから構成している舞台は、細やかな材料の選択とディテールによって実に豊かな空間を作り出していた。彼がNODA・MAP[31]の一連の作品で示した舞台も、同じように舞台床のレベルが仮のものでしかないことを強烈に印象付けるものである。「キル」の舞台では、スライドする傾斜した簀の子状の舞台床が物語に合わせて上下・左右・前後に次々に展開し、ある時は拡散しある時は複層する幾重にも絡む舞台床があった。こうしたことから、

31　野田秀樹（劇作家・演出家・俳優）による作・演出作品を上演するために一九九四年に作られた企画製作会社。第一回公演が「キル」（シアターコクーン初演）。一九九四年から二〇〇八年までは北村明子をプロデューサーとして活動。

基準舞台床の上部にも下部にも別の舞台床があることを感じながら舞台空間を考える必要があることを知らされるのである。

とはいうものの、逆に確固たる舞台床への要求もある。レパートリーシステムで運営されるオペラ劇場だ。近代になってレパートリーシステム〔32〕が劇場に導入されたことによって場面を素早く転換させるためだけでなく、舞台そのものを一気に入れ替えてしまうような大掛かりな舞台機構の必要性が生まれた。日替わりで作品を入れ替えながら新演出作品を制作していくために、一日の中で新演出の舞台稽古と既に完成しているレパートリー作品の公演が時間をずらして行える大きな舞台領域を持つ必要性がそこから生まれた。しかも、プロセニアム〔33〕高のあるヨーロッパの劇場では、その高さを生かした演出技術が発達し、それに伴い背の高い舞台装置が要求され機構も大掛かりになってきた。

32　年間を通じて一定数の演目（レパートリー）を公演ごとに入れ替えて行う上演方式。このため大量の舞台装置・衣裳を保管・維持するための倉庫と舞台運営を行うためのスタッフが必要。ミュージカルなどに多いロングランとは対照的。

33　客席からみて舞台を絵画の額縁のように縁取って仕切っている壁及びその開口部。一七世紀前後のイタリアで発達し、ヨーロッパ各地に広まった。舞台上部及び下部に舞台転換のための複雑な機構を備えることで様々な舞台効果を可能にした。

第二章　祭りから歌舞伎小屋へ

1　舞台としての道、芝居小屋の原型

神の道＝祭りの舞台

日本の祭りの基本構造は「神を人里に迎え→神の心を安め・人と交歓し→気持ちよくまた帰ってもらう」という三部構成から成り立っているという[1]。つまり、神は本来私達の日常空間にいるという感覚ではなく、海の果てや天空に住むと信じられ、そこから人の求めに応じ降りてきて、またそこに送り返されるといったように考えられてきた。それ故、寺社は人々が住む集落にはなく、厳しい海岸の突先や険しい山頂や山深いところ、人が容易に近付けない場所にあった。そこから神を迎え入れるために神輿や山車が作られ人里の道を練り歩くようになったとされる。この「迎え⇄送る」というプロセスをそのまま空間化していると意味で、道こそが祭りの舞台であったと言える。神に喜んでもらうために、また神の招来を喜ぶ表現として、その道を清め、花などで飾ることもごく自然な行為だったろう。そして、神との交流を一時的に行う舞台であった道が、時代とともに人間自身が自分たちの喜びや楽しみを表現するための舞台に変質していったと考えられないだろうか。こう考えると、ちょっと強引かも知れないが、祭りにおける道行きの空間概念が花道の最も古い姿と考えることもできる。

例えば「田植え神事→田楽→風流踊り」という流れである。田植え神事は、も

1　諏訪春雄「歌舞伎の歴史」國文学第三七巻六号臨時増刊、学燈社、一九九二年五月。

2　藤原宗忠が寛治元（一〇八七）年から保延四（一一三八）年まで、五〇年余りにわたり政治上の出来事を書き留めた日記。当時の政治・社会・人物を知る極めて有用な史料とされる。

風流踊り（「紙本著色洛中洛外図屏風（町田本）」）

とより稲の生育を祈って田の神の降臨をいただき、稲の生育・豊穣を願って田の中で行われる神事であった。美しく着飾った早乙女たちが、笛・鉦《かね》・小鼓・太鼓などの賑やかな楽器演奏で歌を斉唱しながら苗を植える御田植神事は、今日でも伊勢神宮別宮の一つ伊雑宮《いざわのみや》や住吉大社の御田植などに見ることができる。その様子を民俗芸能研究者の三隅治雄は、右大臣藤原宗忠が著した『中右記』[2]の記録として、大治二（一一二七）年五月鳥羽殿で田植えの興を「其装束金銀錦繡、皆風流有り、天下過差記し尽くすべからざる」と紹介している[3]。

通りが舞台化している様子は、平安後期の作とされる「年中行事絵巻」で笛や太鼓を鳴らし囃し立て、舞を舞う者などから想像できる。「洛中洛外図（町田本）」でも、盂蘭盆会《うらぼんえ》の風流踊の姿が見てとれる。また、前述の論考で三隅は寛治八（一〇九四）年五月、小納言源家俊が青侍を率いて田楽を行いながら京の町中を横行して歩いたこと（『中右記』）、翌々年の永長元（一〇九六）年六月には、京中のものが田楽を催し、昼夜なく一〇数日にわたって町中の通りで騒ぎ回ったという記述も紹介している[4]。『洛陽田楽記』[5]によれば、それは初め村里から起こり、富める者も貧しい者もそれぞれがグループとなって様々に仮装し、楽器を狂ったように掻き鳴らしながら乱舞したという。つまり、この時既に風流の熱が民衆にまで広く行き渡っていたことを物語っている。田楽そのものは、次第に芸能としての勢いを失ってしまうことになるが、守屋毅が「永長大円楽をもって

通りの舞台化（「年中行事絵巻」）

日本の芸能もまた新しい歴史の頁を開くことになった」[6]と述べているとおり、その後の芸能に強い影響を与えたばかりでなく、空間的にも意味ある形を残すこととなった。こうしたことから、通り、道こそが中世・近世芸能の出発点ではないかという興味を抱かせてくれる。

「花」の道

そもそも花道に関する定説は、多くの研究者の努力にもかかわらず、まだ決まったものがないとされている。一つは「花道」という名称の起源であり、もう一つは、そもそもどのようなきっかけで歌舞伎に花道が取り入れられ今のような形式になったのかという点である。

観客がひいきの役者のために思い思いの花（祝儀）を贈る道筋として作られたという説[7]、能舞台前面の階段の変形と見る説[8]、ただの道を丁寧に言ったものだという説[9]、勅使的な性格と付け舞台としての性格の二つを合わせ持ったものであるという説[10]、相撲や延年の舞や三河地方の花祭に見られる通路（舞戸と神部屋を結ぶ通路を花道と称している）に着目すべきだという説[11]、役者への贈り物（花）が通る通路が橋掛かりと統一されると同時に、花に例えられる美しい役者（花形）が出入りする道として呼称されるようになったという説[12]、また特にこれと特定できないが芝居における花の概念と演出が混成し定着したと

3　三隅治雄「民俗芸能の歴史的展開」『日本民俗学大系　第七巻　演者と観客』（著者代表：大林太良、小学館、一九八四年）第二章所載。
4　こうした田楽にまつわる騒動については、他研究者たちの考察も含めて、兪定順「永長大田楽における貴族と民衆」（『現代社会文化研究』No.27、新潟大学大学院現代社会文化研究科、二〇〇三年七月所載）が詳しい。
5　大江匡房《まさふさ》が、永長元（一〇九六）年夏の京都で大流行した田楽の盛行を記録したもので、芸能史上貴重な資料とされる。
6　守屋毅『中世芸能の幻像』淡交社、一九八五年。
7　後藤慶二『日本劇場史』岩波書店、一九二五年。『広辞苑』（第六版）。
8　演劇博物館編『芸能辞典』東京堂、一九五三年。
9　戸板康二『歌舞伎への招待』衣裳研究所、一九五〇年。
10　林屋辰三郎『かぶきの成立』推古書院、一九四九年。
11　池田弥三郎『江戸時代の芸能』至文堂、一九六〇年。

いう説明[13]まで幅広く存在している。

いずれも納得させる理由はあるが、贈り物としての花、舞台の花形の存在といったものと決して無縁でないように思える。それと共に、道という概念なしには済まなかったわが国の祭り・芸能とその空間作りにおける基本的認識を考えずにはおれない。道こそが舞台であり、客席であり、人々が交流する場であるわけだ。演ずる人もそれを見る人も、お互いにそれぞれの立場で楽しみの場を作り出し、

花道を思わせる図版（上から「京童」「新撰古今役者大全」）

12　西山松之助『花――美への行動と日本文化』日本放送出版協会、一九六九年。

13　服部幸雄『花道のある風景――歌舞伎と文化』白水社、一九九六年。

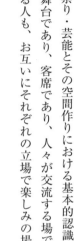

交歓し合っている。こう考えてみる時、道に対して作られた桟敷こそが劇場空間を考える際のキーになっているように思えてくるのである。

今でこそ正面からものを見るというのがごく当たり前の姿勢となっているが、道においては側面があるのみである。能の橋掛かりにしても、演技における側面性重視（というよりも、もっと立体的な空間として芸能空間が捉えられていたと言うべきかも知れないが）の表れであり、それは初期の歌舞伎小屋にも見られる。屋根を持つ舞台と屋根のない平土間席を一つの空間として繋ぐのが屋根のある桟敷でもあったとも言える。桟敷は、両者を高みから眺める最も良い席として位置付けられたと同時に、劇場空間に相応しい格を与える上で欠かせない要素であった。また、舞台に最も近い席を「切落」ということは、舞台が花道として客席に延びてきたというよりも、多くの客を収容するために、舞台がむしろ逆に奥に引っ込んでいったことを表しているようにも思える。こうした観点から歌舞伎の原点とその時代に戻って考えてみると、興味深い風景が見えてくる。

豊国《ほうこく》祭礼図にみる舞台空間

出雲の阿国[14]が京都で南蛮渡来の衣裳をまとい異様な風態で茶屋遊びなどを行うかぶき者を演じたのが、慶長八（一六〇三）年春だとされている（『当代記』[15]）。それは突然現れたものではなく、それ以前からあった田楽や風流踊りなど

14　かぶき踊りの創始者として知られる一六世紀後半から一七世紀前半頃の女性芸能者で、それを起源とし、様々な変遷を経て歌舞伎が出来上がっているとされる。

15　安土桃山から江戸初期に至る政治・社会・文化を伝える資料で、編纂者は姫路城主の松平忠明とされる。寛永年間（一六二四―四四年）にまとめられた。

16　作は、浮世絵の祖とも呼ばれた岩佐又兵衛（一五七八―一六五〇年）と伝承されている。

民衆に広く広まった芸能から生まれてきた。とりわけ、平安中期に興った風流踊りの熱が、その後の中世や近世に生まれる芸能の原動力にもなったとされる。それは、西欧におけるカーニバルにも似て、都市全体を劇場に仕立ててしまう働きを持っていた。人々は、普段の自分から出来るだけ遠ざかるために思いっきり扮装し、仲間と共に街に繰り出した。

そうした民衆のエネルギーをよく表している絵画資料の一つに豊国祭礼図がある。豊国祭は、ちょうど阿国が歌舞伎者を演じたその翌年に京都の町で催された大きな祭りで、そうした意味でも象徴的で興味深い。豊臣・徳川両家のそれぞれの政治的思惑の中で、秀吉の七回忌として慶長九（一六〇四）年八月一二日から一八日まで、華やかな祭礼が京の都で執り行われた。都を挙げての祭りは熱狂的な人々によって興奮の坩堝《るつぼ》と化したようで、その模様が克明に記録されている豊国祭礼図には、写本も含め数点が今日確認されている。中でも徳川美術館本［16］は、祭りに参加した人々の群れを怒濤のごとき勢い・喧噪さとうねるような躍動感あふれる表現で伝えている。が、何といっても原型となっているのは豊国神社本（狩野内膳筆、一六〇六年）であろう。その画面には、徳川美術館本のような勢いよりも、むしろ抑揚された動きと品格を漂わす画面に祭りの様子を忠実に表現しようとする姿勢が感じられる。

右隻の六曲一双には豊国神社の境内を中心に騎馬行列や田楽奉納が描かれ、左

初期阿国の歌舞伎踊り（「歌舞伎図屏風」）

「豊国祭礼図屏風(豊国神社本)」左隻

隻には大仏殿前で華やかに繰り広げられている風流踊りの様子が描かれている。馬に乗っているのは豊国神社などの神官・社家衆で、お供の者たちは官位のない庶民である。行列そのものがいわば非日常の仮装行列であり、馬次第の止めどない混乱と紙一重なのである。先頭は金箔で塗り込められた御幣と御榊という黄金の印で、これに紅・紫や金銀で飾り立てられた二〇〇騎の馬が続き、さらに田楽衆と猿楽四座[17]衆が連なった。翌一五日は上京・下京衆五〇〇人による風流踊りの大行進で、踊衆は各町・組単位で趣向を凝らした主題を取り上げ風流を演出し競い合った。彼らは禁所である御所内にも入って風流踊りを披露するなど祭礼の意図を越えて爆発し、熱狂の乱舞・道行で都中を圧倒した[18]というから驚きである。

通りの劇場化と桟敷席

八月一四日の馬揃えの部分には、通りに沿った土塀の向こう側に仮設で作られた桟敷席が描かれている。桟敷席は、塀の上に顔を出すように一段高い位置に組み立てられ、それぞれが思い思いの趣向で作られている様子が興味深い。間口も高さもまた材料も一つひとつ異なっているし、桟敷の中から騎馬行列を見物する人々も、僧侶、公家や美しく着飾った女性たち、子供あるいは武家や商人もおり、実に多彩である。彼らの表情や仕草も豊かで、祭りの雰囲気が伝わってくる。そ

17　中世から近世にかけて、大和を中心に興福寺などの神事を勤めた結崎《ゆうざき》・外山《とび》・坂戸《さかど》・円満井《えんまんい》の四座（組織）で、後に、それぞれ観世・宝生・金剛・金春《こんぱる》と改称。

18　森谷尅久「豊国祭臨時祭礼と賀茂競馬」『近世風俗図譜九・祭礼二第九巻』小学館、一九八二年。黒田日出雄『豊国祭礼図を読む』角川学芸出版、二〇一三年。

して、道と桟敷の関係こそがわが国の芸能空間の始まりであるという思いに気付かされる。

祭事において、こうした桟敷を設営することは平安朝以来の伝統であったようで、都の人々にとっては身近な見物席であった。むろん多くの庶民にとっては、手の届かない贅沢品であったかも知れないが、富裕な武家や寺社・町衆の有力者たちにとってみれば、またとない楽しみの場所であったに違いない。順路に沿って仮小屋を建て、そこに板や幔幕《まんまく》で覆いを作り床をしつらえ桟敷席としてしまうのである。こうした桟敷は二三〇〇余りの箇所に陣取られたという記録があるくらいで、道がそのまま舞台となっていた様子を想像するだけでも胸がワクワクする。三条から豊国社までの道は、しつらえられた桟敷で寸断なく埋められていたようである。

詳しく見てみると、桟敷内には絵が描かれた屏風や襖があったり翠簾や揚げ幕のようなもので開閉することもでき、床には布が敷かれているようである。塀のないところでも、桟敷は高床式で一段高い位置に設けられており、床下に当たる部分は、それぞれが持ち寄った幕で囲われている。中には大きな包みが持ち込まれたり駒遊びのような遊び道具もあるし、料理や飲み物も振る舞われている。まさに、一つ一つの桟敷がサロンであり、通りが劇場と化しているかのようである。徳川美術館本にも同じように見物衆の様子を描いたシーンがある。そこには、

騎馬行列（「豊国祭礼図屏風（豊国神社本）」右隻）

豊国神社本で見られたようなそれぞれが思い思いに工夫して設営した桟敷席ではなく、統一的に計画された木造の桟敷席が描かれている。木の軸組がしっかりと表現され、屋根にも垂木が見える。桟敷席の通り側には御簾が掛けられ、整然とした印象を与えるが、一階部分の幔幕《まんまく》だけはそれぞれ模様の違う幕が掛けられている。幕と二階床との間からは、お付きの者だろう男たちが覗き見している。そ

上から
見物人の様子（「豊国祭礼図屏風（豊国神社本）」左隻）
統一的に描かれた桟敷席。桟敷席下などから覗き見する家来たち（「豊国祭礼図屏風（徳川美術館本）」部分）

して、その桟敷席の前には、通りに毛氈を敷いて座っている沢山の人々もいるといった具合である。それは、そのままで江戸の芝居小屋に繋がる劇場空間の系譜を物語っているようだ。

2 芸能と時間——舞台空間の時間軸

伝統芸能の空間と時間

日本の演劇史を振り返って、河竹繁俊は四つの大きな流れを指摘している。舞楽・能楽・人形浄瑠璃・歌舞伎の四大古典芸能である[19]。それらは異なった時代に誕生し、先にあった芸能の影響を受けながらも独自の芸能へと発展してきた。そこに大きな特徴がある。能楽においては舞楽が、人形浄瑠璃や歌舞伎の生成には能楽や能狂言が直接ないし間接的に作用しているとされる。

これら四つの古典芸能を河竹は山脈にたとえ、地下水を民俗芸能であるとしている。それ故、井戸を掘っていけばどこでも水を汲み上げることができるし、それを育成・洗練させていくことで、その時代を代表する芸能にもなりうると論じている。山と地下水の関係は、後先の関係が定まらない生々流転の結び付きによるもので、言い得て妙な表現であり納得させせられてしまう。民衆の芸能に潤わさ

19 河竹繁俊『日本演劇全史』岩波書店、一九五九年。

れた土壌に私たちは生きており、そこがあらゆる芸能を発芽させる大地であるとするならば、地下に張り巡らされた水脈によって山脈も繋がっているし、日本の芸能の独自性がそこにあると考えられるのである。一見異なって見えるそれぞれの舞台も、実は同じ根を持ち、流動的で生き生きとした同系の水脈によって育てられてきた、いわば一系統の演劇史である。

そうした特徴ある芸能の発展を支えてきた理由として考えられるのは、外来文化や異質なものでも受容できる包容力と同時に、それとは逆に伝統を尊重する素朴な保守性を併せ持っている国民性によるものだろう。このことは古代における大陸文化との積極的交流、明治維新後における欧米文化の摂取態度においても変わるものではなかった。それらが、社会制度から技術・芸術に至る幅広い成果として結実してきたことはよく知られるところだ。

舞台の生成と変容

芸能における舞台空間の出現を中世に着目して考えてみたい。大陸・朝鮮半島から伝わった音楽様式に起源を持つとされる舞楽は、聖徳太子による使者の派遣・交流とともに伝来した仏教儀式に不可欠な芸能として発達したものとされる。実際、千数百年にわたって四天王寺に伝えられている聖霊会舞楽大法要[20]が行われる石舞台は、単純な矩形平面で周囲より一段高くはなっているが無性格ともい

四天王寺石舞台(「摂津名所図会」)

20　聖徳太子の命日を偲んで営まれる四天王寺の行事の中でも最も重要で大規模な法要。舞楽と法要が一つとなっていたかつての豪華絢爛な法要を偲ばせるもので千数百年の歴史があるとされる。

21　四天王寺式と呼ばれる最も古い寺院配置形式の一つ。

える場である。中門・五重塔・金堂・講堂を一直線に並べ、それらを回廊が囲む強い軸性を持つ伽藍配置[21]で、石舞台はそれらの背後、中心軸上に位置している。聖霊会は、法要と舞楽が一体となった古代の宗教儀式を今日に伝えるとされ、獅子・菩薩はじめ楽人・舞人・衆僧など様々な冠物・衣装を着飾った人々による道行が、舞楽に先立って雅楽の調べに乗せて行われている。その向かう先が舞楽を舞う石舞台であり、そうした一連の儀式を総合して考えると、後の能舞台における橋掛かりに繋がる通り型の舞台空間・時間も感じることができる。

　四天王寺同様やはり池の中央に設けられた石舞台として住吉大社における石舞台がある。そこで毎年五月に行われる卯之葉神事[22]も舞楽が奉納される伝統的な神事として名高い。そこでは、舞人が舞台後方から登退場する。それで思い起こすのが「糺河原《ただすがわら》勧進[23]猿楽[24]舞台図」（観世文庫蔵）だ。寛正五（一四六四）年八代将軍足利義政[25]の後援を得て行われたもので、比較的初期の能舞台の様子が描かれているとされる。そこでは舞台の真後ろに橋掛かりが伸びている[26]。舞台正面に二席の特別な桟敷がしつらえられ、そこから舞台を取り囲むように諸大名・公家などが権力構造通りに図式的に並ぶ姿は、単なる猿楽興行以上に深い意味を持って意図的に仕組まれたものと見ることができる。

　というのも、糺河原勧進猿楽は、これより先の先永享五（一四三三）年にも六代将軍義教の命で催されているからだ[27]。その背景には、三代将軍足利義満に

舞台真後ろに伸びた橋掛かり

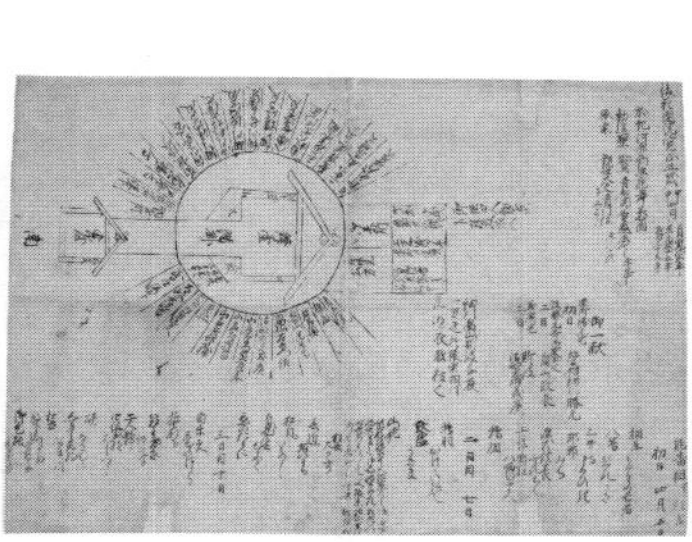

「糺河原勧進猿楽舞台図」

「寛正五年糺河原勧進能図」（萬葉小謡千秋楽）

寵愛された能を大成したとされる世阿弥[28]を義教が遠ざけていたこと、世阿弥が後継者としていた子・元雅でなく、元重（音阿弥）[29]を重用したことが隠されている。支援を失い地方巡業先で元雅が亡くなった翌永享五年に糺河原勧進猿楽を催し、元重の芸を大々的に披露・鑑賞している。しかも、七〇歳を越えた世阿弥を佐渡に流すという仕打ちまでしている。こうした背景のもと催されたのが、寛正五年の糺河原勧進猿楽なのである。芸能のリーダーを広く社会に知らしめると同時に、その支援者が自分であることを大々的に公開の場で見せることで、政治・文化の頂点に君臨する自身の権力構造を誇示することだったと推測できる。京の町も戦場となった応仁の乱（一四六七―七七年）が始まる三年前のことだ。そう考えると、舞台と橋掛かりが一直線に並んだ空間構造が分かりやすく理解できる。軸性を単純化することで、誰にでもそのことが見て取れるというわけである。

橋掛かりの時間性

軸線上に展開される構図は、前述のような政治的戦略においては有効であるかも知れないが、芸能としての立体感に欠ける。世阿弥は、「およそ橋がかりは、橋を三分一ほど行き残して、一声をば出だすべし。二句をば、橋の詰め、舞台の堺ほどにて言ふべし」[30]と語り、その発声の時期は、観客の呼吸と一致しなければならないとも説いている。また、「見所より見るところの風姿は、わが離見

22　住吉大社の創立記念日を祝して催される式典。卯の葉を使った玉串を捧げる祭典の後、石舞台で舞楽が奉納される。

23　勧進興行が中世においてどのような役割を持って展開されていたのかは、松岡心平『中世芸能を読む』（岩波書店、二〇〇二年）に分かりやすく解説されている。

24　賀茂川と高野川が合流する河原（糺河原）での華美な衣装をまとった将軍・公家・大名を集めたこの催しを「応仁記」（作者・制作年代不明、応仁の乱に関する戦記で足利将軍家や管領家の内紛などが詳しく書かれている）では将軍義政の乱費の二番目に挙げている。

25　足利義政（1436-1490）

専制政治を目指した六代目将軍義教が、宿老体制を維持しようとする守護によって暗殺され、その後を受けた義勝も幼くして急逝したことで、義勝の異母弟義政が将軍となった。彼は政治的混乱から逃れるように芸能・作庭などに没頭し、東山文化を生む一方、応仁の乱の一因を作ったとされる。

なり。」[31]として、自分に囚われない客観的な見方を求めたことから分かるように、橋掛かりの長さ、観客との距離は極めて重要だった。彼は、夢幻能において、亡者の魂を蘇らせ、時間を超えて彼岸と此岸・虚と実・過去と現在を往来する能の基本構造を生み出した。生死の境を舞台に現出させ、幽玄にして艶やかな美を求めたが、それをより効果的に空間化するまでには至っていなかった。

しかし、後継者たちは演技の空間的運動と時間的推移を視覚化すること、また地謡との関係をより効果的に生成する手段を研究したに違いない。その結果、演者と観客一人ひとりとの距離・視軸が変化する意義から、ある角度を付けて下手側に橋掛かりを設けることになったと推測される。揚幕が引かれ、その向こうに姿を垣間見せるところから静かに始まり、次第に舞台に近付く、すなわち見る者に近付いてくることで、観客との間合いを変化させる。移動のプロセスで時間と空間を強く意識させる仕掛けだ。それによって幻の世界と現に見えている姿とを交錯させ、一人ひとりの中に生み出される時空を行き交わせているのである。観客は橋掛かりの演者を斜め横方向から見ることになり、その立ち位置や光による差が面に表情を与えやすくなった。一つの表情しか持たないはずの面《おもて》が、演者の動きや向き・傾きによって、あやしい陰影が生まれ深みが増す。表情に多様性が感じられるようになる。演者の内に秘められた霊性を空間における移動とその時間的推移の中で視覚化したわけである。野外だからこそ、周囲に敷き詰められた

26　天野文雄「寛正五年糺河原勧進猿楽の橋掛りは本当に舞台後方まっすぐに伸びていたのか——能舞台変遷史再考」(京都・芸能史研究会『芸能史研究』第一八八号、二〇一〇年一月)のように、これとは異なった見解もある。

27　田口和夫「寛正五年糺河原勧進猿楽追考(一)　横川景三「青松院春盛老人像賛」を読む」(文教大学文学部『文学部紀要』第一九—一号、二〇〇五年)、田口和夫「寛正五年糺河原勧進猿楽追考(二)　「大乗院寺社雑事記紙背文書」を読む」(文教大学文学部『文学部紀要』第一九—二号、二〇〇六年)。

28　世阿弥(1363-1443)
室町前期の能役者。父観阿弥のもと、将軍足利義満の支援を得て父と共に能の芸術性を高めることに貢献した。従前のものまね中心の能から歌舞中心の夢幻能と呼ばれる能様式を完成させ、五〇曲程度の能作品を残した。『風姿花伝(俗称、花伝書)』はじめ多くの能楽論もある。

29　世阿弥の弟で観世座の分家に当たる四郎の子、四世観世大夫。

白州は、一回ごとに異なった明かりを作り出す。橋掛かりにおける演者の一足一足が、見る者の視野の中に微妙な変化をもたらし、ゆっくりとした動きで全体像をぼかす。

もう一つの軸がある。地謡は、後座の囃子が主賓に向い合っているのに対して、視軸を演者に集中するかのように九〇度逸らした位置に構える。地謡は合唱部を受け持っており、主に演者の心理や情景を描く役回りを担っているが、時に感情を代弁したり、掛け合うように謡う場面もある。このため、舞台を引き立て対話するかのように位置していることに合理性を認めることができる。ただ、現在の形式に至るにはそれなりの時間を要していたようだ。

橋掛かり上を近付き・遠のく登場人物を正しく認識するために橋掛かりを下手斜め後方に延ばしたのだとすれば、紀河原勧進猿楽図の地謡位置と理屈が合わない。しばらく後になるが、一六世紀前半頃の作とされる「洛中洛外図（町田本）」[32]では、橋掛かりが舞台下手中央辺りに接続している様子が描かれている。しかし、舞台奥囃子の後に地謡が位置しているという説明があり[33]、この図も根拠とならない。橋掛かり中央部がやや高くなった不思議な形態をしているが、舞台後部に下屋が掛けられているのは後座の萌芽として注目できる。

実は、舞台奥からの登退場は薪御能[34]でも同様である。春日大社舞殿（幣殿）で行われる「咒師走《しゅしはし》りの儀」では、演者や囃子は、本殿から見て上手から近付き

30 世阿弥「花鏡」『新潮日本古典集成 世阿弥芸術論集 第四回』新潮社、一九八七年。

31 世阿弥「花鏡」、前出。

32 現在残されている「洛中洛外図」屏風の中では最も古いとされ、描かれている景観の時期は一五二〇―三〇年代頃と推定されている。国立歴史民俗博物館蔵。

33 藤岡道子「狂言の絵画資料の収集その二――『洛中洛外図』に描かれた能・狂言」『東洋哲学研究所紀要』二五号、二〇〇九年。

34 その起源は、平安時代貞観一一（八六九）年にまで遡るとされる。往時は七日間にわたり催されていたが、今日では、一日目「咒師走りの儀」「南大門の儀」、二日目「御社上《みやしろあが》りの儀」「南大門の儀」のみとなっている。

舞台奥から登場する。神前の奉納儀式として、この時神官たちは脇に控えて座り、正面側に誰もいない。私たちも見物できるが、神官の後や直会殿の板の間（舞台側方）のみに限られる。夕方から始まる「南大門の儀」（いわゆる薪能）もやはり舞台奥からの登退場である。興福寺南大門（跡）前に舞台を設け[35]、そこから上手側に設けられた楽屋と結ぶように幔幕で仕切った領域を設けている。

まだ能舞台の形式が固定化されていなかった草創期から世阿弥後の時代にまで、このように緩やかで柔軟な構造だった。しかし、次第に作品も増え、技術の向上などが図られるに伴って、様々な効果が発見・形式化が進行していったのだろう。芸能が最も想像力を発揮していた時期と建築の完成形はいつもずれている。

35　往時の薪能は、芝生のままを舞台としたが、現在は所作台のような舞台を敷いて行われる。

上から
西本願寺北能舞台橋掛かり
春日大社舞殿、「咒師走りの儀」の舞台。往時は敷舞台もなかったという
「南大門の儀（薪能）」の舞台

境界と時間

能舞台ほど不均質で、境界を意識している舞台はない。本舞台の広さはわずか三間四方であるが、その中を常座・角・脇座など九つの領域に分け、四隅の柱は各々異なった名前で呼称される。この他、後座《あとざ》・地謡座・橋掛かり・鏡の間がそれぞれ大きさ、向きを異にしながら接続している。床板の張り方も舞台と地謡座だけは同じ向きだが、それ以外は全て領域ごとに違う。各領域に名前に象徴される独立性を与えながら舞台空間を構成し、それらを一体的に扱っている。現代劇場に繋がる西欧の舞台の均質性・対称性に比べると、その違いが際立っている。写実的表現や場面転換への執着もまるでない。

ほとんど何も無いに等しい空間だからこそ、一つ一つの要素が際立ち象徴性を感じさせるものとなっている。野外で上演し、見所と舞台をわざわざ引き離したことは、両者を隔てさせることで客観的な見方を作り出すばかりでなく、演技に霊性を持たせる意味で有効だったのだろう。生身の人間を時空を超えた神の化身として見立てるために、強い境界や時間軸が意識されたことだろう。しかも、軒下の日陰となる見所から白州に反射する外光の厚いスクリーンを通して、また日陰の舞台を見るという不自然さ。観客の視線を邪魔する舞台及び橋掛かりの柱、人を近付けさせない白州、どれも今日のセンスでは排除すべき対象物でしかない。

それをひときわ意識させるものが舞台四隅の柱である。興福寺南大門での薪猿楽図（永青文庫蔵）や豊国祭礼図屏風（徳川美術館蔵）など仮設的な舞台を見ると、舞台四隅に柱が見当たらない。今日の「児師走りの儀」にもない。もともと屋根を設けずに演じられていたものが、屋根を設けることで必然的に生まれた柱の有用性を発見したのかも知れない。いずれにせよ、一定の広さ・決まった形式を持つことは、演者にとって空間把握を容易にするし、それによって演技技術をより高度なレベルまで向上させる手掛かりになったものと想像できる。

能舞台を基礎としながら大胆に変貌してきた歌舞伎舞台に比べて、能舞台は室町期の姿そのままを凍結したかのようで、実に素朴なものである。しかし、単なる素朴さではない。根本的な姿のままに踏み留まったままの空間であるが故に、そこで展開される細部の差が際立ってくる。舞台を取り囲むように、どこからでも舞台を見ることができることは、現代の舞台作りでは親密感を高めるものとされるが、能舞台では逆に近付きがたい境界性によってそれが阻まれている。素っ気ない舞台空間は自由さがあるようでいて、道具立てを拒否する精神性を感じさせる。

こうしたことは、どこか茶の湯の世界に通じる感覚を思い起こさせる。どちらも社会における立場、地位や財力を一旦捨てさせるために見立てられたものだ。寄付きで身支度を整え、そこから露地を通ってにじり口に至る。そこでわざわざ身を屈めて小さな戸口から入る。ひと繋がりの連続的な行為によって物語れるも

西本願寺北能舞台外観、平面図

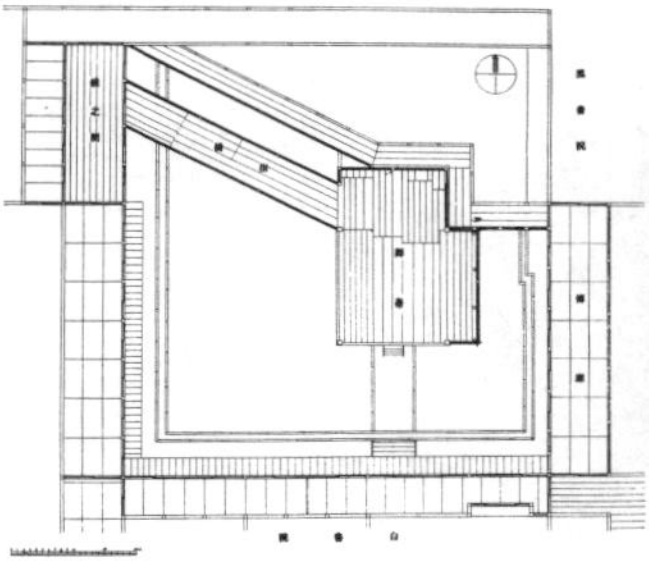

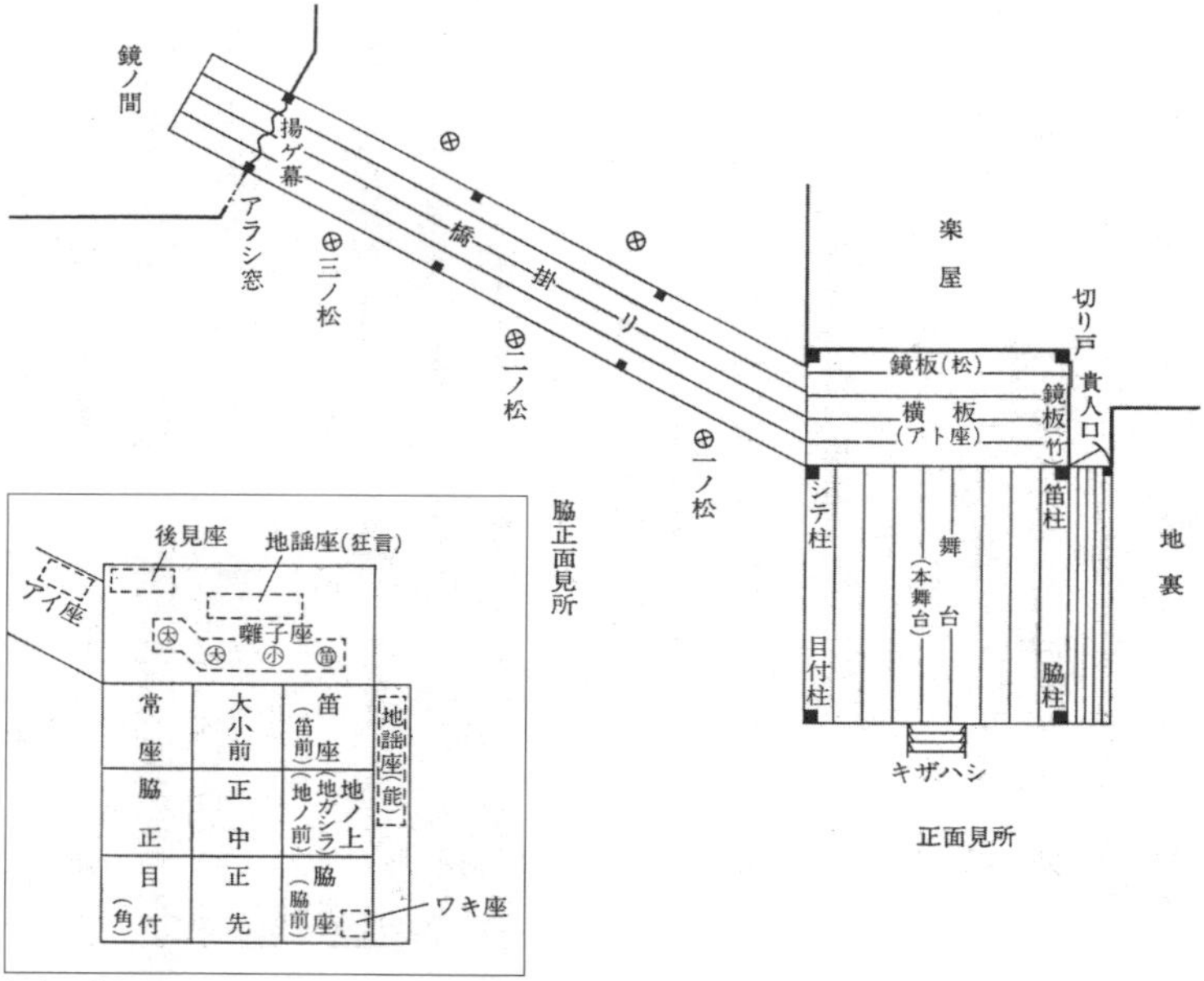
鏡ノ間
揚ゲ幕
アラシ窓
三ノ松
二ノ松
一ノ松
橋掛リ
楽屋
切リ戸
貴人口
鏡板(松)
横板(アト座)
鏡板(竹)
シテ柱
笛柱
舞台(本舞台)
目付柱
脇柱
地裏
キザハシ
正面見所
脇正面見所
後見座
地謡座(狂言)
アイ座
囃子座
大
大
小
笛
常座
大小前
笛座(笛前)
地謡座(能)
脇正
正中
地ノ上(地ガシラ)(地ノ前)
目付(角)
正先
脇座(脇前)
ワキ座

舞台の各部

のだが、空間的境界と時間を意識させるしつらえがある。待合いは鏡の間であり、露地が橋掛かりのようにも思える。

余白の時間と空間

能は空白の舞台で始まり空白の舞台で終わる。シテ（主役）を中心とする舞と謡《うた》の仮面劇である。物語性はあるが、今日私たちが考える筋書きを持ったドラマというよりも、一つ一つの場面を見る者が紡いでいくように組み立てられているだけで、劇的な展開があるわけではない。舞・謡・囃子が、それぞれ小単位で時に同時進行し、時に独立し積み重ねられている。物語の情景は、地謡によっても斉唱されるが、しばしば演者自身がその思いや行動を述べ、謡うことによって描き出される。ただ、演技が謡のことばに即しているとも限らない。演者自身が解説者であり進行係を兼ねている図式である。そうした多重性、重層性[36]が間を生み出すことにも繫がっている。

室町期の舞台は束間二間程度だったこともあり、舞の動きは極めて切り詰められ様式化されており、また登場人物が少ない分、観客の視線は演者、とりわけ面に集中する。作り物を用いることはあるが、舞台装置のようなものはないといって良い。それ故、面の持つ意味合いは極めて大きく、神性・霊性を宿すものと感じ取られるために、一つの面に時空を超える表情が求められる。似たようでいな

p.60　上から
能舞台平面図。舞台の各部・領域ごとに名称が与えられている
能舞台と橋掛かり

36　横道萬里雄『能劇の研究』岩波書店、一九八六年に詳細な論述がある。

がら微妙に異なった実に数多くの面があるが、同じ面が違う曲にも使われるという特徴もある。

演者にとっては、瞳孔部分に限定された小さな視野しかなく、面を着けての発声は不自然である。このため、舞も謡もゆっくりとした調子で、空白と思えるような時間も多い。静止しているような時、無音のままの時もあり、見る者にとっては余白を感じる舞台である。それが世阿弥言うところの「せぬところと申すは、その隙《ひま》なり」[37]なのだろう。何もしていない時も動いている時以上の集中力をもって気を配ること、ただしそれを悟られないという美意識である。そうした余白を含む演技を感じ物語を作っていくのが観客の想像力だ。

その時重要な手掛かりとなってくれるのが囃子である。囃子は単なる謡の伴奏ではない。ある時はシテや地謡の謡をリードするかのように、またある時はそれらに対決するかのように演奏される。だからこそ主賓に向い合うように舞台奥に位置しているのだろう。しかも、それは謡に対するだけでなく、笛と鼓、囃子同士においても、同様の緊張関係を作り出すことで舞台空間を引き締めているのだ。鼓手たちは、掛け声を掛け合いながら打つことでテンポや間合いを計ると同時に、楽器にはないもう一つの音楽を奏でている。そうした余白に見る者一人一人が物語世界を作り出している。

37 世阿弥「花鏡」、前出(註30参照)。

3　小屋から劇場へ

芸能の床にみる仮設性

舞台人にとって最も身近な建築物との接点が床である。舞台床なしでは、そこに立つことも演技することもできない最も基本的なものであり、自分の身を預ける場、身体の延長として考えられるくらい気になる存在でもある。舞台空間創造に関わる演出家、舞台美術家、照明家にしてみても、その重要度において変わりはない。彼らにとって床はあらかじめ決められた存在物であるというよりも、空間の構成要素として認識されている。だから、必要に応じて作り換えられる。

歴史的に、わが国の芸能は、季節に関係した年中行事、祭礼、儀式といったものと深く結び付いてきた。それ故、舞台はもともと仮設的なものであったように思われる。しかも、臨時的とはいえ、年中行事のように定期的に繰り返し催されることが多かったために、舞台のみならず各種のものが簡便に用意でき、組み立てられるように考えられてきた。そもそも舞台と称せられる言葉・概念は、舞楽に至って明確になってきたと言われ、それ以前は、舞う場所、踊る場所を単に舞場と呼んでいたにすぎない。つまり、あくまでも臨時の場であったということだ。

最も初源的なものとしてみられるのが土ないし芝の舞場である。その様子を今も春日若宮おん祭に見ることができる。春日大社の摂社若宮神社の例祭は、興福

春日若宮おん祭り、御旅所

寺主催の祭事として平安時代後期の源流を持つと言われ、おん祭では各種の舞楽、能などを様々な姿で確認することができる。中でも「御旅所の儀」は印象的である。祭神を迎える御旅所は、青々とした松の枝で葺いた仮御殿で、その前面には一段高くなった方形の舞台がしつらえられる。舞台といっても、それは土が盛られたいわば四角い土俵のようなもので、一面が芝生で覆われているそれだけの舞場である。

「年中行事絵巻」の踏歌節会舞妓図は、正月一六日紫宸殿[38]南庭において催されていた女踏歌[39]の様子を描いたもので、敷物を敷いた舞場が表現されている。詳細は不明だが、紫宸殿前の庭に筵のようなものをロの字型に敷いて、平地の舞場としていた様子である。この図の左手、舞妓が登場するところにも筵らしき敷物が置かれている。これは順路に沿って設けられたいわゆる「馳道《ちどう》」と称せられるものであるが、あたかも楽屋から登場する後の橋掛かりの存在を暗示しているようで興味深い。

しばしば行われるようになった行事のために、そうした舞台が固定化されたとしても不思議ではない。それを実現したのが大阪四天王寺石舞台で、古くから専用常設の舞台があったことをうかがわせる事例の一つである。中央石舞台の大きさは六・五三m×一〇・〇五mで、この部分が本舞台となるが、舞楽が演じられる時には組み立て式の高欄が舞台周囲にめぐらされ、舞台は布を敷いた上に更に敷

38　本来は天皇の私的な在所である内裏の殿舎の一つであったが、平安中期以降は、即位の礼や節会など重要儀式が行われた正殿。天皇が居住する清涼殿に対し紫宸殿は公的な意味合いが強かった。

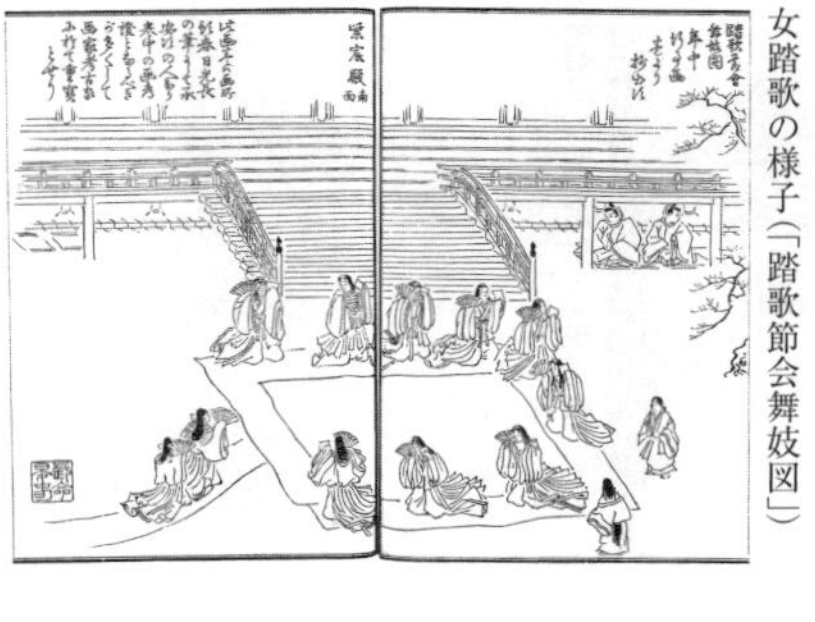

女踏歌の様子（「踏歌節会舞妓図」）

舞台を置くことになっている。初めは、恐らく舞台として作られ、その後橋の機能が加えられたものと想像できるが定かではない。

このように見てくると、舞台床はもともといつでも取り替えのきくもので、大地がそれをしっかりと支えてきたことが分かる。大地を盛り上げ一段高くなった場を設け、その上に木製の台などを敷いて舞台とする。必要に応じテンポラリーにその場を「しつらえる」という発想に根本がある。

今日、舞台には想像もできないくらいの多くの技術が導入されるようになってきた。大地はコンクリートに取って代わり、空間も建築も大きく様変わりしてしまったけれど、舞台は大地に根差しているということ、その上に自由な形で場が構成されるという基本的な考え方や作り方は、今でも変わりがない。

歌舞伎小屋の成立

能も歌舞伎も草創期の空間は、今日から見れば実に粗末なものだった。常設の舞台を構えるようになってもそれほど劇的に進展したとは思えない。阿国が北野神社南方に設けた簡素な芝居小屋を描いたとされる一七世紀初頭の図によれば、舞台は仮設との区別さえつかない。しかし、櫓《やぐら》が設けられ太鼓も見える。客は地面に筵《むしろ》のようなものを敷いて、舞台を取り巻くように座っており、その外周を矢来で囲い目隠しで覆っている。「清水寺図屛風」（ＭＯＡ美術館蔵、推定一六一〇

39　奈良から平安時代に中国から移入された群舞形式の歌舞。古くからあった歌垣とも次第に合体、日本化して流行した。宮中では持統七（六九三）年以降、歌舞に巧みな男女を召し、新年の祝詞を謡い舞わせた。後、男女別になり、更に女踏歌だけになった。

敷舞台（「興福寺延年舞式」付図）

初期の芝居小屋（「阿国歌舞伎図」）

年代）や「阿国歌舞伎草紙」（大和文華館蔵）も同様で、桟敷席も花道もない極めて質素な舞台である。しかし、慶長（一五九六―一六一五年）末期の作と推定される「阿国歌舞伎図」（京都国立博物館蔵）には、一段高くなった桟敷席が描かれており、桟敷席を設けた芝居小屋が早い時期から建てられていたものと想像できる。

また、これら古図などをもとに須田敦夫らが推定した小屋の姿もある（『日本劇場史の研究』）。こうした事例によって、舞台・楽屋・桟敷席などに簡単な屋根を架けた程度の建物とその周りを矢来と筵などで囲うといった芝居小屋の原型が一般化していた様子を窺い知ることができる。河原での興行に比べれば、日差しや雨をよけるために一部に屋根を設けていたが、ほとんどの席は外部で、風雨や寒暖といった気象条件には為す術を持っていなかった。

しかしながら、本舞台の後ろに直行する橋掛かりと側面の桟敷席といった芝居小屋の基本構造が比較的初期に発案されていたことは興味深い。観客用出入口としての鼠木戸《ねずみきど》[40]上部に作られた櫓[41]も当初からの形式であったことが図版から分かる。類似した姿を能舞台や宮地芝居、勧進能などへと更に遡行していくこともできる。が、その源流が一体どこにあるのか突き止めるのは難しい。はっきりしていることは、今日私たちが体験できる歌舞伎劇場や芝居小屋とは全く違うということである。

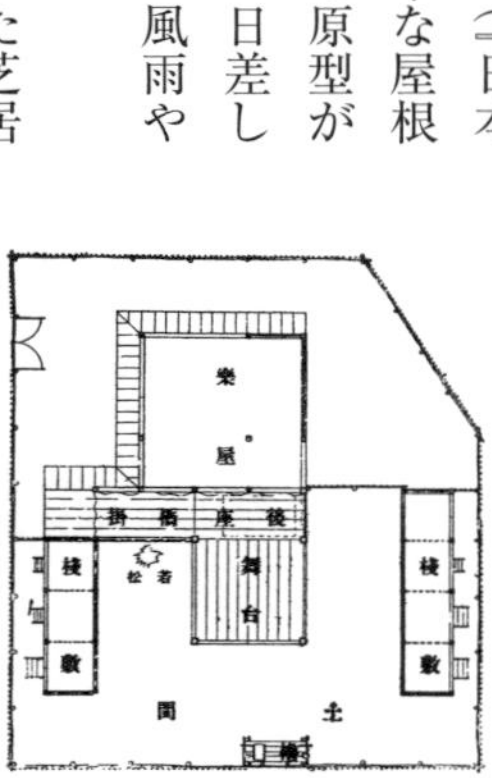

初期の歌舞伎小屋平面図

40　近世の芝居小屋などで無料入場者を防止するため観客用出入口を狭くし、小さなくぐり戸状にしたもの。

41　木戸（入口）上部に設けられた一～二人程度が乗れるほどの小さな木製骨組に座紋が染められた幕を回し、御幣《ごへい》と槍を戴いたもの。ここで人寄せの太鼓を叩いた。櫓は官許の芝居小屋の証でもあった。

その原型が今日の歌舞伎劇場と大きく異なる主な点を列挙すると、以下のように整理することができる。

①　花道がない。

②　舞台・桟敷席が独立して建っている。

③　土間席が無蓋である。

④　桟敷席が正面になくレベルが一層である。

⑤　両桟敷席に挟まれるように舞台があり観客が三方から取り囲んでいる。

⑥　下座音楽の場が舞台奥にある。

⑦　橋掛かりが本舞台奥で接続し下手横に伸びている。

⑧　ホワイエ的な機能がない（あるいは一体である）。

これら項目のうち、比較的早く変化を遂げたのが花道の誕生と劇場の屋内化である。花道は、天和・貞享（一六八一—一六八八年）頃には仮設的だが演出的にも使われていたとされ、ほぼ同時期に屋内化への転換も見られる。それは、単に無蓋式であった土間席部分に屋根を掛けるといった変化に留まらない大きな意味を持っていた。延宝年間（一六七三—八一年）の作とされる京都四条芝居街の展望を描いた洛中洛外図（寂光院所蔵）には、土間席に筵掛けした屋根が見える。また、類焼を受けて再建された中村座・市村座が、一六七七年揃って土間の一部に板葺き屋根を架けることが許可されたという記述がある（「劇場図会」）[42]。し

42　槌田満文監修『新吉原画報・劇場図会——『世事画報』増刊——』ゆまに書房、二〇〇三年。

かし、両側桟敷間を架け渡すような大スパン屋根はまだ存在していなかったようだ。芝居小屋の規模が、当時それほど大きくなかったとはいえ、間口五間といえば立派な大屋根である。ただ、部分的に掛けられていた屋根の奥行も一〇尺と全蓋式にはまだ遠かった。それでも一八世紀初め（正徳期、一七一一―一五年）頃までには、雨天でも興行が妨げられることなく行えるようになったとされている。それも華美であるという理由ですぐに禁止されてしまう（正徳四（一七一四）年）が、次の享保期に入ると一転して取り締まりが緩和され、一七二〇年代には土間全体を屋根で覆った形式が一般化されたようである。享保一六（一七三一）年の作とされる「中村座歌舞伎芝居図屛風」（出光美術館）には、舞台に近い土間席が他の土間席とは柵で区画され毛せんが敷かれている姿を見ることができる。この部分には屋根が付いていたのかも知れない。さらに、享保一八（一七三三）年頃の作とされる「市村座場内図屛風」（七〇頁下図参照）には桟敷上部に障子窓が見え全蓋化の根拠資料となっている。それは、阿国の時代から一二〇～三〇年程後のことである。

こうなると、興行が安定するだけでなく、土間を板敷きとして、以前よりも上等な席として売ることができるなど、大変大きな利潤を獲得したことは間違いない。もちろん、自然光が大幅に制限されるという大問題を新たに抱え込むという取引でもあったが、それにも増して興行の安定化は、歌舞伎を一段と発展させる

契機となった。つまり、気象条件に左右されない上演を可能にしたことで、観客層や観劇機会を広げ、収入が一気に拡大した。それによって、各座元が競い合うように新しい趣向を凝らし、更に観客の興味を増幅させるという大きなベクトルを生み出したのである。そして、観客の力に後押しされて全蓋化へと進んだ芝居小屋が、天明期（一七八一―八九年）を頂点とする歌舞伎様式を形作っていくことになる。

こうした機運は、鎖国体制の中で強力な経済力を有するようになった都市部の町人や農村部の在郷商人たちによるところが少なくない。泰平と繁栄を背景に市場を支配し、その実力を文化に開花させた彼らたちの趣向が、歌舞伎の異端性・装飾性と一致した。それが社会の閉塞感を発露するエネルギーとなり、歌舞伎興隆の大きな力となったのである。新たなビジネスチャンスをものにした商人たちによって形成された元禄文化が歌舞伎を開花させたといえるが、それを可能とした建築的背景として、劇場の屋内化がオーバーラップしている。

芝居小屋の全蓋化は、歌舞伎人気を一気に高める力となったが、建築面ではむしろ極めてゆっくりとした速度で進んでいった。舞台・桟敷の上に大きな屋根を架けた姿としただけで、それぞれにあった屋根はそのままだったし、橋掛かりと本舞台の合体化もずっと後のことになる。

p.70　上から

初期の花道（「阿国歌舞伎図屏風」、貞享期、左隻）。花道らしきものはあるが、幅が狭く、欄干もあるため演出用とは考えにくい。仮設ないし移動式と考えるべきか。

筵が掛けられた芝居小屋（「洛中洛外図（寂光院本）」部分）。芝居小屋の土間席上部が竹と筵で覆われている様子が見える。

享保期以降の全蓋化した芝居小屋（「市村座場内図屏風」）。桟敷席のさらに上に壁や窓が描かれていることから屋根が全体に掛けられていたものと想像できる。

二重の舞台床

全蓋化する前の芝居小屋の絵には見られないもう一つの特徴は、舞台床にレベル差が生まれてきたことだろう。もともと舞台床は平らな一つのレベルであったが、物語として舞台を構成していく上で、外部と室内を切り分けたり、室内で段差を設けたり、二階屋体を作ってみせたり、上下や高さを意識した演出上の工夫が生まれるようになってきたことで、床ないし演技面として複数のレベル設定が必要になってきたことが背景にある。

このため、簡単に舞台装置の床を作る目的で二重という台類の概念が発展してきた。平台と高さの異なる足を組み合わせて作る舞台もその一つであるが、何と言っても歌舞伎に特徴的なのは、強盗返《がんどうがえし》や回り舞台などの仕掛けや転換の素早さで見物人をアッといわせる術である。『歌舞伎事始』[43]には「正徳享保の頃江戸狂言作者に、中村伝七といふもの有（中略）引道具、せり出し、押し出し、ぶんまわし、引かへし等珍しき大道具仕出しを工夫せし」とある。土田衛氏は『歌舞伎の歴史Ⅰ』[44]Ⅵ章で、この時期の舞台機構について興味深い解説をしている。引道具は、今日の引き枠のような比較的小さな台に車を付けて、役者を乗せたまま素早く舞台袖に引っ込ませる道具であった。また、舞台床の切り穴から役者などを迫り出す方法で見物人を驚かせたとされているが、江戸期の複数の歌舞伎解説資料それぞれで人物の名が異なっているため、その考案者を特定できないとし

『戯場訓蒙図彙』より

ぶん回し

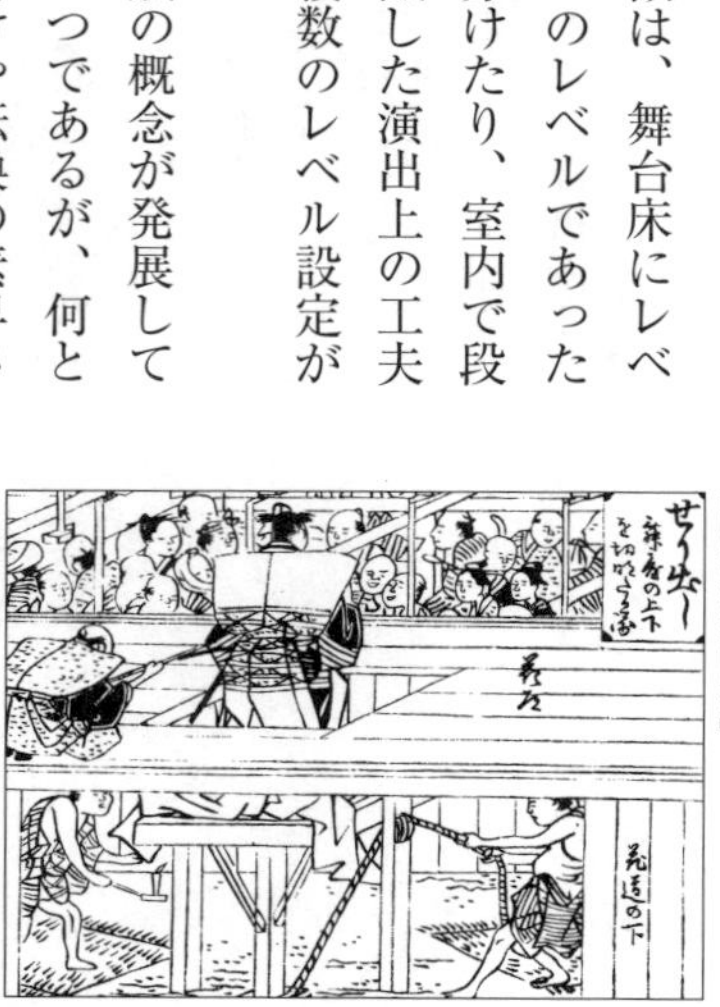

せり出し

ている。廻り舞台の原型になったと思われる「ぶん廻し」も、当初は引道具のように車が付いた台の中心に心棒を付け、舞台上で回転させて使っていた道具とされているが、『戯場訓蒙図彙』[45]では、廻り盆として描かれている。

舞台装置にも様々な仕掛けや工夫が凝らされるようになって、初期の舞台とは随分異なる性格へと変貌した。そして、新しい舞台空間・演出技術を支援するため、床に求められる性能も変化してきた。すなわち、歌舞伎踊りの場合に求められた平らで滑らかな床に代わって、様々な場面を繰り返し作り出すベースとしての床に転換されることになった。舞台床は、単に役者の演技面としてだけでなく、舞台装置を組み上げるための基礎であり、ハッとさせるような仕掛けが隠された土台としての意味を持つようになったのである。

最初の考案者が誰かはともかく、二重という床の考えが各種の舞台転換技術を生む原点になったと見ることができる。それだけ色々な人たちが観客を喜ばせる新機構に夢中にだったことの現れと見れば、舞台の仕掛けや機構の改革に熱心だった人たちの情熱が伝わってくるというものである。

劇場史では、並木正三が宝暦八（一七五八）年大阪道頓堀の角の芝居での「三十国夜船鐙始《さんじっこくよふねのはじまり》」大切《おおぎり》（最終幕）のために製作したのが廻り舞台の最初と紹介されているが、前述の事実から、大方の転換技術はそれ以前にほぼ出揃っていたとみることができる。彼が考案した方式が、奈落に接続された心棒を直接人力で

引き道具

押し回す方式であったのに対して、江戸では、台に綱を付けて左右から引くことで回転力を付けるという方式だったようで、そうした様々なアイデアが一つの機構を考案する上で競うように生まれたことこそ重要だろう。そして、これが切り込み式の廻り舞台にも採用されるようになって『戯場訓蒙図彙』に示されるような方式へと発展していったのだろう。

むしろ並木の功績は、狂言作者として作品・演出に関連付けながら、それまでの仕掛けを大型化、複合化しながら実現させたところにある。また、一つの作品を見せるために、劇場を改造することに躊躇しなかった劇場人としての創造力の旺盛さも見習うべきことだろう。その評判は、瞬く間に江戸に伝わり江戸歌舞伎の競争心をさらに高めたに違いない。並木は先の公演のために、舞台下を大きく掘り込んで奈落を設けたのだという。既存の舞台床を取り壊し、その下で土工事を行い新たな機構を設置する。それだけでなく、回り舞台に載せる複数の場面（舞台装置）も同時に製作しなければならない。一連の工事・製作には当然相当な日数・金額を要することは間違いない。そうした大工事ができたのは木造建築ならではのことだろうが、観客に感動を与えよう、アッと言わせてみせよう、見えないところにこそ秘策を込めようという発想・実行力を私たちが見失っていないかという警告のようにも感じる。

回り舞台など複雑な舞台機構は、製作面でも運用面でも人手が余分にいるもの

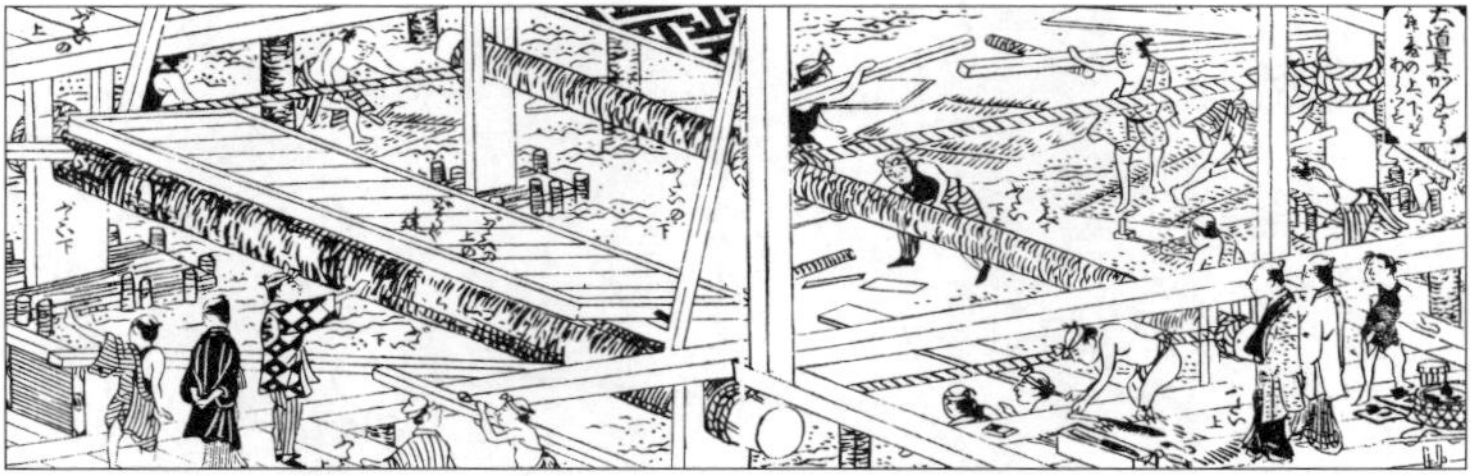
奈落での仕事

であるが、それでも山村の村々の芝居小屋に広く普及していたことを知ると、芝居に人々が求めていた興味の深さを垣間見るようで嬉しい。しかも、回り舞台が客席に対して突き出るように配置されている図を見ると、舞台と観客が一体となってそうしたスペクタクルを心から楽しんでいる、そんな姿が浮かんでくる。

下座位置の移動

歌舞伎踊りの伴奏として始まった下座音楽は、その発想・手法の見事さにおいて類を見ない豊かさがある。貪欲な他文化に対する吸収力にもかかわらず、楽器の種類がかなり限定的だったのは如何なる理由によるものなのだろう。現代であれば、人数を制約することが経営上の効率化に繋がるといった説明をさしずめすることができる。しかし、むしろ舞台上の限られた領域の中で出演者と共にいたが故に、増やすことができなかったという物理的な理由の方が、正当性があるように感じられる。

そうした下座音楽の位置を図版で見てみると、今日とは全く異なった場所であることが分かる。一七世紀初頭に制作されたと推定されている「洛中洛外図（舟木本）」「阿国歌舞伎図」（六六頁参照）「阿国歌舞伎草紙」（大和文華館蔵）における位置は、いずれも舞台奥で、しかも囃子手がかなり広がっており、役者の登退場がどこから行われるのか心配してしまうほどである。しかし、他の屏風絵に

43　為永一蝶著、宝暦一二（一七六二）年。当時の歌舞伎百科事典とも言うべきもので、一部の考証に誤りがあるとされるが、幅広い資料として貴重。『日本庶民文化史料集成（第六巻）歌舞伎』（芸能史研究会編三一書房、一九七九年）所収。
44　『岩波講座　歌舞伎・文楽　第二巻歌舞伎の歴史Ⅰ』岩波書店、一九九七年。
45　式亭三馬著、享和三（一八〇三）年刊の歌舞伎解説書。

は、下座音楽が舞台後方上手側にまとまって配置された事例もある。そこでは、屋根を有した桟敷席や舞台下手奥に接続された橋掛かりもある。こうした図版を全て鵜呑みにすることはできないが、全くかけ離れたことを描写しているとも思えない。とすると、踊り中心の歌舞伎が次第に物語性を帯びていくに従って、演技者の動線と下座音楽の位置関係が少しずつ変化していったものと推察することができる。

何よりも今日との最も大きな差は、下座音楽の囃子手が舞台上にあって、決して観客の視線から隠れていないところにある。しかし、これも何か意図的であるというより、奥まった位置といい、出演者と一緒に舞台に登場している様子といい、むしろ既存の芸能を見習っただけのことであるようにも思える。須田が『日本劇場史の研究』で室町初期の頃に能楽の地謡座を下座と称していたとする説を取り上げており、演技スペースとなる舞台手前側を上座とし、奥を下座と称して舞台上の場所を表す言葉として使われていたとする説明にも納得できるものがある。

それが、ようやく変化の兆しを見せるのが、一七世紀後半のことと想像できる。菱川師宣[46]筆とされる「江戸中村座二人猿若」には、橋掛かりに追いやられたような姿が見られるし、「江戸市村座風流和田酒盛」(一六八七年)には、本舞台と格子で仕切られた後に三味線を持った囃子手が描かれている。ただし、同時期

46 菱川師宣(1618-1694?)
江戸初期、挿絵としてしか扱われていなかった浮世絵を、独立した絵画作品にまで高め、浮世絵の確立者。

「北楼及び演劇図巻」

「浮世絵歌舞伎見物図屏風」

上から
「北楼及び演劇図巻(江戸中村座二人猿若)」。初期の花道
「北楼及び演劇図巻(江戸市村座風流和田酒盛)」。囃子手が舞台外に配置され橋掛かりの奥行きを増したことで演技領域が拡張された
二手に別れている囃子方(下座)(「浮世絵歌舞伎見物図屏風」)。囃子手が舞台奥と上手脇、二か所にいる

「歌舞伎図屏風」1688 年頃

に中村座を描いた屏風絵（一六八八年頃、七八―七九頁）では、そうした格子の仕切りが全く見られないことから、まだ定まっていないものと判断できる。こうしてみると、主役は確かに踊り手や役者だったかも知れないが、観客の目には常に下座音楽の囃子手が、その向こう側に位置しており、空間的には共演者として扱われていたものと解釈できる。

しかし、鳥居清忠作とされる中村座之図（一七四三年）や同時代の奥村政信作によって描かれた市村座内部の図では、本舞台と上手桟敷との間、客席近くに設けられた低い仕切り格子の後側に、下座と見られる場を確認することができる。客席に突き出た本舞台に対して、奥まった位置にあることは変わらないが、衝立のような仕切りを設けたことは大きな変化である。

次の変化は、四分の三世紀近く後のことで、文化一四（一八一七）年の中村座内外を描いた歌川豊国作に見ることができる。それは、上手の黒御簾と対を成すように設けられた下手の黒御簾である。黒御簾を上下《かみしも》に対で設ける傾向がこの頃には既に広まっていたようで、同じように芝居小屋でも、対の黒御簾が見られる。ただ衝立の裏側にいながらも、囃子手は舞台側に身を乗り出し、観客からは半ば見え隠れしている様子が「芝居大繁昌之図」に克明に描かれていて、舞台との切り離せない関係が見てとれる。縁の下の力持ちとされる下座音楽の位置が時計回りで移動してきたのである。

p.81
囃子手の位置の変遷
上から
本舞台と上手桟敷の間、客席近くに設けられた低い格子で仕切られた下座の位置（「浮絵劇場図（中村座之図）」）、寛保三（一七四三）年
歌川豊国による文政期の中村座場内、上下対で設けられた黒御簾（「中村座内外の図」部分）、文化一四（一八一七）年
衝立の後ろから身を乗り出すようにしている囃子手（「芝居大繁昌之図（桐座）」）、文化一四（一八一七）年

芝居大繁昌之圖

本舞台屋根が、演出上の都合で一時的に撤去されたことがきっかけとなって広まっていくのが一八世紀末であるとされ、そうした大きな変動が、一方で着実に進行していたにもかかわらず、それに比べて極めてゆっくりとした変化しか見せていない点が興味深い。それが、下座音楽が共演者から脇役へと移行していく現れなのか、もともとそんな拘りを持っていなかった柔軟性によるものなのかどうかは分からない。そして、今日見られるように囲われた形式として現れるのが江戸末期一八五〇年頃であり、定着し出したのが、明治五（一八七二）年新築された新富座である。草創期の位置に比べれば随分と前の方（客席側）に来たことになるが、御簾に隠されてすっかり彼らの姿を楽しむことはできなくなってしまった。こうした経緯を見てみると、今日伝統として常識化されている劇場の形式でさえも、実に長い時間を掛けて変化・形成されていくのだということを改めて実感する。伝統は変化を認めた上で成立してきているのだ。

下手の下座、上手のチョボ床らしき姿を見てとれる(「東都名所猿若町芝居」)、寛永三(一八五〇)年頃

第三章　リアルからメタフィジカルへ

1　プロセニアム劇場の確立と否定の近代

劇場といえばプロセニアム？

床さえあればどこでも成り立った劇場が、今や最も複雑な建築の一つになってしまった。高度な機器が個人個人のポケットにまで入り込み、オフィスから家庭まで日常はブラックボックス化された複雑な代物で溢れている。きれいさっぱりそれらを捨て去ることができない以上、覚悟してそれらと折り合いを付けていくしかない。かつてヨーロッパで見た扉付きテレビ、テレビはないのにアンテナだけが林立していたアジアの街、どちらも滑稽だったが他人事でない。普段よく使うものにも扉を付け生活臭を消去した住宅やオフィス、高級バッグ全売り上げの三分の一以上が日本だという話を聞くと自分たちのことだったことに気付く。

雑多さや仕掛け部分を消し、格好良さだけを見せるといえば、それって劇場だなと思う。そして、観客にも作り手にも安心したやり方でそれを行っているのがプロセニアム劇場だ。都合良く自分を見せ、具合悪いものを隠してしまうのがその常套手段で、書き割りという言葉通り見え掛かりだけをそれとなく見せる。照明や音響で更にその効果を高める。舞台はそれでいい。でも、実生活の場までもが書き割りになったり、格好良さをデザインだと考えているような建築は怪しい。

プロセニアムは劇場の代名詞的存在だが、今日の姿に落ち着いた時代はちょうど近代建築の黎明期とオーバーラップする。新しい技術を積極的に採り入れながら観客の要望に応えていく過程で、劇場は人力に頼ったからくり箱から機械仕掛けの工場へと変身してきたといえる。

プロセニアム確立を促進した舞台表現と劇場火災

近代劇の改革はいわば文化的辺境の地に生まれた。ヘンリック・イプセン（一八二八—一九〇六年）、アントン・チェーホフ（一八六〇—一九〇四年）らの登場は、修辞的な台詞まわしや朗読法に代わって、日常的で静かな会話、抑制された身振りや言葉使いを重視する新しい演劇上の主題を与えた。ごく普通の日常生活が積極的に取り上げられ、そこに潜む人間性の一断面を顕在化させるという視点は新鮮なものだった。俳優は観客を意識することなく、自分の家にいるように動き語る。演ずるのではなく役を再体験するのであり、そのための表現技術が俳優に求められた。舞台装置も劇の時代・場所設定に相応しい具体性が求められ、入念に準備された正確な情景描写が行われるようになる。布地に絵を描いたウイングとボーダーによるパースペクティブな舞台[1]が、箱のように囲まれた装置（ボックスセット[2]）となり、その中に注意深く家具や小道具が配置された。

コンスタンチン・スタニスラフスキー[3]はモスクワ芸術座を、アンドレ・アントワーヌ[4]はパリの自由劇場を拠点にこれを実践した。それが、旧社会下で

1　舞台上部の横長の幕類（ボーダー）と舞台両側部に位置する縦長の幕類（ウイング）によって立体的に背景を構成する手法で、同時に観客からの視線をそれによって遮ることで舞台裏が見えないようにする。

2　壁のような面的要素による舞台装置によって演技領域を囲むように連続的に構成する手法で、観客からの視線をそれ自身によって見切る。

3　Konstantin Stanislavski (1863-1938)
ロシア革命前後を通じて俳優・演出家として活躍し、リアリズム演劇実践のため彼が作り上げた俳優の教育法は、スタニスラフスキー・システムと呼ばれ、多大な影響を与えた。

4　André Antoine (1858-1943)
アマチュア演劇の俳優・演出で活動していたが、従来の演劇に物足りなさを覚え、一八八七年同志とともに自由劇場を創設。写実的表現で注目、一〇年ほどで解散してしまうが、リアリズム演劇を導いたことで知られる。

作られた劇場空間とは時代も場所も相容れないことは明白で、このため舞台と客席を厳格に区切る必要が強まったのである。そして、両者の中間に位置していた前舞台領域としてのプロセニアムがその代償を負うことになった。僅かの道具と情熱さえあれば演じることができるシェイクスピア劇でさえもが、プロセニアムの向こう側に押し込まれ、結果として観客のイマジネーションを断った。観客は舞台上のドラマに巻き込まれることなく、距離を置いてその展開を眺めるという習慣が生まれたのだ。演劇の公演において重要な役割を担ってきた観客が、傍観者のような存在に変わってしまったとも言える。

こうした動向は、実は劇場火災が社会問題化した時期と重なっている。一九世紀後半は、社会構造の変革に伴う観客層の変化・技術革新などにより、劇場の役割が変貌した時代でもある。観客が一気に増えたことで劇場需要が急激に拡大し、都市が競い合うように劇場を建設した。しかし、劇場デザインは相変わらず様式のショーケースのように扱われるだけだった。ウィーンを中心としたフェルディナンド・フェルナーとヘルマン・ヘルマー[5]、ロンドンではフランク・マッチャム[6]といった劇場専門建築家が活躍した背景がそこにある。

公演回数が拡大し、内容もスペクタクル性に富んだものが喜ばれた。大劇場では大仕掛けの回り舞台や水圧式の迫りなど最新技術がいち早く導入され、操作性・制御性に難があり危険を伴うガス灯の導入にも挑戦的だった。従来のランプに比

5　Ferdinand Fellner (1847-1916), Hermann Helmer (1849-1919)
一九世紀末から二〇世紀初頭、ウィーンを拠点に劇場建築のスペシャリストとしてヨーロッパ中で活躍し、四八もの劇場・コンサートホールの設計を手掛けた。

F・フェルナーとH・ヘルマー「カールズバット市立劇場」一八八六年、正面図

べ圧倒的に明るいガス灯は、昼は昼らしく忠実に再現しようとする好奇心旺盛な当代の観客・劇場人にとって欠かせないものだった。

確かに直火は魅力的だが、吊り物や道具類など動く仕掛けが多い劇場において、最も恐れられたものが火災だった。エドウィン・オットー・ザックスの『現代のオペラハウスと劇場』[7]（一八九六年）によれば、一七八七年以降一〇〇年間に起きた劇場火災による死者の数はヨーロッパだけで三〇五五人、アメリカで八四五人にものぼる。後半五〇年イギリスだけの発生火災数を見ても一一八件で、しかも二〇世紀に近づくほど多くなっている。一度火災になれば、一〇〇人以上の単位で犠牲者がでる事故が一九世紀後半続出したことで、消防や防災上の取り締まりが強化された。耐火材の使用、木材の使用制限、十分な出入り口の確保などと並んで、舞台と客席の建築構造上の分離及び鉄製防火戸による区画へと劇場構造を厳しく制限した。劇場を街並みから分離し、道路によって囲まれた独立物として、他用途と複合しないという規定もこうした背景の中で生まれた。四面のファサードをデザインできることは建築家を喜ばせはしたが、それは劇場を日常生活空間から切り離し、孤立させているようにも見える。ようやく舞台に電気照明が使われるようになるのは、一八八〇年代以降である。

つまり、写実的な表現を求める舞台の動向と防災的な観点がこの時代に見事に一致し、そのことが今日のプロセニアム劇場を確立するという方向へと強くシフ

6　Frank Matcham (1854-1920) ロンドンを拠点として関わった劇場・ミュージックホールなどの設計は八〇を超えると言われる。イングリッシュ・ナショナル・オペラの拠点ロンドン・コロシアム（一九〇四年）も彼の設計。

F・マッチャム「エディンバラ・エンペラー劇場」一八九二年

7　Edwin O. Sachs, *Modern Opera Houses and Theatres*, B. T. Batsford, London, 1896.

トしたのである。これ以前にも確かにプロセニアムはあった。それはルネサンス以降に発達したイタリア式劇場に見られた特徴であったが、舞台と客席を分かつものとしてでなく、舞台と客席が交わる領域、演技空間であると同時に観客空間でもあるという分かちがたい空間として存在してきた。それが、近代の始まりにおいてプロセニアム壁という厚みのないものになり、それによって二分された舞台と観客が、額縁状の枠を通してのみ交わるという形式に定型化され、劇場を支配するようになったところに大きな分岐点があった。そして、これを巡って演劇の根源に迫ろうとする後の劇場人・建築家が悪戦苦闘することになる。

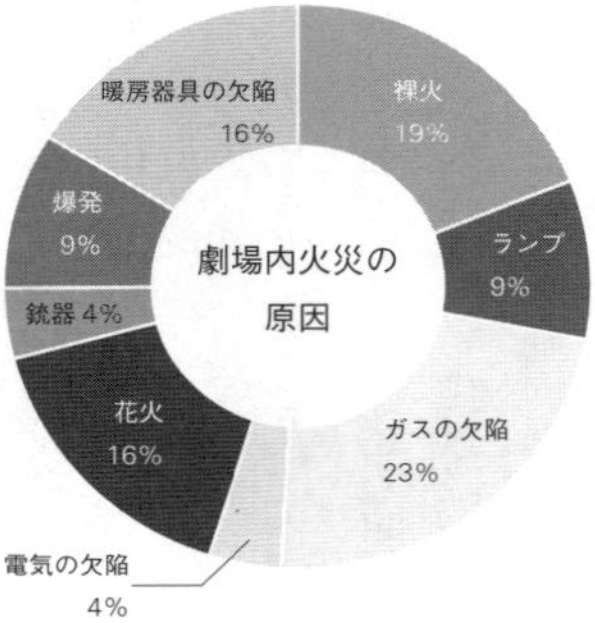

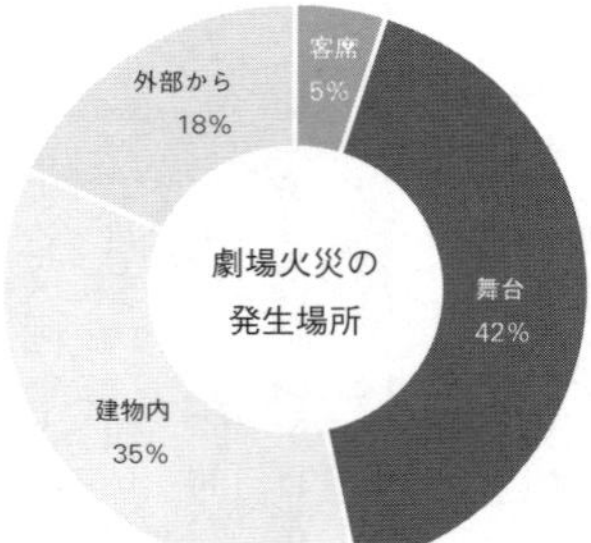

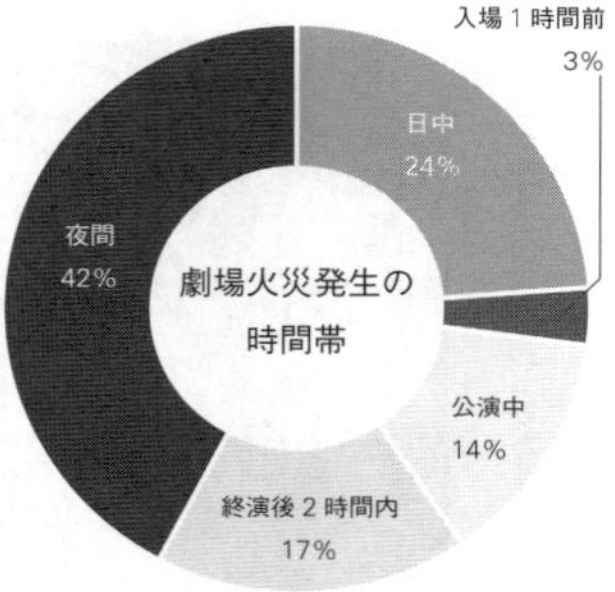

上から
パリ・コミック座の劇場火災、一八八七年
一九世紀における劇場火災（『現代のオペラハウスと劇場』をもとに作成）

シェイクスピア時代の劇場に関する研究

同時期、プロセニアムを有しない劇場空間を作ろうという動きは、運の巡り合わせからもたらされた。それは劇場人でも建築家でもない研究熱心な人の興味と発見から始まった。ドイツ人作家のルートヴィッヒ・ティーク[8]は、ロンドンで見付けたフォーチュン座[9]の建築契約書などを手掛かりにその劇場の復元をゴットフリート・ゼンパーに持ち掛け、一八三六年頃オペラ劇場設計のためにドレスデンにやってきたゼンパーと会っている。あいにくフォーチュン座建設は資金が集まらず、ティークは構想だけしか残せなかったが、ゼンパーは歴史的な宮廷オペラ劇場（一八四一年）を完成させた。

次の貢献者もドイツ人で、ベルリンの図書館勤務のカール・セオドア・ゲデルツ[10]という文学史家である。彼が一八八八年ユトレヒト大学図書館で偶然にヨハン・デ・ウィット[11]の手紙の写しを見付けたのだ。それはスワン座のスケッチがコメント付きで書かれたもので、今なお最も重要な資料として意味を持っている[12]。彼はそのスケッチを拠り所に『かつてのイギリス劇場の理解に向けて』という本でそれを紹介した。これがエリザベス朝時代の劇場研究に火を付け、ヴィクター・オルブライト『シェイクスピアの舞台』[13]（一九〇九年）、アシュレイ・ホレイス・ソーンダイク『シェイクスピアの劇場』[14]（一九一六年）、ジョセフ・クインシー・アダムス『イギリス劇場の誕生から再建までの歴史』[15]（一九一七

8 Ludwig Tieck (1773-1853) ドイツ・ロマン主義を代表する作家。一八一九—四一年の間ドレスデンに住み、二〇年代は王立劇場ドラマトゥルグとして影響力を持った。

9 エリザベス朝時代のロンドンに一六〇〇年設立された劇場の一つ。同時代の劇場にシアター座（一五七六年）、カーテン座（一五七七年）、ローズ座（一五八七年）、スワン座（一五九五年）、グローブ座（一五九九年）、レッド・ブル座（一六〇四年）がある。

10 Karl Theodor Gaedertz (1855-1912) ドイツ語で書かれたエッセイの中で紹介しており、それをC・W・ホッジスが著書 *Enter the Whole Army*, Cambridge University Press, 1999.（『絵で見るシェイクスピアの舞台』研究社出版、二〇〇〇年）で「Towrards an Understanding of the Old English Theatre」という訳で紹介している。

11 Johannes de Witt (1566-1622)

12 Andrew Gurr and John Orrell, *Rebuilding Shakespeare's Globe,*

年）など二〇世紀初頭の代表的著作を生む足掛かりとなった。同時に、プロセニアム形式によらない生き生きとした劇場空間の可能性を示したのだった。膨大な著作を残した天才作家が生きていた都市文化が、どれほど多くの人々を魅了したか。それ故に最初の劇場（シアター座、一五七六年）からたった六六年で議会布告よって跡形も残さず消滅してしまった不思議が関心を増幅させた。

演劇を抑圧する側にいたキリスト教会の司祭が、海外旅行に出掛けたロンドンで一五九六年当代人気の大衆芝居を見に出掛けたこと、その上演空間を丁寧にスケッチして故郷に説明の文章を付けて送ったこと、それをわざわざノートに全て書き写した友人がいて、それが三〇〇年近くも人知れず保存されていたこと、そうした全ての幸運がなければシェイクスピア時代の劇場は、二〇世紀末にローズ座が発掘されるまで当てのない推測の域を出ることができなかったに違いないのだ。公的秩序と道徳を荒廃させるという理由で劇場を取り壊した側の人間が抱いた好奇心が、そこに再び光を浴びることとなった。それこそが劇場的だ。

立体的な舞台構成と演出家の確立

二〇世紀に入ると、従来の枠組みに囚われない新しい演出空間に挑戦する劇場人が登場する。ドイツ人演出家マックス・ラインハルト（一八七三―一九四三年）は、一九一〇年ベルリンのサーカス小屋でソポクレス作「オイディプス王」を演

Weidenfeld and Nicolson, London, 1989.
13 Victor E. Albright, *The Shaksperian Stage*, The Columbia University Press, 1909. 復刻本は、Ams Press, Inc.N.Y., 1965.
14 Ashley Horace Thorndike, *Shakespeare's Theater*, The Macmillan company Pub., New York, 1916.
15 Joseph Quincy Adams, *A History of English Theatres from the Beginnings to the Restoration*, Rreprinted 1960, by permission of Houghton Mifflin co.

出したのに続き、一九一一年にはロンドンのオリンピア・スタジアムでメーテルリンク作「奇跡」を上演し、近代演劇史に大きな一石を投じた。中央を舞台とし、その周りに観客と合唱団が混在する形で取り囲み、音楽・照明をスペクタクルに用いた演出は、祭典のようにさえ感じられる。広い上演空間に見合うよう俳優が二〇〇〇人、合唱が五〇〇人、オーケストラが二〇〇人という極めて大規模なも

上から
W・ホラーによるテームズ河畔の鳥瞰図、一六四七年。グローブ座などの劇場が見える
J・デ・ウィットによるスワン座スケッチの模写、一五九六年

ので、既存の劇場を離れて上演しようというラインハルトの挑戦は、一九七〇年代ペーター・シュタインが率いたベルリン・シャウビューネ劇団の先駆的活動となった。

もう一人はロシア・アヴァンギャルドを代表するフセヴォロド・メイエルホリド[16]。スターリンによって粛清されながら、ベルトルト・ブレヒト[17]をして「メイエルホリドに学ぶように」とベルリーナ・アンサンブルの劇団員に遺言させた人物である。近代演劇理論の拠点モスクワ芸術座の自然主義演劇に反旗を翻し、コメディア・デラルテ[18]やサーカスなど前近代的遺産が有する身体と運動による本来的な演劇性を取り戻すことを目指した。台詞や現実の再現に縛られ、役者の自主性と観客の想像力を制限していた当時主流の演劇に我慢ならなかったのだ。フットライトに縁取りされ、緞帳で仕切られているプロセニアム劇場空間を飛び出し、演技領域を解体・拡大し、簡素だが象徴的な空間と演技によって、観客をもう一人の創造者に仕立てたのである。

メイエルホリドが描いていた劇場のイメージは、S・ヴァフタンゴフとM・バルヒンが設計を担当した劇場計画案に見ることができる。高さを調節できる大小二つの回り舞台を持ち、三方からそれを急勾配の観客席（一六〇〇席）が取り囲んだ空間、それがガラス天井によって覆われるという極めてユニークな案であった。大きな回り舞台の後方が楽屋で、上部にも演技・演奏を考慮したバルコニー

16　Vsevolod Emilevich Meyerhold (1874-1940)
ロシア・アヴァンギャルド芸術の中心的存在、二〇世紀演劇の革新を推進し最も鮮烈な輝きを放った演劇人であったが、不断の革新と自由を求める姿勢がスターリンら共産党指導部による粛清を受け犠牲者となった。

17　Bertolt Brecht (1898-1956)
ドイツの劇作家・詩人・演出家。感情移入による従来の再現演劇を否定、舞台での出来事を観客が客観的・批判的に見ることで本質に迫ろうとする叙事的演劇を提唱。その方法として、見慣れたものに対して違和感を起こさせることで、新しい見方・考え方を促す異化効果など様々な演劇理論を生み出し二〇世紀後半の演劇に大きな影響を与えた。

18　教会によって演劇が抑圧されていた中世、旅回りの一座などに受け継がれた古代ローマの風刺喜劇が次第に洗練され一六世紀中頃、イタリア北部で生まれたとされる仮面を使った即興演劇。近代演劇の改革にも影響を与え、現在もなお継承・上演されている。

状の張り出し床がある。転換は舞台左右の大きな開口部の他に奈落に接続している迫りでも行えるがフライタワーはない。

この劇場構想の下敷きになったのがエル・リシツキー[19]によってデザインされたセルゲイ・トレチャコフ作「子供がほしい」である。メイエルホリドは、戯曲を一九二六年に受け取り自分の劇場を大改装して実現しようとしたが、ついに上演できなかった。その構想に基づいて作られた模型によると、プロセニアムの向こう側にも観客席が設けられ、平戸間客席に大きく張り出した舞台は従来にな

19 El Lissitzky (1890-1941) モスクワ美術学校入学を断られ、ドイツのダルムシュタット工科大学で建築を学んだロシア出身のデザイナー、建築家、写真家。

オイディプス王

お気に召すまま

子供がほしい

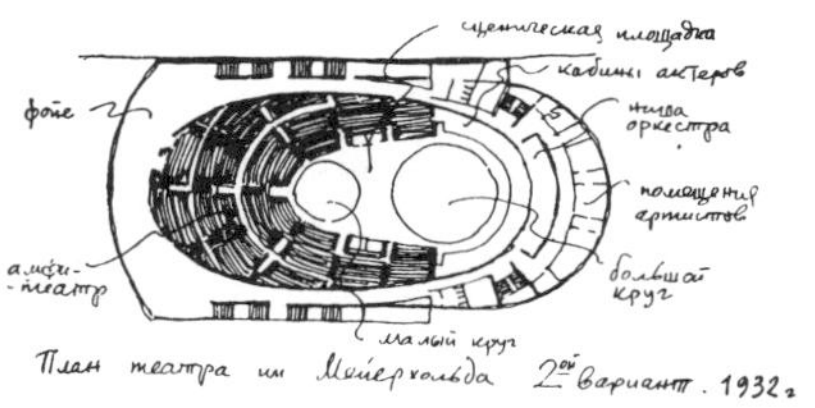

メイエルホリド劇場案

い立体空間として構成されている。花道のような演技空間が、方向・レベルとも彼方此方に伸びていて、観客と舞台が対話するかのように感じられる。ここでは舞台と観客の垣根が取り払われただけでなく、劇場全体が演出空間として捉えられている。こうした美意識と実践が演出家という存在を確立させる所以となった。

舞台美術の世界において先駆的な役割を果たしたのがアドルフ・アッピア（一八六二―一九二八年）とエドワード・ゴードン・クレイグ（一八七二―一九六六年）である。アッピアは「背景」としてしか考えられなかった舞台を立体的な「空間」と捉え、簡素な表現の中で舞台と俳優を強く関係付けた。飾り立てない抽象化された空間と当時普及してきた電気による照明技術によって象徴的な舞台空間の可能性を示した。「光は動きを表現する」として積極的に新技術に挑戦した。

彼の最も魅力的な作品の一つに「オルフェオ」の一場面を舞踊劇に仕立てた舞台空間がある。一九一二年ドレスデン近郊のヘレラウにあるダルクローズ学校のオーディトリウムでそれは催された。舞台は幅や方向の異なる階段状の床と垂直性を強調した壁面による単純な構成だが、それを光の陰影によって極めて印象的な舞台空間とした。壁面と天井面を半透明な布で包み、その裏側に三〇〇〇個の電球を配して柔らかい照明を演出し、詩的な空間を出現させたのである。

クレイグもまた、自然主義演劇に意義を申し立てた一人だった。スタニスラフ

p.93　上から
M・ラインハルト「オイディプス王」一九一〇年、ベルリンのサーカス小屋
ペーター・シュタイン演出「お気に召すまま」一九七七年、ベルリン・シャウビューネ劇団、CCCフィルムスタジオでの公演
メイエルホリド演出、エル・リシツキー舞台デザイン「子供がほしい」一九二八―二九年、舞台模型写真
S・ヴァフタンゴフとM・バルヒン「メイエルホリド劇場案」一九三二年

スキーに招かれモスクワ芸術座で実現しようとした「ハムレット」の舞台は、彼の象徴的な造形空間を最も良く表現している。背景は固定化されるのでなく、それ自体の動きと照明による変化と相俟《あいま》って、変幻自在の表情を作り出すはずだった。しかし、リハーサル中にそのスクリーンが倒れるという事故が起き、動くべきスクリーンが全て固定され、上演されることとなってしまう。お互いに可能性を求めながらも、二人の方向性が交わることはなかったが、クレイグの全体演劇理論の一端が垣間見れた舞台は広く知られることになった。こうした試みが、ブレヒトや戦後「新バイロイト様式」を確立したW・ワーグナーらに引き継がれ花開くことになる。

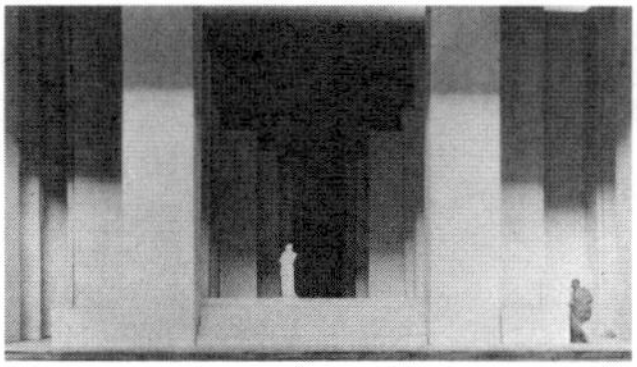

上から
A・アッピア舞台デザイン「ワルキューレ」一八九二年
A・アッピア舞台デザイン「オルフェオ」一九一二年、ヘレラウ
E・G・クレイグ舞台デザイン「ヘルゲランの勇士たち」第二場、一九〇三年、ロンドン・インペリアル劇場
E・G・クレイグ舞台デザイン「ハムレット」一九一一年、モスクワ芸術座

生き物としての舞台

こうしてみると、自然主義・リアリズムvs構成主義・シンボリズムといった構図で始まった近代劇場は、プロセニアム劇場vs非プロセニアム劇場の物語でもあったのである。それから一世紀、大勢はプロセニアム劇場に制されてはいるが、これで終わった訳ではない。そもそも、シェイクスピア時代の演劇は未熟で粗野だったのだろうか、観客は野蛮で無知だったのだろうか、だから一幕の中に場所設定の異なる短い場面が次々に展開されたのか？　そうではない。むしろ、近代的なリアリズムとは無縁の、役者・観客が奔放に想像力を発揮できるダイナミックな関係で結ばれていたこと、その関係から醸しだされる空間に両者が立脚していたと認めるべきだろう。

さて、現代の新しい技術と思考がどのような可能性・変化をもたらしてくれるのか？　幸い（と言っておこう）わが国には多目的ホールという概念がある。ビルディングタイプとしては何の魅力もないものだが、プロセニアム周りの曖昧さを逆手に応用できそうだ。防災技術もプロセニアム劇場が確立された近代初頭とは格段の進展がある。この両方の合わせ技で一本取れる気がする。日本の芸能空間には、高度に様式化されながら決まり事だけに終始しない柔らかさがある。これを手掛かりにすることもできる。

2　ギリシア劇場が教えるリアリティ

モダニズム建築と劇場

モダニズム建築の作法は、劇場にどのような影響を与えたのだろう？　二〇世紀を代表する建築を振り返ってみると、美術館・図書館などの文化施設を含んでいるものの劇場となると影が薄い。コンサートホールは？　と尋ねられれば、ハンス・シャロウン[20]のベルリン・フィルハーモニーが真っ先に挙げられるだろ

20　Hans Scharoun (1893-1972)
合理主義から離れ、独自の機能的理解から建築空間を構成する道を切り開いた。代表作にベルリン・フィルハーモニー（一九六三年）、ヴォルフスブルク市立劇場（一九七三年）など。

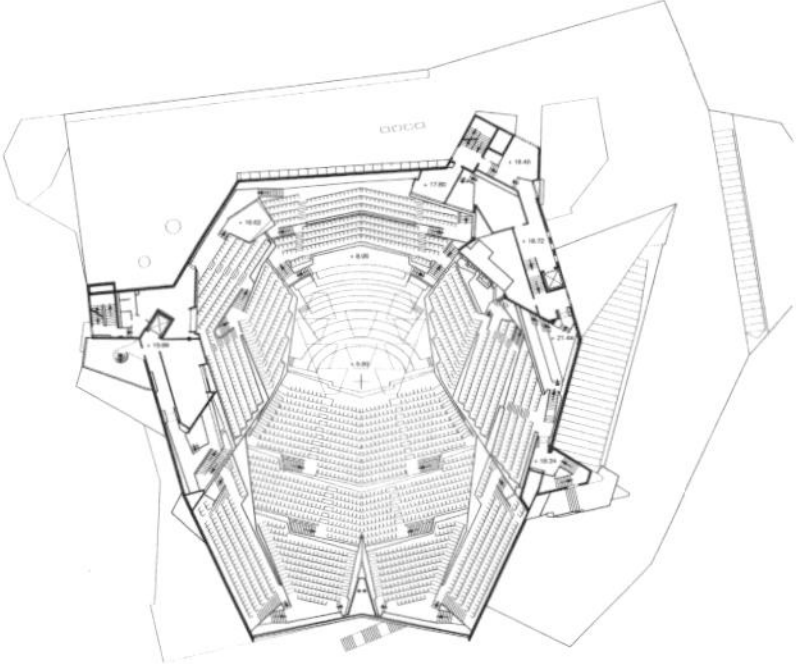

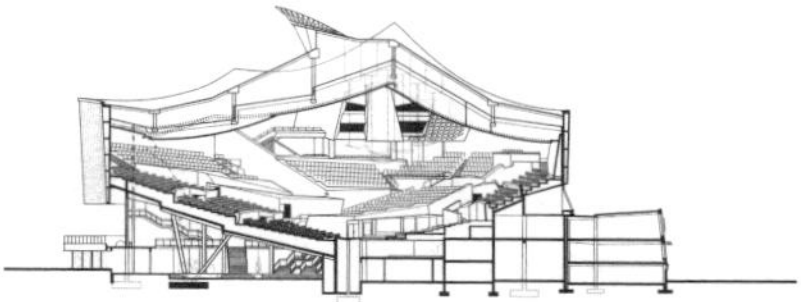

H・シャロウン、ベルリン・フィルハーモニーホール、一九六三年
ホール、平面図、断面図

うが、こと劇場となると劇場人・建築家たちは何を支持するのだろうか？

建築史の教科書に出てくる劇場としては、ハンス・ペルツィッヒ[21]によるベルリン大劇場（一九一九年）、ヴァルター・グロピウス[22]によるトータルシアター（一九二七年）などが知られたところだろう。しかし、トータルシアターは案のまま終わってしまったし、ラインハルトをパートナーとして改造されたベルリン大劇場も、彼自身そこでは十分な芸術的成果を挙げられず長いこと放置されたままドイツ統一前には消えていった。

つまり、近代演劇はダイナミックに動いていたが、建築としての劇場は蚊帳の外にあったとも言える。様々にまとわりつく劇場の決まり事や要求に、モダニズム建築の作法は馴染めなかったのだろうか。前世紀までのイメージに引きずられてきた社会と建築家たちとの間にあった溝について言い訳はできる。二〇世紀初頭においては、相変わらずオスカル・カウフマン[23]やマックス・リットマン[24]など改革を意識しながらも様式に引きずられた劇場建築が歓迎されていた。一方、合理的な態度で機能を整理・純化することでその存在感を示してきたモダニズム建築にとって、劇場はあまりに保守的・閉鎖的だし、曖昧な機能が充満しているように見えただろう。しかし、彼らの作法がどこまで劇場に通用したか疑問も残る。というのも、劇場は排除というよりも包括であり、統一ではなく不平等と個々の衝突、あるいは完成よりもプロセスとして形成されるように思えるからだ。

21　Hans Poelzig (1869-1936)
ドイツ表現主義建築を代表する一人。代表作にベルリンラジオ放送局（一九四七年）、ベルリン大劇場はサーカス小屋を改装したもの。

22　Walter Gropius (1883-1969)
P・ベーレンスの事務所を辞めた翌年のファグスの靴型工場（一九一一年）は、鉄とガラスを用いた初期モダニズム建築の名作の一つ。近代建築教育理念を実践したバウハウスの初代校長。

23　Oskar Kaufmann (1873-1956)
ハンガリー人であったが、劇場建築を手掛けていたベルンハルト・ゼーリング事務所での経験を生かして、ドイツを中心に多くの劇場を設計。現存する劇場にヘーベル劇場（一九〇八年）、ルネッサンス劇場改装（一九二七年）などがある。

24　Max Littmann (1862-1931)
ミュンヘンを拠点にプリンツレゲンテン劇場（一九〇一年）はじめ、ベルリン・シラー劇場（一九〇六年）、シュトゥットガルト王立劇場（一九一二年）など多くの劇場を設計。

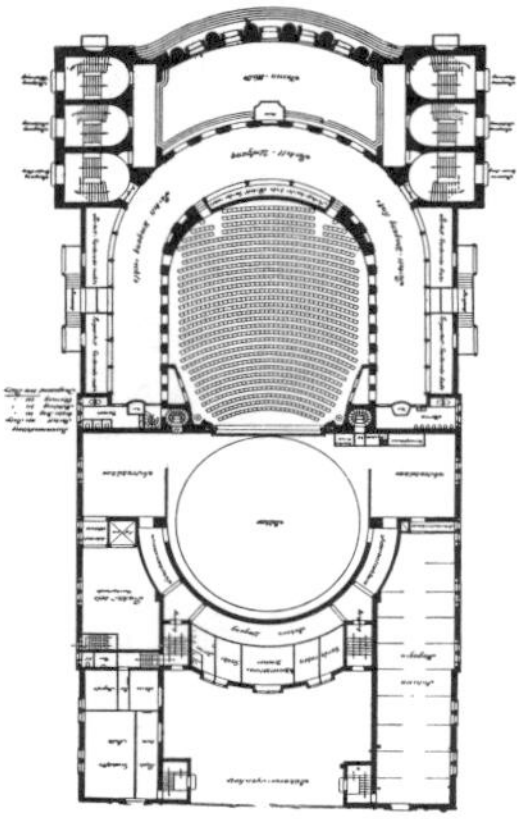

フォルクスビューネ劇場

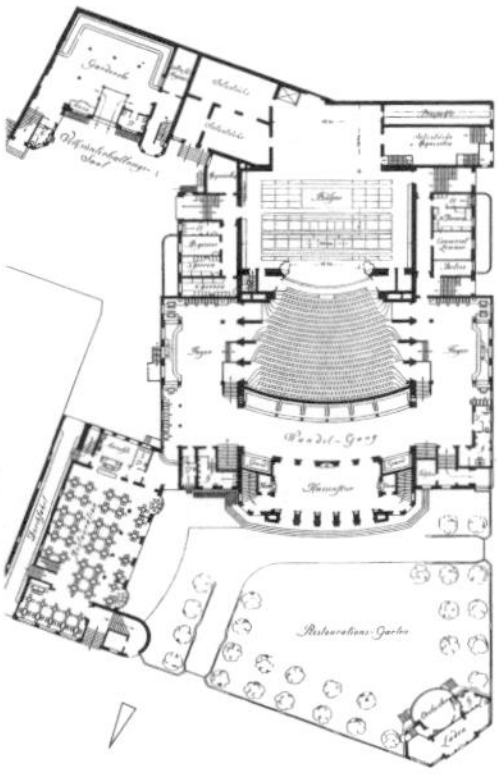

シラー劇場

ベルリン大劇場

トータルシアター

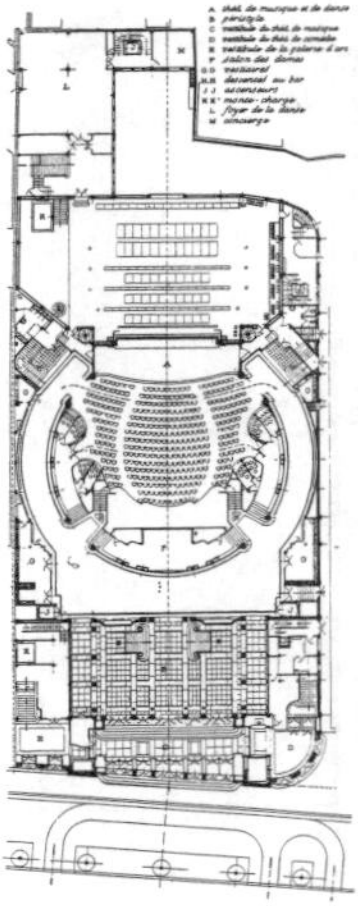

シャンゼリゼ劇場

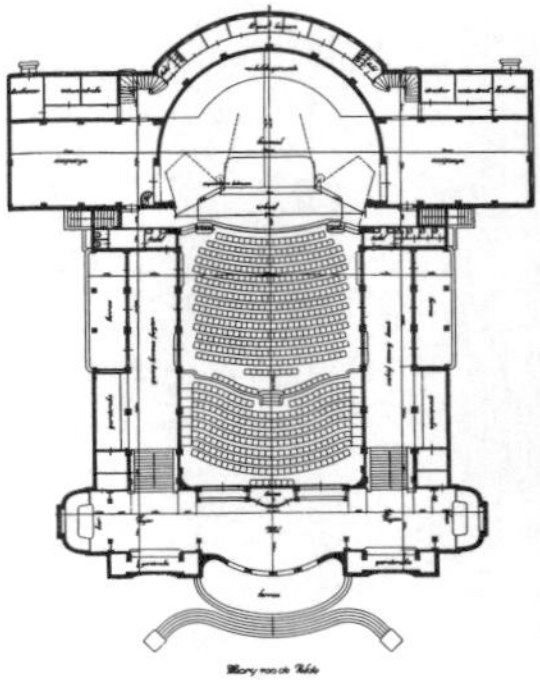

工作連盟劇場

p.99
O・カウフマン「フォルクスビューネ劇場」一九一四年、外観、平面図
M・リットマン「シラー劇場」一九〇六年、外観、平面図
W・グロピウス「トータルシアター」一九二七年、模型
H・ペルツィッヒ「ベルリン大劇場」一九一九年

p.100
A・ペレー「シャンゼリゼ劇場」一九一三年、外観、平面図
H・ヴァン・デ・ヴェルデ「工作連盟劇場」一九一四年、外観、平面図

新しい時代は、それに相応しい建築、すなわち工場・労働者住宅・百貨店・オフィスビルなどといった前世紀までには存在しなかった方向へと建築家の目を向けさせた。それこそが近代建築のフロンティアだったからだ。これに対して、劇場は断絶されることなく新たな主人公となった中産階級によって混乱なく受け継がれた。そのため、オーギュスト・ペレー[25]のシャンゼリゼ劇場（一九一三年）やアンリ・ヴァン・デ・ヴェルデ[26]の工作連盟劇場（一九一四年）といった話題を見出すことはできるが、挑戦する機会を失ったまま、二回目の戦後を待たざるを得なかった。

劇場における建築家の登場と関わり

ところで、劇場建築史の第一頁に登場するのはギリシャ劇場で、建築家の名前が登場するのは、ヴィチェンツァにテアトロ・オリンピコ（一五八四年）を設計したアンドレア・パッラーディオ[27]が最初である。それ以前には、邸宅の中庭に作った仮設劇場のスケッチ（一五三九年）を残したセバスティアーノ・セルリオ[28]がいるものの実物も遺構もない。ルネサンス以前の長い中世の時代には、演劇は反キリスト的・堕落的なものとして禁じられていた。このため建築として後世に残る劇場を見出すことはできないが、教会や街の広場などで行われた宗教劇の興味深い空間や旅芝居の仮設的な小屋掛け風のものは存在していた。抑圧さ

25 Auguste Perret (1874-1954)
フランクリン街のアパート（一九〇三年）はじめ、鉄筋コンクリート造という新技術を芸術的な表現にまで高め、ル・コルビュジエ、W・グロピウスらに大きな影響を与えた。

26 Henry van de Velde (1863-1957)
画家としてスタートするが、その後建築に目覚め、バウハウスの基礎となる工芸学校をワイマールに開設（一九〇二年）、ドイツ工作連盟の中心メンバーとしても活躍など、アール・ヌーヴォーからモダンデザインへの展開を推進した。

27 Andrea Palladio (1508-1580)
ウィトルウィウスの『建築十書』を携えローマ古代建築を四年ほど詳細に調査した建築知識を基礎として、独自のオーダーの使い方、比例関係を展開した。建築理論を集大成した「建築四書」（一五七〇年）は、その後大きな影響を与えた。

28 Sebastiano Serlio (1475-1554)
B・ペルッツィのもとで働いていたが、ローマ劫略による計画中止でベ

れたが故に演劇が有する根源的なかたちで、劇場空間はその時代を生きてきた。そうした大衆の中で生まれ、支持されたシェイクスピア時代の劇場（グローブ座、一五九九年）は劇場史における一つの宝だ。

パッラーディオに続く弟子のヴィンチェンツォ・スカモッツィー[29]は、サビオネッタという小さな城郭都市に同名のテアトロ・オリンピコ（一五八八年）というキュートな劇場を建設した。さらに、ジョバンニ・バッティスタ・アレオッティ[30]は、パルマにテアトロ・ファルネーゼ（一六一九年）を完成させている。これらの劇場はいずれも内部のみで、外部だけだったギリシャ劇場と似て非なる位置関係にある。古代様式に則っているという点においてルネサンスの劇場は新鮮さに欠けていたが、屋内化された劇場は新たな空間の質を生み出し、透視図法による背景の構成は大きな変革をもたらす契機となった。ギリシャ以降ルネサンスに至るまで、そこでデザインされたのは舞台と客席領域のみの単純な空間だった。しかし、同時代の新しい舞台芸術の登場、すなわちオペラの興隆に伴って、バロック劇場は歴史を飾る華々しい存在となる。神話に題材を借りたオペラは、空想を出現させ、奇想天外な舞台模様を展開して人々を魅了し、装飾に満ちた豪華な建築空間が、この世とは思われない別世界を作り出しそれを助長した。

ところが産業革命以降、社会構造が劇的に変化すると、劇場は貴族のパトロネージュから市民社会による公共サービスへと変身する。それは一部お気に入りのた

ネチアへ移住。一五三七年に最初の「建築論」を出版、イラスト付きの専門家向けの著書は、その後四か国語に翻訳されイタリアルネサンス様式を西欧中に広めた。

29 Vincenzo Scamozzi (1548-1616)
A・パッラーディオの仕事を引き継ぎ完成させると共に、トレンティーニ教会（ヴェネツィア、一五九五年）、サン・マルコ広場の新行政館（ヴェネツィア、一五九九年）などを設計した。

30 Giovanni Battista Aleotti (1546-1636)
フェッラーラのエステ家の宮殿内に一六〇五年ボックス客席を持つ劇場も作ったとされるが現存しない。

ヴィチェンツァのテアトロ・オリンピコ

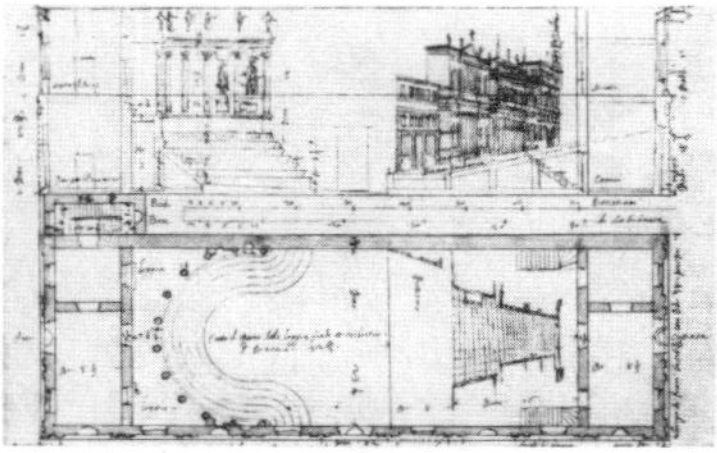

サビオネッタのテアトロ・オリンピコ

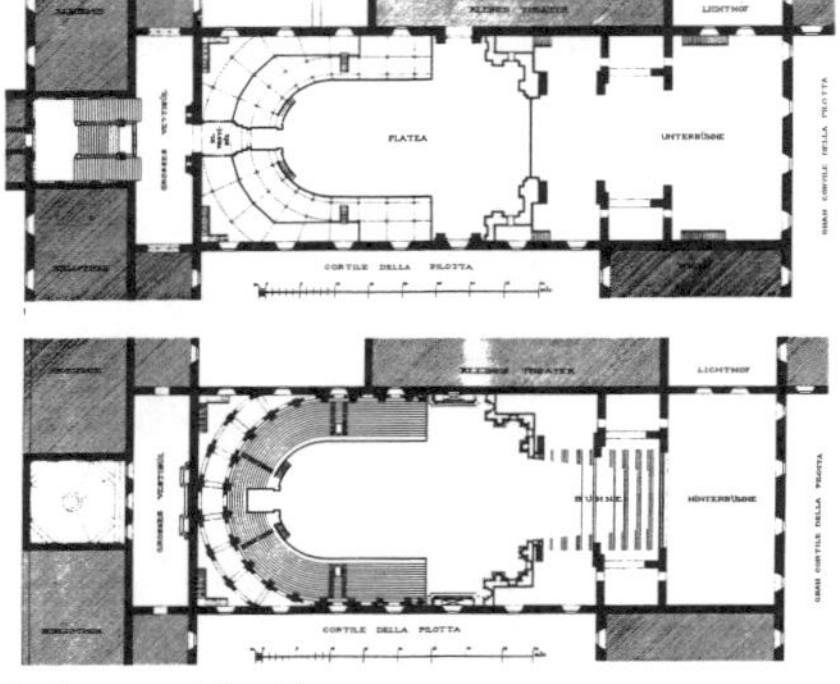

テアトロ・ファルネーゼ

A・パッラーディオ「ヴィチェンツァのテアトロ・オリンピコ」一五八四年
V・スカモッツィー「サビオネッタのテアトロ・オリンピコ」一五八八年
G・B・アレオッティ「テアトロ・ファルネーゼ」一六一八年、J・M・オルブリッヒによるスケッチ（一八九七年）、平面図

めでなく、幅広い層を満足させる必要が出てきたことを意味する。観客対象が変化し、そのサービスに即して舞台作品の作り方も上演方法・技術も、またそこで働く組織も一新された。電気による照明の革新、機械化による吊り物・迫りなどの舞台機構が、観客の要求を満たすために劇場運営上欠かせないものとなり、それらを利用した新しい演出技術が新しい舞台技術と共に一気に発展を見せるようになって、劇場は装飾性に溢れた社交空間からシステム化された高性能マシーンへと変貌を遂げる。

完全版でなく応答性による劇場作り

こうした状況にあって、現代の建築家に何が求められるのか。決まり切った型の継承者でもスタイリッシュな技巧派でもない。高度に複雑化したブラックボックスを丁寧に解き、結び合わせる力、様々な人・技術に応答し関係性を築く度量、そんな広い受容性と強い構想力を持った建築家が能力を発揮できる時代だ。

舞台では独創性が求められるが、その多くは再現芸術としてのものである。オリジナルの舞台は一つかも知れないが、残された台本や譜面さえあれば新しい別のオリジナルを生み出し、そうしたプロセスが繰り返されることで際限なくオリジナルを再生産していく。最初の舞台は既に消え、想像の世界でしか存在しなくとも、その時代のスタイルで再現されていくことで時を超えて生きた舞台に生まれ変わることができる。そこに演劇や音楽の強さがある。

シェイクスピアが没しても世界中で彼の作品が上演され、なお生き続けている姿を見る時、作品はあらかじめ定められたものでなく、その時その時に関わった劇場人と観客によって一つの姿となるものであることを知らされる。モーツァルトのオペラにしても、依頼されたオペラ団の歌手を見ながら彼や彼女の声に合ったパート・役柄をイメージし曲を構想したに違いないのだが、それで完結することなく、むしろ次々に変貌していく。そこに面白さと生命を感じる。

劇場建築もそうしたものにならないのだろうか？　建築家が示す確固たる道筋は必要だが、その時の情況に対する応答によって設計を進めていくようなプロセスだ。一つしかない完全版を初めから描くのでなく、関わる者たちが具体的な題材から新しい姿を発見できるそんな劇場だ。ユートピア版はもともとないのだから。

演劇作品と劇場建築のズレ

演劇は行為の模倣であって、行為そのものではない。と語ったのはアリストテレスだ。ギリシャ演劇が最も隆盛を極めた時期は、紀元前六―五世紀頃で、アイスキュロス、ソポクレス、エウリピデスら三大悲劇詩人[31]がその代表格とされる。ただ、物的な証拠は彼らの著作の一部三〇数編に限られている。一方、ギリシャ

31　アイスキュロス（前五二五―前四五六年、代表作「オレスティア」三部作）、エウリピデス（前四九六頃―前四〇六年頃、代表作「オイディプス王」「エレクトラ」）、ソポクレス（前四八〇年頃―前四〇六年頃、代表作「メディア」「アンドロマケ」）。

円形劇場最初期の劇場は前四世紀のもので、その一つがアテーナイのアクロポリス南斜面に築かれたディオニュソス劇場である。

そこで催されたディオニュソス大祭[32]では、あらかじめ数か月前に選ばれた演劇が三日間にわたって競演されたという。一週間連続の祭りは、都市集団を統治する手段として一切の費用・運営が国家的行事として扱われた。演劇の神聖さが、一万数千人を収容する祭儀的な雰囲気と結び付けられたのである。このため祭壇の存在が大変に重要で、それは後世の度重なる改修・再建においてもオルケストラの中心に酒神ディオニュソスの祭壇が必ず残されてきたことから確認できる。

オルケストラは演技空間として恒久的に作られたが、座席は木製のベンチが仮設的に設けられていたようで、スケーネ[33]はまだなかった。ようやく木造でそれが作られるようになったのが紀元前三世紀頃、さらに今日ギリシャ劇場の特徴とされる石造形式が整ったのは、紀元前三世紀から前二世紀頃であろうと推測されている。つまり、私たちが考えるギリシャ演劇とギリシャ劇場との間には大きなズレがあり、作品よりも建築の方がずっと新しい。建築物としての劇場が整備された時には、既に演劇の頂点は過去のものとなっていたのである。また円形の幾何学的な客席（テアトロン）も、それ以前はトリコスで発掘された劇場のように、正面部は直線でその端部から両側面部にかけて曲線で構成されたと想定され、

32　豊穣と酒の神ディオニュソスを祝福する儀式から発展し、その後アテネにおける国家的行事となり、その中心的催しに悲劇が上演されるようになった。悲劇作品の主題の多くは神話を素材とし三部作構成からなっていた。

33　客席に囲まれた中央のオルケストラの背後、一段高くなった位置にプロスケニオン（主要な演技面）と一体となって背景壁面を形成し、その裏側に楽屋などを構成する。

p.107
円形劇場以前のギリシャ劇場、紀元前五世紀頃におけるレナイア祭の劇場想像図、アテネ
アリストパネス作「蛙」（前四〇五年）の舞台想像平面図（Dimitrious Wadhams 画）
トリコスの劇場
ディオニュソス・エレウテレウス劇場、アテネ

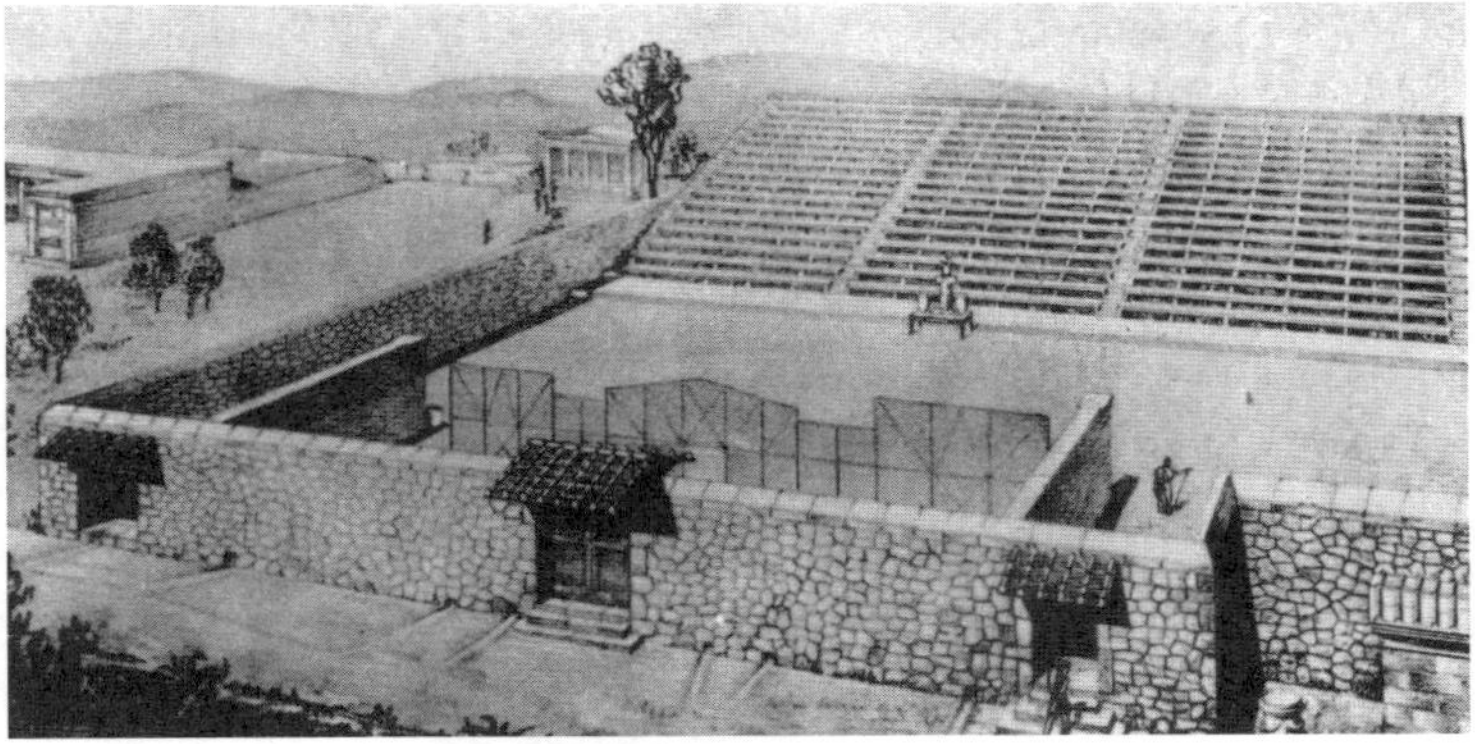

紀元前5世紀頃におけるレナイア祭の劇場想像図

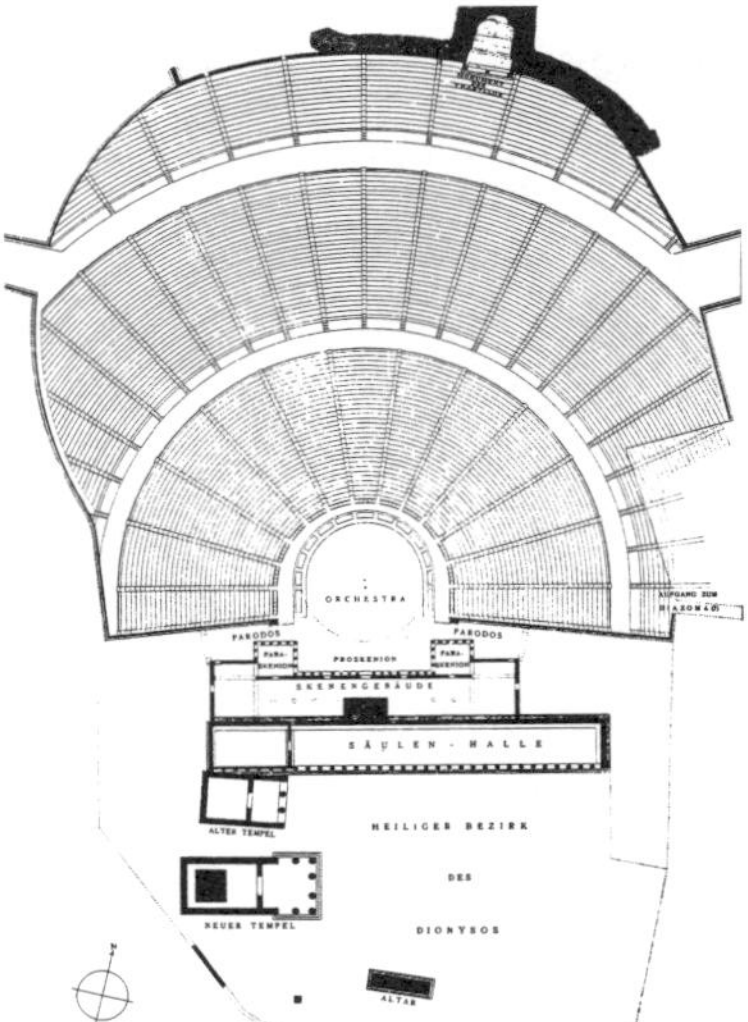

ディオニュソス・エレウテレウス劇場

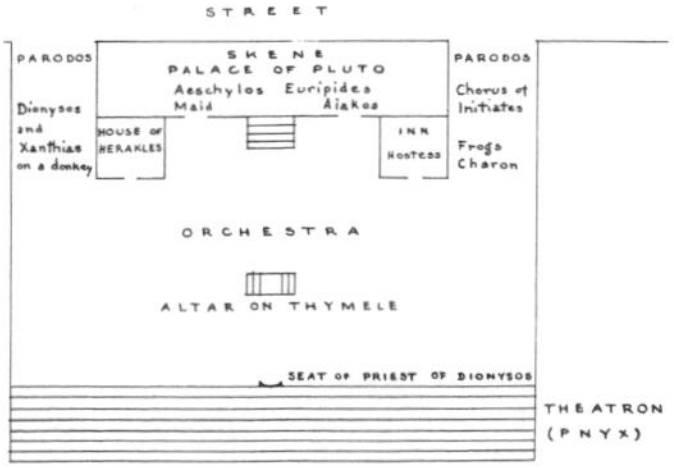

「蛙」の舞台想像平面図

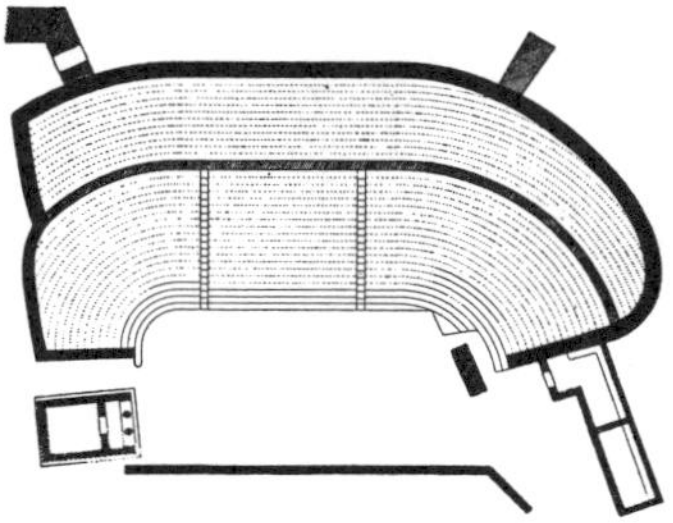

トリコスの劇場

オルケストラも矩形に近い単純なものだったようだ。

彼らが創作意欲を湧かせた舞台は土を踏み固めただけのもので、他は木造仮設によるプロスケニオンと簡単な書き割り程度しかない極めて簡素な空間だった。場面転換に使われたペリアクトイ[34]が登場するのはもう少し後である。

フィクションを通してリアリティを創る

舞台には全てがある。ギリシャ演劇も今日の演劇も主題に大きな違いがある訳ではない。日常生活の違いが焦点の差になっているだけである。舞台には、脅迫・裏切り・殺し合い・姦通・友情・恋愛・希望・祝祭……およそ社会が経験する全ての出来事がある。が、どこにも本物はない。短時間の内に人の一生が物語られたり、時空を越えて出来事が行き交うこともある。生身の人間が汗を飛び散らし、向きになって怒鳴り合う、あるいは語る言葉を失い立ち尽くしている、がどれも虚構。だから私たちは安心して劇場に出掛けることができる。ナイフや銃が振り回されても、鮮血が飛び散っても、パニックに陥ることもなく座席に座り続けていられる。が同時に、怒り、笑い、涙を浮かべ、感情に揺り動かされもする。

観客は、偽の人物、虚ろな言葉の向こうにあるものを見ている。しかし、同じものではない。誰もが隣席の人と異なった想像世界を描いている。そうした個々の創造力が集って、大きな一つの感動という渦になる。しかし「それで?」と問

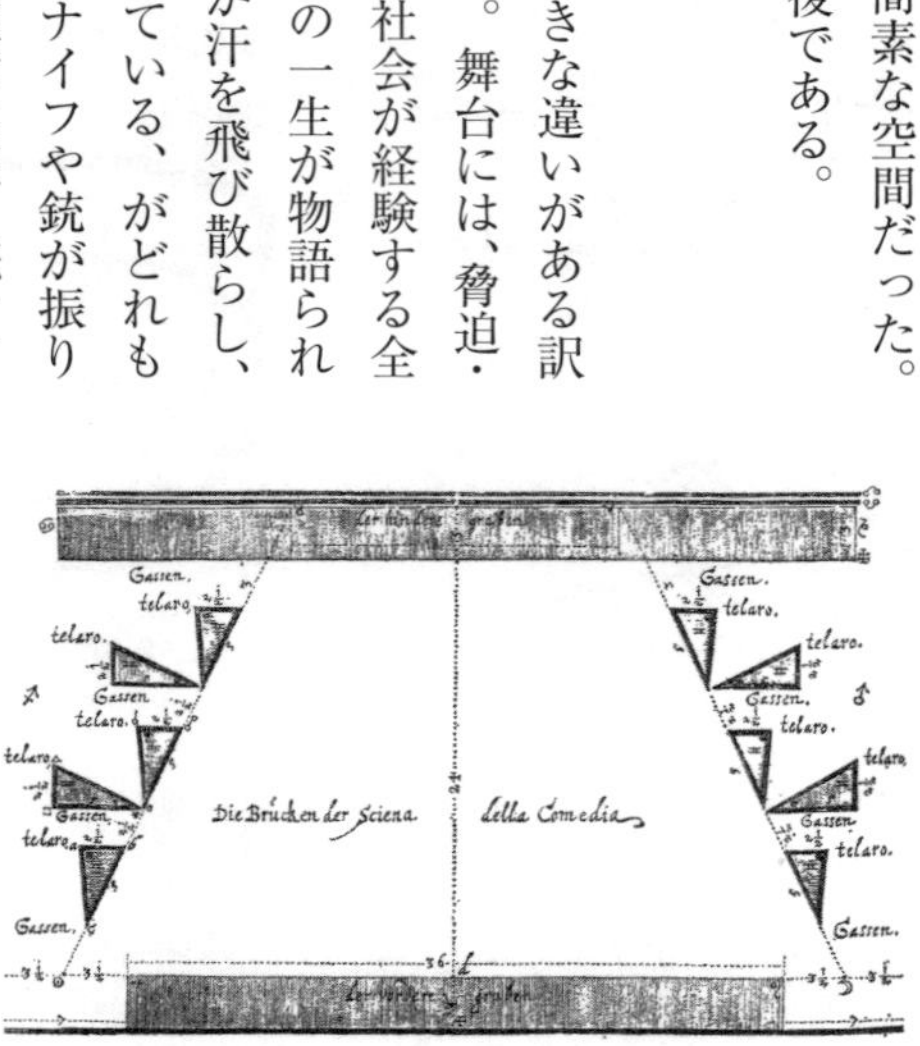

34 ペリアクトイ
古代ギリシャ・ローマ劇場で舞台転換のために使われていた機構で、ウィトルウィウスの書にも紹介されている。舞台両袖に三角柱（それぞれの面に異なった絵が描かれている）を建て、それを軸回転させることで情景を変えた。

われると、気恥ずかしいような言葉でしか説明できない素朴さを持っている。あくまでも、そこは演じられる場である。

モダニズムの建築手法と劇場の反りが合わないのは、こうした劇場の虚構性と馴染まないせいなのだろうか。機能性や材料の質感、純粋であることを頼りに空間を構成し建築を組み立てようにも、そもそも中身が虚構だしそれも次々に代わる。同じであることに存在意義を認めないのが芸術の特性である以上、拠り所となる普遍的なゴールも見出しにくい。合理性や合目的性という基準は認めるが、それに頼っていては劇場の変容性に応えられない。均質的なようでいて個性的な、あるいはその逆のような常に逆転可能な仕組みこそが劇場的なリアリティではないか。メタフォリカルな命題やそれに呼応するプロセスに劇場の生命を感じる。ある完成品として作られるよりも、そこで繰り広げられる活動をこともなげに受け入れることで、常に生まれ変わっていくような進行形の姿として存在することこそが劇場建築に相応しい。

考え抜かれた構成と高い技術的精度をもって築かれたものこそが最高の美しさを得るというギリシャ建築の中にあって、劇場はあまりに素朴だ。後世、建築家に繰り返し引用された客席もただの石段だし、舞台には何もなかったことが、その根元的な姿を暗示し私たちの想像力を刺激する。劇場とは所詮空っぽな場、お祭りの場なのだ。

3　観客と作る芝居の明かり

江戸文化の昼夜表現

歌舞伎の舞台にも夜がある。闇がある。なのに、何故昼も夜も同じような明るい舞台なのだろう？　ルネサンスによって開花した西欧の美意識は、リアルであること基本としてきた。あるがままに対象物を表現することが自然なことであり、偽りがあってはならないという観念が全てにわたって追求された。その最も合理的な到達点がモダニズムである。この視点に立ってみれば、登場人物が台詞なしで探り合う歌舞伎の暗闘《だんまり》は不自然だ。しかし、この場面は暗闇ですよ、ということにして観客にその仕草を思う存分見せることで、逆に演技の様式美を際立たせる。

背景に黒幕を吊れば夜を、浅葱幕なら昼を表すという約束事は、そうと知っていても奇怪なものかも知れない。昼夜同じような明るさの照明は全く不合理といえる。写実主義の眼からは偽善であり、滑稽なものに映るだろう。しかし江戸文化は、情景のリアルを避けながらやや誇張された表現をあからさまに見せることによって、かえって見る者の中にイメージの情景を作り出すことに挑んだのだ。もちろん理屈には合わない。そのことは百も承知で、夜や闇を「見立て」ている。そこに舞台表現の豊かさを求めたのである。明暗によらず一つ一つの存在感を際立たせながら、しかしリアルさによって迫るのではなく、見る者の心の中に写実以上のイメージを描き出す、そんな見る者との相対関係を作り出している。ある意味では、観客と舞台が一体となって場面・明かりを作り出しているとも言える。

こうした手法が浮世絵にもある。鈴木春信「夜の梅」では、背景を真っ黒に描いている以外は昼との区別がなく、歌川広重の「蒲原夜の雪」では、景色も人物も昼のそれと変わることない明るさで描かれている。写実的な明暗や陰影による表現がないことが、一見それと分かりにくくしている。背景が黒かったり、星や月を描くことで夜を暗示するわけだが、何よりも構図とイメージを大切にする。こうした約束事は、歌舞伎世界、江戸芸術の独壇場である。奥行感や立体感を陰に依らず表現する、写実に捕われない大胆な構図を持つ日本の浮世絵が、逆に光に注目した一九世紀後半の印象派画家たちにどれだけ大きな衝撃を与えたことか。輪郭線とハッキリした図柄表現は、ロートレックのポスター画を初めとして、後のグラフィックやモダンアートに繋がったと言われる。

芝居小屋の明かり

では、芝居小屋の明かりは具体的にどんなものだったのだろうか？　人々はそれをどんな風に見ていたのだろうか気になる。それを実演して見せたのが三代目市川猿之助[35]である。相生座の移築柿落としに蠟燭《ろうそく》の明かりだけを使った「鯉

35　三代目市川猿之助（1939-）宙乗りや早変りなど大掛かりで時に奇抜な芸や演出の復活を試み、新たなファン層を獲得。古典劇の復活や新解釈、さらに「スーパー歌舞伎」という新境地を切り開き、次世代の歌舞伎に刺激を与えた。

つかみ」を上演し（一九七六年）、江戸の歌舞伎空間をそのまま再現してみせた。残念ながらその場を体験することはできなかったが、「初めすべてのろうそくに火をつけた時、あまりの美しさに息をのみました。……演じてみると予想以上の夢幻の世界が現われました。……ただ明るく照らすだけでなく、その周辺の空気を揺らめかせるのです」[36]と猿之助が語る言葉に身震いする。蠟燭の揺れる炎が妖しさを醸し出すことは想像できるが、現代劇場とは比べようもない芝居小屋のほの暗さの中に、色の美しさを見出している点に興味が向く。場内が一様に明るいわけもなく、しかも蠟燭との距離や位置関係によって明るさが微妙に変化し、またたく光の影響を受ける。役者や観客の動きによって揺らぐ、観客の熱気が炎の勢いを強める、そんな沢山の変数要因がある中で、色合い・艶・影なども常に変化する。これらのことがかえって色を意識させ、色に奥行感を与えるのだろうか。

現在、伝統芸能として私たちが見ている歌舞伎は、空間も明かりも江戸のそれとは随分違ったものとなっている。もともとは野外劇だったし、大屋根が掛けられ全蓋化した後も基本的に自然光による昼間興行に限られていた。しかし、正徳四（一七一四）年に夜間興行の禁止、灯火の使用禁止令が出されていることは、それ以前に何らかの火を使った興行が行われていたことを示すもので、享保三（一七一八）年土間上部の仮設屋根が許可される以前から自然光だけでは満足で

市川猿之助による相生座「鯉つかみ」（一九七六）ろうそく公演

36　市川猿之助『猿之助の歌舞伎講座』新潮社、一九八四年。

きない演出に向かっていたことを裏付ける。そして、享保九(一七二四)年全蓋式の許可は、建築空間以上に、経営・演出など興行側の意識変革、観客側の芝居の見方など芝居小屋を劇的に変換させる契機をもたらした。

舞台を見るという観客の立場に立ってみると、マイナス面をいくつも指摘できる。大きな屋根は、これまで燦々と降り注いでいた自然光を遮ったばかりでなく、換気の問題も引き起こした。大勢の観客が詰め込まれた場内では、換気のタイミングを気にしないで公演を行うことはできなかったに違いない。一幕の長さ、場面の切り方にも工夫が必要となっただろう。小屋のイニシャルコスト、ランニングコストは大幅増となったし、灯火の匂いも、そして何にも増して出火のリスクが最大の心配事だったに違いない。しかしながら、ずっと後に坪内逍遥が「劇場改良法」[37]の中で述べているように「十三四時間の長き耳目を労するハ申迄もなく(中略)不潔なる空気を呼吸しながら茶を啜《すす》り、菓子を喫《きっ》し、酒を飲み、料理を食《くら》い」といった状況はなかなか改まらなかった。

客席以上に舞台はもっと影響を受けていた。客席の中に張り出すように設けられた舞台の上には、相変わらず屋根が掛かっていた。このため、舞台が一段と暗くなってしまったことは間違いない。それを解消するために、各種の蠟燭立てが使われていたことが知られている。舞台先端に置き全体的に明るくする「いざり[38]」、装置・空間を浮かび上がらせるため小さな板の上に蠟燭を置いた「ひっか

37 坪内逍遥「劇場改良法」、大阪出版、明治一九年(一八八六)。

38 箱の中に数本の蠟燭を並べてフットライトのように使用。

け[39]」、出演者の表情やシルエットを際立たせるための「差出し[40]」、夜の場面では灯籠や行灯《あんどん》などが舞台装置として工夫され、小道具の提灯が用いられていた。それでも外部天候の具合によって、また一日の時間の流れの経過に無縁ではいられなかった。

実際、遠山静雄[41]による四国金丸座での実測調査[42]によれば、時間による照度分布の差が大きく、また舞台手前から奥に行くに従って暗くなっている様子が分かる。一六時の最も明るい舞台先端及び花道の部分で一八〇ルクス、舞台中央部でほぼ五〇ルクス、舞台奥ではわずか五—一〇ルクスである。当然客席にもむらがある。時間と場所によってこれだけ差があるということは、観客が少しずつ異なった舞台を見ているようにも想像できる。そんな具合だったが故に、わずかの明かりが色を際立たせ、様式美を感じさせたのだろう。

歌舞伎の近代化と明かり

で、明治はどうだったのか？　明治一一（一八七八）年再開場の新富座は、近代化の大波を正面から受けた芝居小屋であると同時に、西欧型劇場誕生への序章でもあった。守田勘弥は、新時代を切り開く芸能として歌舞伎を育て上げようと国内外の高官などを開場式に大勢招待しただけでなく、翌年三月にも外国人を多数招いているし、六月にドイツ皇孫ハインリッヒ親王、七月に前アメリカ大統領

39　書き割りなどに引っ掛けるように配置。
40　長い柄の先に蠟燭を立て役者の前に突き出して引き立たせる。

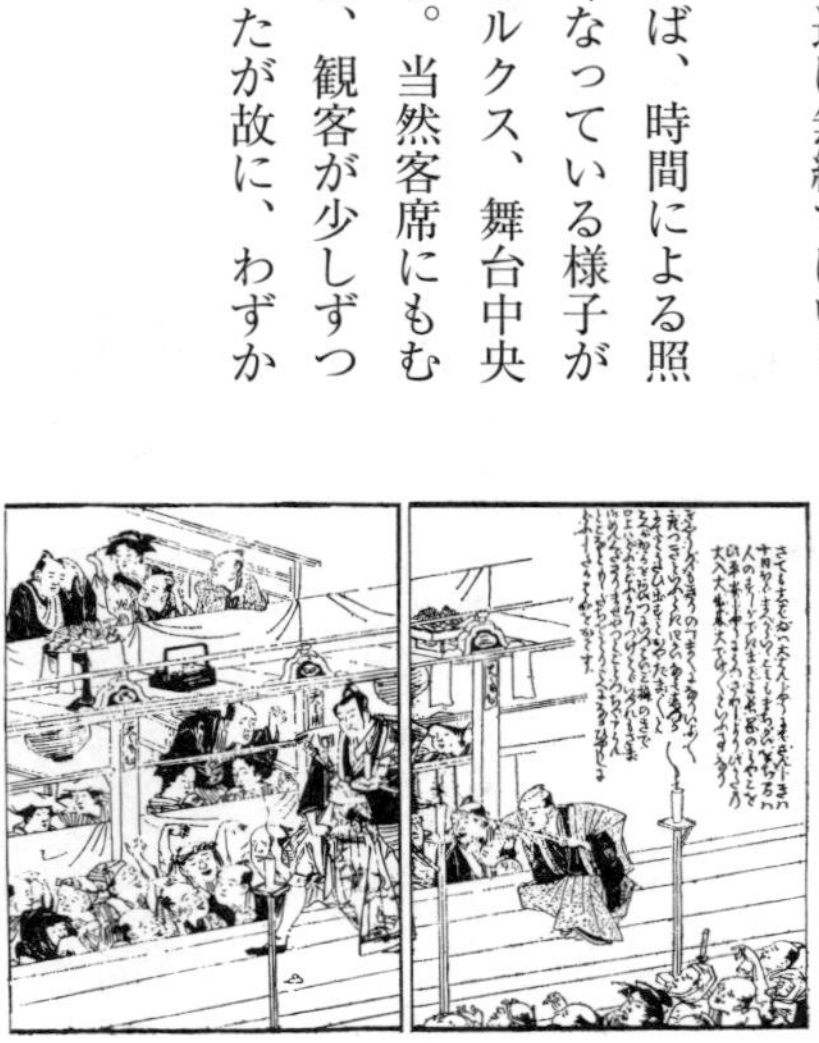

41　遠山静雄（1895-1986）一九二〇年から舞台照明の世界に入り、その研究と実践を行うため、小川昇・神保道臣らと一九二九年研究所を創設。後進の育成にも努めた。
42　一九六八年三月の二日間、九時・正午・一六時の三回計測を実施、『舞

グラント将軍と相次いで内外の要人を招き、積極的に歌舞伎のPRに努めている。演劇改良という名の演劇近代化政策号令のもと、歌舞伎をオペラに比肩し得る位置まで高めようと、客席シャンデリアとフットライトにガス灯を使用するなど施設・設備・運営・広報などあらゆる方面から改革の手に打って出る。

客席に突き出ていた舞台を西欧のプロセニアム劇場のように横一直線としたばかりでなく、外国人には椅子席を用意し、英文パンフレットを作成し、夜興行も行った。海外招聘公演（一八七九年）を催すなど、今日では当たり前のことになっていることは、どれも彼が先駆けたことだった。いずれも西欧の劇場に倣ったものだったが、従来の習慣や形式に囚われない改革精神を吹き込んだ意義は計り知れない。能で英文パンフレットを作成したのが明治二七（一八九四）年だったことを思えば、守田のスピード感が分かる。それは、鎖国の禁を解き西欧列強と一日でも早く肩を並べようとする国の焦燥感に重なるものでもあった。

能に対しては純粋で美しい独自の文化性を見出していた啓蒙の知識人たちから「不道徳で、虚偽に満ち、馬鹿気ている[43]」とまで言われた歌舞伎をこうして娯楽の場から教養の殿堂へと衣替えさせようとした仕事振りには頭が下がる。外交官、政府要人らと並んで招待されたイギリス人旅行家イザベラ・バードは、その著書『日本奥地紀行』で「金曜日に新富座の柿落しに行って来た。日本人は誰もが芝居好きである。……守田もこの新しい劇場の進取の心を持った経営者になろ

台照明学（上・下巻）』リブロポート、一九八八年に掲載。

遠山静雄による金丸座の舞台照度計測図

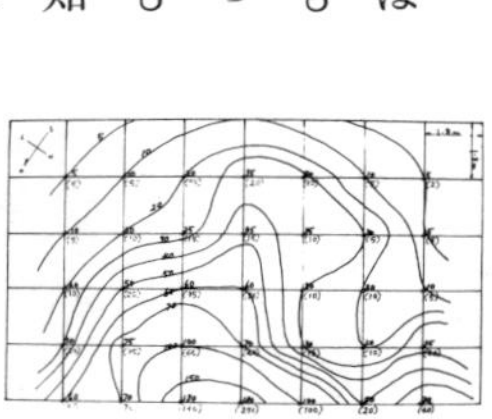

正午（くもり時々晴れ）測定

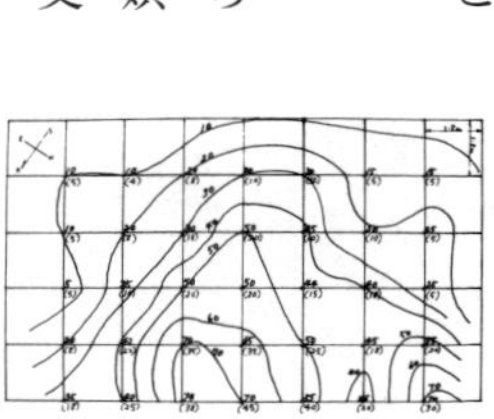

正午（くもり）測定

昭和43（1968）年3月9日測定

43　近藤端男『岩波講座歌舞伎・文楽 第六巻 歌舞伎の空間論』岩波書店、一九九八年。

うと一念発起した。舞台を改良し、客席を明るくし、風通しも良くし、劇を甦らせたのである」と一方で褒めているものの、口上の舞台に並んだ「洋服を着た役者達は無気味に一列になって整列していた。いかにも様にならない一団だった。……このようなおぞましいものを見るのは最初で最後にしたい[44]」と言わしめてしまうような焦りが当時の演劇改良にあった。西欧の規準にあわせることが大命題だったが故に、和洋が妙に入り交じった混乱を生じさせてしまったことも事実だろう。

　また、それに伴う借財も多く、明治二〇（一八八七）年の天覧歌舞伎[45]を頂点に、明治二二（一八八九）年歌舞伎座開場が世代交代を告げる出来事となった。その客席天井中央から吊るされた大きな傘状の「エレクトリア燈」を飾る三六個の電球が、一時にパッと点灯した時の輝きはどれほどのものだったろう（一九七頁参照）。電気の時代が幕を開けたのである。舞台間口も八間だった新富座から歌舞伎座の一二間へと一気に拡大していた。その大きさ、明るさにどれだけ人々が驚き圧倒されていたかは疑いの余地もない。しかし同時に、失われたものの大きさを感じていた人も少なくなかったに違いない。そうした近代化が避けて通れないことだったにせよ、江戸期の芝居見物が醸し出していた彫りの深い味わい、暗い中で感じられる陰影の立体感がフラットな印象へと転換されていく出発点でもあった。

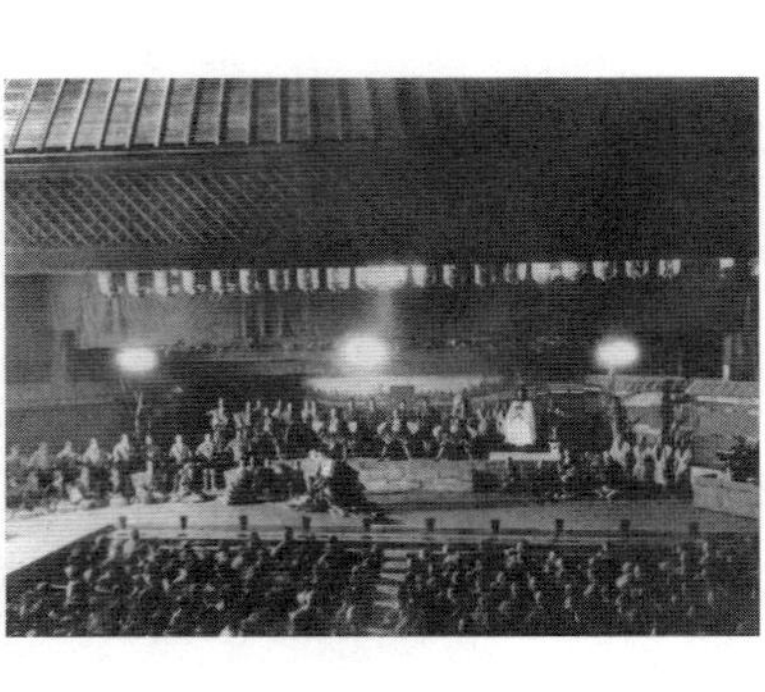
歌舞伎座内部

44 『バード　日本紀行』（楠家重敏・橋本かほる・宮崎路子訳、雄松堂出版、二〇〇二年）より引用。

45 内務省参事官の末松謙澄《すえまつのりずみ》が設立した「演劇改良会」の後押しなどにより、井上馨邸内に仮設舞台を設け四日間行われた。明治天皇、皇后、各国公使らが順に招かれ、「勧進帳」、「土蜘」などを上演。当時の歌舞伎界を代表する九世市川團十郎、五世尾上菊五郎など多数が出演。

相対的な明かりの関係へ

こうして蠟燭からガス灯へ、ガス灯から電気へという近代化の過程で大きな変化がもたらされた。舞台照明における近代化は、明るさが増したことにあるというだけでなく、明るさを含めた明かりを制御できるようになった調光技術にある。舞台を明るく客席を暗くすることで、両者間の世界を分割し、イリュージョン効果を増すという西欧に倣った表現技術がそこから発達することになる。ただ、イリュージョン（幻想）よりもフィクション（創作・作り事）の想像世界へと誘う歌舞伎には、その変化が馴染めなかった。

明治政府の演劇改良[46]政策の下、劇場の技術的革新は、空間面においては、プロセニアム化の流れであり、舞台技術面においては舞台照明だった。そもそも、全蓋化した芝居小屋は自然光との決別であり、人工的な明かりの積極的使用を切り開く入口であった。実際、蠟燭は上手くそれにフィットした。けれども、近代化の象徴とも言える電気利用においては、その調光技術を扱いかねたように見える。何事にも挑戦的だった歌舞伎が、明治以降の近代化の号令によって和洋に引き裂かれ、それが今も劇場文化の重しとなって、私たちはそこからなかなか抜け出せないでいる。

懐古的に江戸の芝居小屋へ、蠟燭芝居の復活を、ということでは勿論ない。現代の建築も技術も不要だという考えは感傷的すぎる。神山彰は、岡本綺堂が母か

46　日本の演劇を欧米に倣って「優美高尚の趣」あるものとし、社交場とすることを意図した。外国要人の鑑賞にも堪えるものとし、文化においても欧米との対等性を示そうと、建築・脚本・演出など様々な改革を目指した。西洋演劇に詳しい末松謙澄は、演劇改良会を結成（一八八六年）、「演劇改良意見」をまとめている。

ら直接聞いた話として、江戸の芝居小屋の桟敷では、茶屋から運ばれてくる食物がよく判別できなかったが、もし明治の電気ほど明るかったら周囲の汚さが目立って食べられたものではなかったかも知れない、という話を紹介している[47]。今の私たちには、こうした話に実感を持つことはできない。明るさや清潔感など生活にまつわる様相は時代や社会によって異なるし、きっとそれはそれで楽しんでいたことだろう。

芝居が社会や時代の鏡である以上、演出的な要求に合った表現技術と空間が必要とされるのは当然だ。明るさをどのように感じるかは相対的なものだし、今日の劇場と比べようもない。しかし、それぞれの時代の舞台で明かりをどのように使い、演出していたか、その効果をどのように観客が捉えていたかに興味が向く。浮世絵・歌舞伎の美術的特徴は、共に写実に依らず、蔭に囚われずに、その大胆な構図、中心をずらした構成、偏った重心位置、不規則性、非対称性などにある。これに対して、どうも近代以降のフラットな照明は異質ではないか？　フィクションとして観客と共に舞台を作るのが歌舞伎であるとするならば、それは明かりを作ることにも通じるはずだ。

西欧の演劇表現技術でも絶対的な明るさでもなく、明かりの相対的な関係に注目して、舞台・客席だけでなく、劇場全体から考えていくことが必要ではないか。

47　神山彰「暗闇の光学」『岩波講座　歌舞伎・文楽第六巻　歌舞伎の空間論』岩波書店、一九九八年。

第四章　オペラ劇場におけるオーケストラピットの存在感

1　オーケストラはどこにいる

オーケストラの定位置

カリーニ・モッタは、その著書『劇場論』（一六七六年）の中で四つの客席形式を提案している。そこでは、客席構成の違いを王侯・貴族向けの客席形式と一般に開かれた公衆劇場向けの形式とに分けて提案をしている。しかし、現実は彼の提案とは全く逆の方向に発展していった。そして、二〇〇年後には階段状の客席が最も民主的で舞台芸術に相応しい客席空間であるというさらに逆の視点が現れることになる。

このことを振り返ると、理論家やアカデミックな知識のお節介さとそれに縛られない自由な発想の難しさを思う。そもそも芸術にはオリジナリティが求められる、というのに、こともあろうか多くの劇場・ホールは、いつもどこか似たものばかりである。オーケストラピットも然り。それはオペラ上演には欠かせないし、舞台と観客の間の一段低い位置にある。原則は確かにそのとおりだ。しかし、そうではない別の可能を作り出せるだろうか。そのためにも、オーケストラがそもそもどのように位置付けられていたのか、舞台なのか客席なのか大変微妙で大切な領域を考えながら劇場空間の原型を探ってみよう。

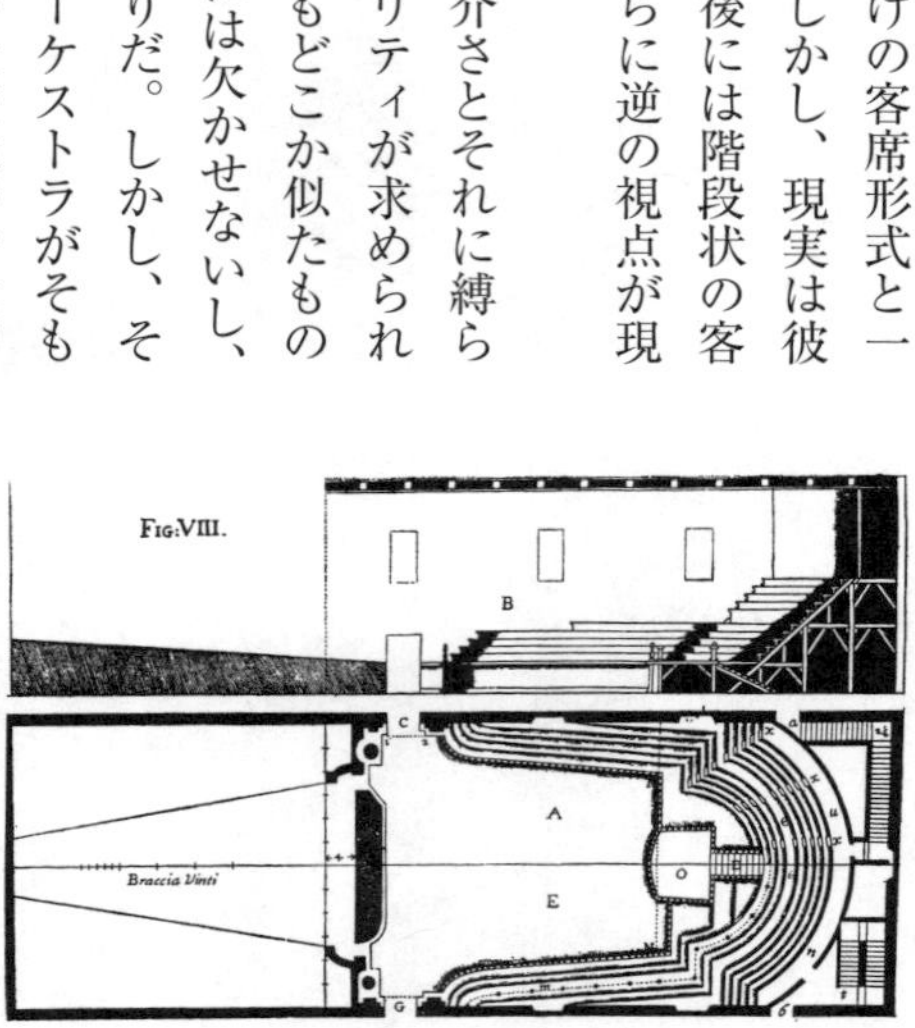

カリーニ・モッタによる四つの客席形式を示した図（『劇場論』所載）

1　Claudio Giovanni Antonio Monteverdi (1567-1643)
マントヴァ公国の宮廷楽長として多

定まらないオーケストラの位置

クラウディオ・モンテヴェルディ[1]や彼の弟子であるフランチェスコ・カヴァッリ[2]が、ヴェネツィアにあるサン・マルコ寺院の楽長をしていた一七世紀、人口一六万人程の町に六つも七つものオペラ劇場が存在していたことは、音楽の源泉が次第に教会から離れていったことを示している。カヴァッリは、モンテヴェルディがあまり使わなかったアリアを多用し、そこに重きをおくような舞台を作り出し、そうしてオペラは益々独自性を備え発展していった。

さて、その頃のオーケストラはどのように位置付けられていたのだろうか。教会では音楽は上部から降るように湧いてくるのが常だった。だから、一般のパーティや舞踏会でも音楽演奏者が上階のバルコニーなどに陣取って演奏をしている様子がしばしば描かれている。

考えてみれば、ヴィチェンツァのテアトロ・オリンピコ（一五八五年）やサビオネッタの劇場（一五八八年）には、音楽演奏者たちの位置がはっきりと推定できるような建築的な工夫は見当たらない。オペラ誕生[3]が記録された後に建設されたテアトル・ファルネーゼ（一六一九年）にも、同様にオーケストラの位置に関する手がかりがない。このことは、逆にそれが特定化されておらず、まだ定位置を持っていなかったことの表れと考えることができる。また、祝典的な催しはともかく、オペラなどの上演にはオーケストラ演奏者がそれほど多くなかった

くの作曲をなす。その最も輝かしい作品として「オルフェオ」（一六〇七年）が知られる。音楽による劇dramma per musica（後のオペラ）というこれまでにない様式の始まりであった。その後、ヴェネツィアのサン・マルコ寺院楽長として一時代を作った。

2　Francesco Cavalli (1602-1676)　一六六八年からサン・マルコ寺院楽長に就任。一六三九年最初のオペラを作曲、全三三のうち二七曲が保管されており、それらは公設オペラ劇場の事情に合わせ、弦楽合奏と通奏低音からなる小さなオーケストラで編成されている点で宮廷催事のために作曲されたモンテヴェルディの初期のオペラとは大きく異なる。

3　一六世紀末、古代ギリシャの演劇研究に基づき歌うように物語る劇が考えられたことから始まったとされる。ヤコポ・ペーリ（一五六一―一六三三年）による「ダフネ」が記録上最古であるが現存しない。このため同じペーリ作曲の「エウリディーチェ」（一六〇〇年）が今日に残る最初のオペラ作品とされる。

上から
A・パッラーディオ「ヴィチェンツァのテアトロ・オリンピコ」一五八五年
G・B・アレオッティ「テアトル・ファルネーゼ」一六一八年。実際に催しが行われ、使われた最初は一六二八年

と推察することもできる。

テアトロ・オリンピコから半世紀余り遅れること、オペラ創生の地フィレンツエでも、アカデミア・デリ・イムモービリ[4]が一六五七年にペルゴラ劇場（設計、フェルディナンド・タッカ）を建設している。それは、決定的ともいえる劇場像を示している。十分に広い舞台と四層に及ぶボックス席を持つこの劇場は、後のイタリア式と称せられるプロセニアム劇場の姿をこの時既に実現していた。客席は馬蹄型平面で古典ともバロックともつかぬ趣味で飾られているが、舞台先端及

4　不動産のアカデミー。一六世紀後半を起源とし、一六四八年に再設立され、一七—一八世紀のフィレンツェ都市文化を活気付けた団体の一つ。

p.123
フェルディナンド・タッカ「ペルゴラ劇場」一六五七年、平面図、内部スケッチ

びオーケストラ手すりはいずれも直線であっさり描かれている。しかし、客席内部を描いた別のスケッチ図版では、その手すりもなく、客席床と同レベルで連続していたように見える。これらのことから、オーケストラは決まった大きさと位置を持たず、必要に応じて設けられていたと推測することができる。

舞台と客席を繋ぐオーケストラ

そのようにして臨機応変に定められたオーケストラの姿を、また別の一枚の絵から読みとることができる。それは、後にロシア皇帝となるパーヴェルI世夫妻が一七八二年にヴェネツィアを訪問した折り、彼らを歓迎して催されたサン・ベネット劇場における盛大なパーティの様子をアントニオ・パラッティが描いた記録である。舞台と客席は幅広の階段で結ばれ、その両脇に演奏者が配置され、全体が大広間となっている。上下に分け隔てられたオーケストラは更に前後に二つに区分されている、しかも演奏者の姿がどこからもよく見えるようにといった配慮だろうか、二つの区画には段差があり、それら前後を仕切っている手すりに譜面が無造作に置かれている。客席側の低いところでは、ボックス席に沿って折れ曲がるように配置されていて、まさに平土間から入ってきた客を舞台へと導くようである。

また、ヴェルサイユ宮におけるジャン＝フィリップ・ラモー作曲「ナヴァール

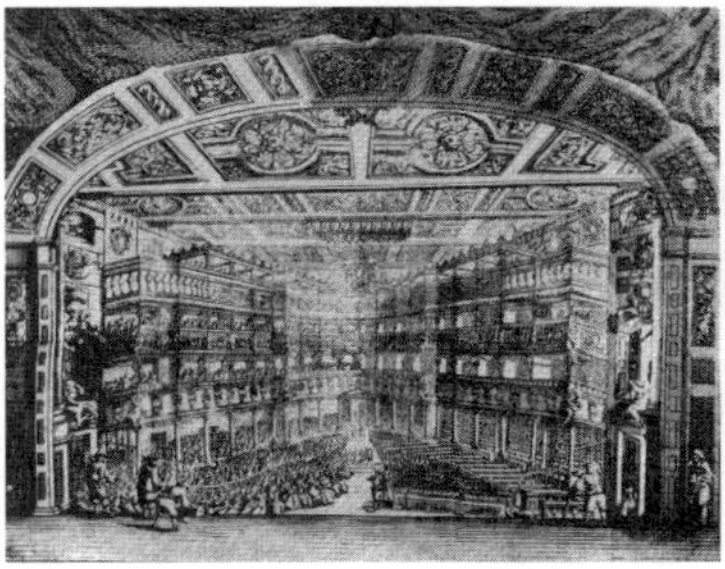

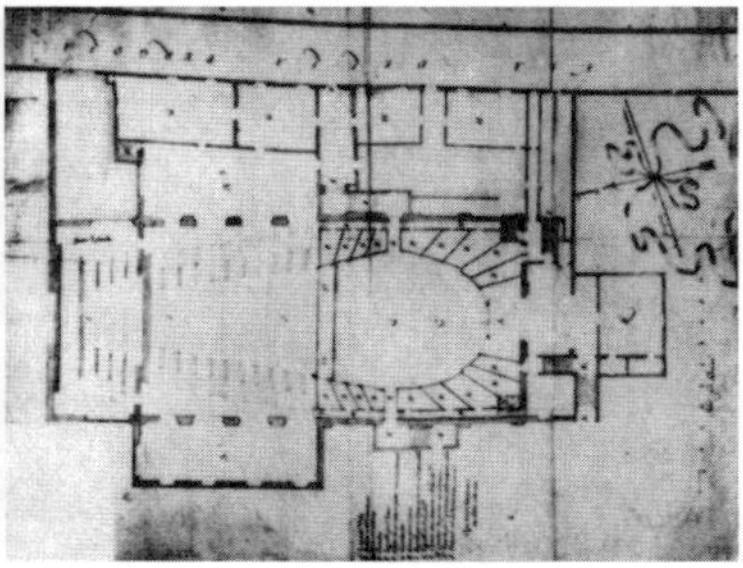

の姫君」公演（一七四五年）模様を描いた図では、指揮者も演奏者も皆舞台の方向を見ているように描かれている。同じ劇場における記録（一七七三年）では、舞台先端に対して弧を描くように配置された指揮者・オーケストラがしっかり舞台と向かい合っている。こうした図を見ていると、オーケストラは舞台と観客の間にあるピット(穴)ではなく、それらをつなぐ大切な接着剤であることが分かる。

オーケストラは劇場の中心にいた

ところで、富裕な市民層を対象としたオペラ劇場が、年間契約でボックス席を買い占める人々によって賑わうようになってくると、そうした観客からの収入を更に安定的に確保するための方策が望まれるようになる。これに対し、できるだけ多くのボックス席を積み重ね、舞台の中にまでボックス席を延長することで建築家は要求に応えた。無論、この位置からは舞台のパースペクティブどころでなく、横後方から歌手を見聞きすることになるが、そんなことはお構いなしだった。むしろ王侯・貴族のような気分に浸れるし、何といっても目立つというのが魅力として売り出された。誰よりも出演者に近い。贈り物を手渡したり、好きな歌手を訪ねて舞台裏にもすぐ行けるし、台詞のない出演者とおしゃべりもできるということで、最高値の席となって劇場側を潤わせた。

オーケストラを中心に舞台と観客が交流し合うような、こうした客席構成は、

p.125　上から
アントニオ・パラッティ「サン・ベネット劇場」後のロシア皇帝パーヴェルI世夫妻が一七八二年にヴェネツィアを訪問した折りの歓迎式典の模様

劇場を楽しく魅力的なものにする一方で、芸術的関心よりも娯楽性ばかりが強調されてしまうことにもなった。一八一一年に出版されたトーマス・ローランドソンのカリカチャーが、ロンドンにおけるオペラ上演のそうした風潮をよく捉えている。熱唱する歌手と真面目さといい加減さが混じり合った観客の間で、苦虫を潰したような顔のオーケストラ、それぞれの姿がコミカルに表現されている。オー

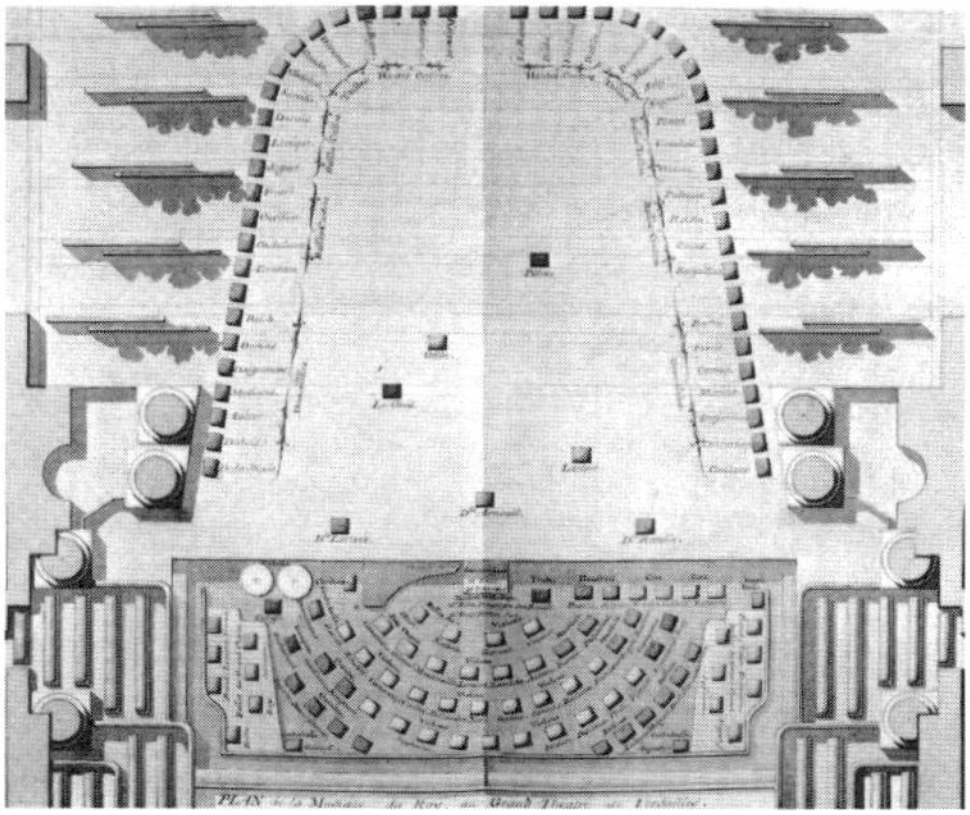

ヴェルサイユ宮におけるラモー作曲「ナヴァールの姫君」公演、一七四五年

ヴェルサイユ宮大劇場におけるオーケストラピット内の配置、一七七三年。舞台先端に対して弧を描くように配置された指揮者・オーケストラ

ケストラ演奏者は舞台と平行にお互いに向き合う形で配置されており、ボックス席の人々が舞台に反応する表情の豊かさが伝わってくる。舞台・観客・オーケストラの関係の親密さがうらやましいくらいに感じられる。

もう少し上品な様子は、一八五六年ベルリンにフランツ・ワルナーによって作られた夏の劇場に見ることができる。端正な木造骨組みの客席空間は、季節感を

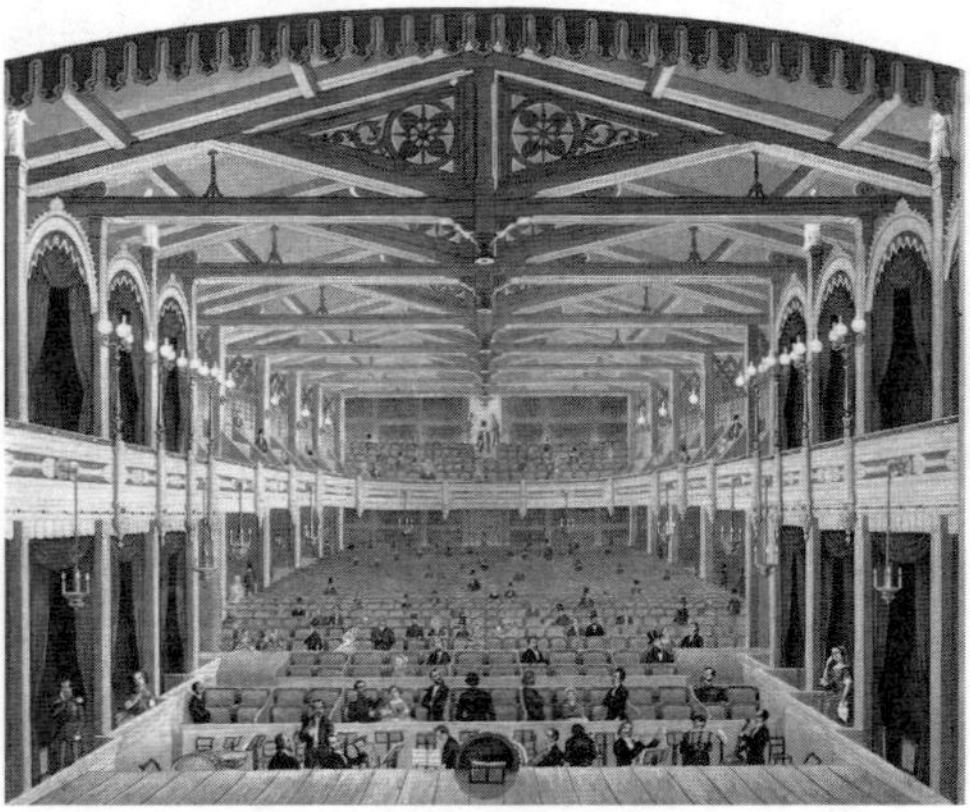

上から
トーマス・ローランドソンによるロンドンにおけるオペラ上演の風潮を描いたカリカチャー。オペラの歌唱に圧倒される観客と淡々と演奏するオーケストラ。一八一一年
フランツ・ワルナー「ベルリンの夏の劇場」一八五八年改築

よく表している。オーケストラに注目すると、そのすぐ後に四席で一つのボックスを構成する特別の平土間席が二ブロックにわたってあり、その両側二段六対のボックス席は、いずれもドレープが施されている。オーケストラの周りが劇場の中心であり、特別な領域であることは誰の目にも明らかである。

想像力は創造力

現在残されているモンテヴェルディ作曲「ポッペーアの載冠」には、どの楽器がどの旋律を演奏するかは指示されていない。強弱記号もなく、たいていはテンポの指示もない。今日の演奏法から見てみると、それはまるで抜け殻のような代物であるとさえ言える。そんな具合だから、当時の作品を上演しようと思えば想像力を働かせて楽譜を再構築する必要があることになる。実際、九本ものトロンボーンを使った版があるかと思えば、各々二本のリコーダーとトランペット、一本のフルート、それに弦楽器とチェンバロしか用いていないというものまで幅広い上演があるという。

それを不定見で困ったことだと考えるよりも、挑戦者を惹き付け想像力をかき立てる豊かさを秘めたものと見る方が楽しい。答えも道筋も多様性の中にある舞台芸術と劇場建築の姿は正にそこにあるように思う。近代以降、舞台と観客が鉄のカーテンで区画されるようになり、両者間の関係性がすっかり弱まってしまっ

モンテヴェルディ作曲「ポッペーアの載冠」（初演一六四三年、ヴェネツィア）譜面（筆写譜者不明、ナポリ版）

た。それを音楽の解釈や新機軸の演出によって乗り越えようとする試みが多くなされている。そのためにもオーケストラピット周りの空間を再考することは重要な課題だ。

振り返ってみれば、ジュゼッペ・ヴェルディが一八四四年「エルナーニ」をフェニーチェ劇場で初演した時は、二幕と三幕の間に「ペルシャのナーディル・シャー」というバレエが上演されていたというし、一八五三年「ラ・トラヴィアータ」の初演時には「魔法のランプ」と題されたバレエが同時に上演されている。現代では考えられないことだが、観客はいつももっと貪欲だった。目の前にあるものに一喜一憂し楽しんでいたし、劇場空間もそのために色々な工夫がなされてきた。歴史から想像力を持って学ぶことは劇場の創造力になる。

2　オーケストラピットの誕生

オペラ創成期のオーケストラピット

全曲が残っている最も古いオペラ「エウリディーチェ」（ヤコポ・ペーリ作曲、オッターヴィオ・リヌッチーニ台本）が上演されたのは、一六〇〇年メディチ家のピッティ宮とされているが、それがどのような空間であったか今となっては不

L ORFEO
FAVOLA IN MVSICA
DA CLAVDIO MONTEVERDI
RAPPRESENTATA IN MANTOVA
l'Anno 1607. & nouamente data in luce.
AL SERENISSIMO SIGNOR
D. FRANCESCO GONZAGA
Prencipe di Mantoua, & di Monferrato, &c.
In Venetia Appresso Ricciardo Amadino.
M D C IX.

モンテヴェルディ作曲「オルフェオ」譜面表紙

明である。また、オペラ創生期における記念碑的な作品となった「オルフェオ」〔註1参照〕は、一六〇七年二月マントヴァ宮廷で初演され大成功を収めたとされているが、その場所はいまだ特定されていない。しかし、その成功を契機としてモンテヴェルディはその後ヴェネツィアに居を移し、数多くのオペラ作品を作曲して大きな影響力を与えた。実際ヴェネツィアでは、お金を払えば誰もがオペラを見聴きしに行くことのできる世界最初の公衆劇場、テアトロ・ディ・サン・カッシアーノが早くも一六三七年には生まれており、ヴェネツィアにおける市民層の豊かさと同時に、新しい舞台芸術への関心とその強い影響力を伺い知ることができる。その劇場は、オーケストラピットや重層したボックス席をすでに持っていたとされている。

　これを想起する劇場として、スペインのブエン・レティーロ劇場（一六三二年）がある。それは、フィリップⅣ世が、ブエン・レティーロの夏の宮殿に建設したもので、客席に比べ非常に大きな舞台がある。この頃既に奈落に設置されたレール上を移動して舞台背景を転換するウイングシステムがある程度発達していたようだ。舞台と客席が額縁で明確に区分されており、それらの間にオーケストラピットがぴったりと納まっている姿は、ほぼ今日と同様のものである。

　ヴェネツィアの劇場では、モンテヴェルディの死後に完成したものであるが、サンティ・ジョヴァンニ・エ・パオロ劇場が挙げられる。この劇場は、もともと

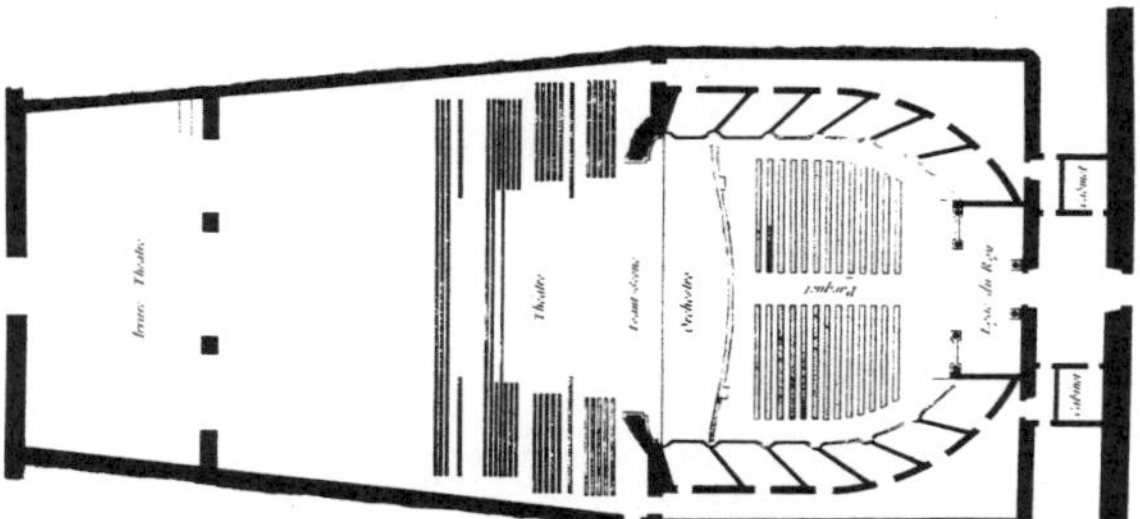

コジモ・ロッティ「ブエン・レティーロ劇場」一六三二年、平面図

演劇場としてグリマーニ家が建設したもので、一六五四年にオペラ劇場に改修された。オーケストラピットは、凸面状の曲線とそれと呼応するように中央部が膨らんだやや装飾的な曲線によって構成されている。オーケストラピットの床は客席最前部と同じ高さであるが、客席との間には手すりと同じ位の深さの溝があるのが注目される。これが後の説明にあるような暴徒を防ぐためだったかは不明である。この他サイトラインを考慮しながらボックス席の壁を変化させそれを重層していくやり方など、その後発展していくイタリア式劇場の原型を示している。

こうしてみると、オペラの誕生から一―三世紀の内には、オペラを上演するための劇場形式がほとんど決定付けられたものと理解できる。額縁を通して舞台を覗き見るというプロセニアム舞台が意識されたテアトル・ファルネーゼのオープニングは一六二八年で、その時舞台下に貯めた水を使った大掛かりな演出がなされたことを考えると、オーケストラは平土間部分にはなかったことが想像できる。つまり、それまでは舞台の奥や脇など特定の場所に限られなかったオーケストラが、舞台と手すりに囲まれたオーケストラピット形式に収まるまでに一〇数年とかからなかったということになる。

こうしたオーケストラピット形式の広がりは、アルプスを超えて北ドイツにまで急速に広がっていった。ドレスデンの宮廷における初期のオペラ劇場（一六六七年）のオーケストラピットは、三mの奥行で沈下させることができたと記録され

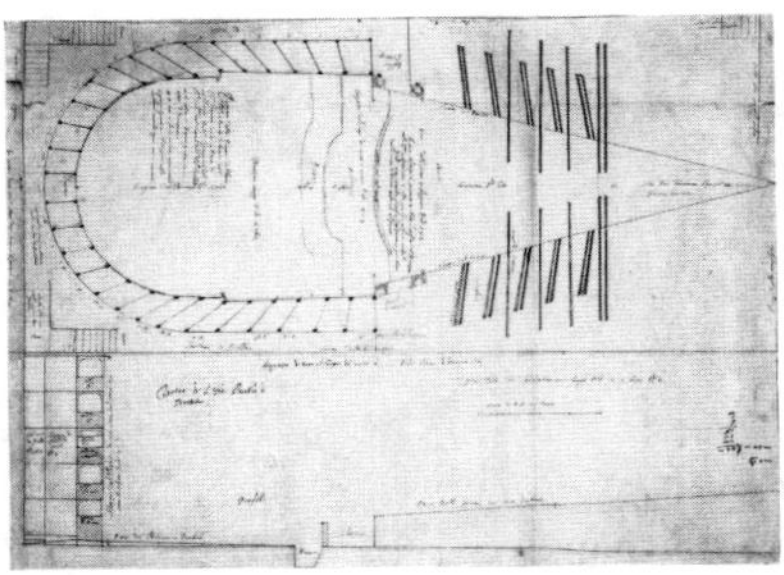

カルロ・フォンターナ「サンティ・ジョヴァンニ・エ・パオロ劇場」一六五四年

ている。ピットが昇降するというのは当時としては革新的だが、奥行三mはいかにも浅い。また、ベルサイユ庭園におけるモリエール作「気で病む男」公演（一六七四年）を見ると、コメディ・バレエが大勢のオーケストラによる宮廷趣味のスペクタクルに変えられてしまっていたことが分かる。そこでは、オーケストラピットは細長い矩形平面で、その中心観客寄りの位置に指揮者が舞台に向

上から
ヴォルフ・カスパー・フォン・クレンゲル「ドレスデンの宮廷オペラ劇場」一六六七年
ベルサイユ庭園における「気で病む男」（モリエール作）上演の絵、一六七四年

かっているものの、オーケストラ楽員は、指揮者を見ているというよりも、舞台を見ているといった感じに描かれている。舞台上及びオーケストラピット上下のところには、それぞれ警備係が立っており、こうした宮殿内の催しでも警戒が必要だったことが分かる。

宮廷劇場のオーケストラピット

次に、モンテヴェルディから一〇〇年後、劇場が確固たる形式を持ちヨーロッパ各地の宮廷などに数多く建設された一八世紀を振り返ってみよう。何といってもその時代のオペラの代表的作曲家といえば、モーツァルト（一七五六―九一年）をおいて他にない。六才になる前から各地を演奏旅行していたモーツァルトが、庶民的な芝居小屋から豪華絢爛な宮廷劇場に至るまでどれほど沢山の劇場を幅広く見ていたかは想像に難くない。そうした彼が、ミュンヘンのカール・テオドール候に招かれて一七八一年「イドメネオ」を初演したレジデンツ劇場（一七五三年）のオーケストラピットはどうだったのだろうか。これまで度重なる改造を受けているものの、客席デザインはほぼ忠実に復元されている。とはいえ、当時の様子は図版によって想像してみるしかない。

平土間客席全体は緩やかな傾斜をしており、舞踏会などの目的に応じて床を水平にすることができるように、床下に大掛かりな仕掛けがなされている。このた

フランシス・デ・キュビリエ「レジデンツ劇場」一七五三年、断面図

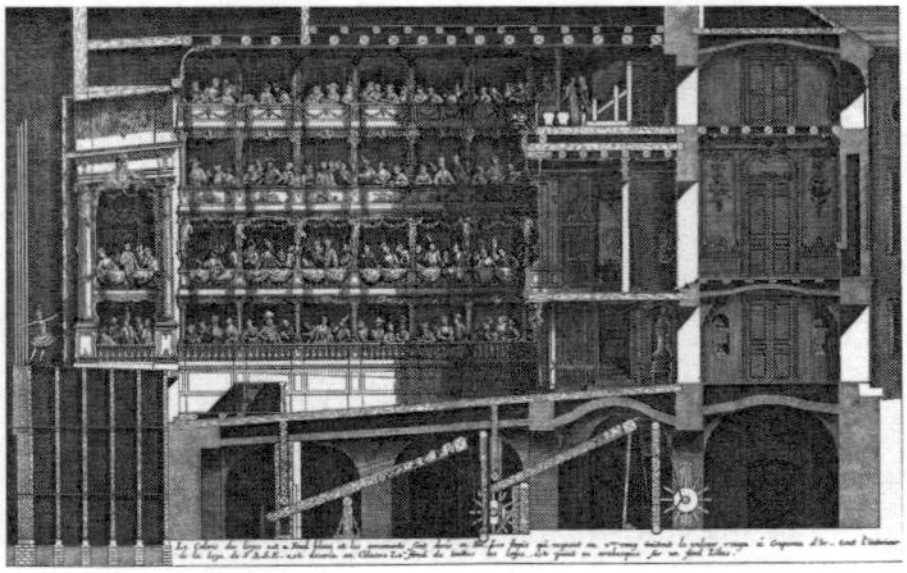

マキシミリアン・ヨーゼフ三世がフランシス・キュビリエ（一六九五―一七六八年）に依頼して宮殿内に作ったロココの宝石とも呼ばる劇場、建築家の名を冠してキュビリエ劇場とも呼ばれる。

め、オーケストラピットとして使用する時は、根太の上に板を敷いて床を水平にする方法が採られている。舞台下に三段程度の階段断面が描かれ、それが中間奈落のレベルに繋がっており、ピット側面には出入口らしきものがないことから、そこが楽員用の出入口であろうと判断される。また、舞台先端は直線であるが、手すりは両側部において微妙な曲線で構成されており、ロココの優美な雰囲気が伝わってくる。オーケストラピットへの出入口に関して、同様な扱いで舞台先端下部に出入口を持っていたものとして、コヴェントガーデン劇場（一七三二年）がある。その舞台先端は直線で、平土間席の間の手すりは多角形平面を有しているが全体としては割合シンプルな姿が認められる。

ところで、ロウソクしか頼りになる明かりがなく、しかも譜面は手書きしかない時代、オーケストラピット内の明かりはどうしていたのだろうか。それを知るのにちょうど良いコヴェントガーデン劇場の様子を描いた図版がある。それはトマス・アーン作曲「アルタクセルクセス」の公演中に、若い観客がオーケストラを乗り越え舞台に上がって乱暴を働いている情景を描いたものである。それに目を奪われず視線をオーケストラピットに落とすと、舞台に最も近いところにチェンバロが横向きで置かれ、その脇の客席に寄ったところに平土間席のカーブに沿って並んだ譜面台の上にロウソクが四本立てられている。舞台と対面した側に譜面六冊が置かれ、右側には舞台下への楽器用の出入口も描かれている。そして、客席天井からは一四―五本のキャンドルを持った円形の燭台が四台吊られ、ボックス席間の柱には二本で一対のキャンドルが二段に取り付けられ、客席照明としていた様子も分かる。

再びここで宮廷劇場に目を移してみると、これとはまたかなり違った雰囲気が伝わってくる。バイロイトの辺境伯歌劇場は、舞台の大きさと客席の豪華さで知られているが、オーケストラピットも特徴的である。そこではピットというよりも舞台に準じた扱いを受けている。最前部客席床よりも一段上がってオーケストラが設けられ、しかも中央では手すりがなく客席に解放されている。つまり、舞台を見ることと同様に、オーケストラを見ることも観客の重要な楽しみ方であったことと理解できる。

実際の演奏風景を伺い知るものでは、トリノ王立歌劇場(一七四〇年)の開場時に上演されたオペラ「アルサーチェ」の絵がある。オーケストラピットの上手と下手にそれぞれチェンバロが配され、その間にお互いに向かって並んでいる楽員の姿がある。チェンバロ奏者付近にはコントラバス、ビオラダガンバ奏者などがいるが、ピットに入りきれないメンバーが手すりを超えたところにもいるのが分かる。オーケストラピット側部では、手すりが部分的に切れてそこが出入り用になっていたようである。ピット内の奏者が二六人、外にいる奏者が六人で、合計三二人が描かれている。指揮者の姿が見えないのは、どちらかのチェンバロ奏

p.135 上から
「バイロイト辺境伯歌劇場(マークグレーフ劇場)」一八四八年
コヴェントガーデン劇場にて「アルタクセルクセス」の公演中に、若い観客がオーケストラを乗り越え舞台に上がって乱暴を働いている情景に

者がリード役を兼ねていたためだろう。

床のレベルは、座っている奏者の頭がちょうど舞台床レベル位の高さで、チェンバロ奏者はそれより一段高い。この当時のオーケストラとしてはかなり大型とはいえ、オープニングからオーケストラピットが小さかったとはおおらかで羨ましい。また、客席中央部や最前部の客席出入口には、警備の姿も描かれている。お茶のポットらしきものを持って回るサービス係も見える。

見るオーケストラピット内の様子、一七六三年

ピエトロ・ドメニコ・オリビエーロによるトリノ王立歌劇場開場時（一七四〇年）に上演されたオペラ「アルサーチェ」（Matastasio 作曲）の絵。指揮者のいないオーケストラと飲物をサービスする女、武器を持つ監視員

3　抽象性・幻想性を追求したワーグナーの意志

オーケストラピットを消す

リヒャルト・ワーグナーは、これまで誰も考えなかった姿にオーケストラピットを変えてしまった。舞台上の演出効果を最大限に引き出すために、客席の明かりを落とすということも始められた。彼の描く神話的世界や異次元空間の情景を描き出すためには、現実的な光を断ち切る必要があったからである。つまり、物語を写実的に表現するのではなく、全く逆に、抽象性・幻想性を追求することによって、人々の心に直接的にその世界を映し出させようとしたのだ。このため、観客の目からはオーケストラの存在を消し去る必要があると考えた。その姿はもとより、光も何も観客に意識させないことが不可欠だった。目に見えない深みから一〇〇人の大編成オーケストラが湧き上がり、その秘められた音楽が一気に観客を捕らえ、彼の世界へと引きずり込んでしまうという案配である。こうして彼が「神秘の深淵（mystischer Abgrund）」と呼んだ、観客の目から深く沈み込み覆い隠されたオーケストラピットが誕生した。

夢のオーケストラピット

彼は、夢を現実化する並々ならぬ才能を持っていた。一八五〇年ワーグナー

三七才の時、亡命中の身でありながら、自らの劇場を建設するという夢ともつかぬ計画を友人に宛てた手紙で語っている。それは、チューリッヒ郊外の牧場に木造の仮設劇場を作るというもので、上演後は跡形もなく壊してしまうという自棄とも冗談ともつかぬものだった。しかも、上演しようとする「ジークフリート」[5]と題する作品を、公演が終われば譜面も消却してしまうというのだから、どこまで本気だったか分からない[6]。

しかし、「ニーベルングの指環」四部作を進める傍ら「トリスタンとイゾルデ」を作曲し、その初演を成功させるなど、追放の一〇年が過ぎようとする頃になって、再び風向きがワーグナーの方に向いてくると、一八六二年「ニーベルングの指環」第一版の序文の中で、再び自分の劇場計画を今度はもう少し具体的に表明している。そこでは、オーケストラピットについても触れ、舞台に向かう観客の目を妨げることなしにオーケストラが配置できるよう、オーケストラピットを低く下げることで、観客全員が等しく作品に集中できるようにすべきであるという主旨の内容が述べられている。

三人の夢

一八六四年、長年温めていた劇場への夢を具体化する機会が訪れる。バイエルン国王ルードヴィッヒⅡ世[7]が「ニーベルングの指環」の完成を正式に依頼し、

p.136
バイロイト祝祭劇場のオーケストラピット。右から
音・光を制御する上部の覆い(アルブレヒト画、一九二七年)
カイベルト指揮のリハーサル風景、一九五四年

5 これに先立ちワーグナーは「ジークフリートの死」の台本草案を書き(一八四八年)、その構想が「ニーベルングの指輪」四部作に発展していく。

6 Heinrich Habel, *100 Jahre Bayreuther Festspiele, Festspielhaus und Wahnfried*, Prestel-Verlag Munchan, 1985. 似たような話が、『新版 リヒャルト・ワーグナーの芸術』(渡辺護著、音楽之友社、一九七七年)でも紹介されている。

7 Ludwig II. (1845-1886) 第四代バイエルン国王。ノイシュヴァンシュタイン城などいくつもの城を造るなど国家財政を悪化させたが、彼なしにワーグナーの夢を語ることはできない。

そのための祝祭劇場をミュンヘンに計画するようワーグナーに伝えてきたのである。ワーグナーはすぐにドレスデン以来の旧友、建築家ゴットフリート・ゼンパーに手紙で協力を依頼した。二人はまず仮設的な劇場で実験をして、その成果を得てからワーグナーの楽劇に相応しい、また国王が望むような堂々たる構えを持った恒久的な劇場を作ることを提案した。

仮設劇場の計画は、明らかにロンドン博覧会後シデナムに移築されたクリスタル・パレス（ジョセフ・パクストン設計）内に設けられた大劇場を参考にしたものであった。最も初期の案では、鉄とガラスの大きな温室のような空間の中に、クリスタル・パレスで見たと同じような客席が描かれているA案。その他、古典趣味を直接的に表現したようなローマ劇場風の半円平面を有するB案と、その両側を舞台の幅と同じように切り取って矩形平面に収めたC案との計三通りのヴァリエーションを提案している。

オーケストラピットの形態もこれに伴って変化している様子が分かる。A案のオーケストラピットは、当時どこの劇場にも見られたような、両端部に曲線を持った矩形に近い平面形をしており、B案も客席では大きな違いを見せてはいるものの、オーケストラピットはほとんど双子のように似ている。しかし、C案では前二案とは全く違って半円形の平面となっている。断面形状では、A・B案とも指揮者側が客席下部に潜り込んで、ワーグナーが望んでいたように、オーケストラ

p.139
G・ゼンパー「ミュンヘン・ガラス宮内のワーグナー祝祭劇場計画」一八六四—六六年、A・B・C案平面図、オーケストラピット
G・ゼンパー「ミュンヘン・イザール河畔沿いに計画されたワーグナー祝祭劇場計画」一八六五—六六年、A・B・C案平面図、オーケストラピット
G・ゼンパー「ミュンヘンのワーグナー祝祭劇場計画」一八六七年、パース

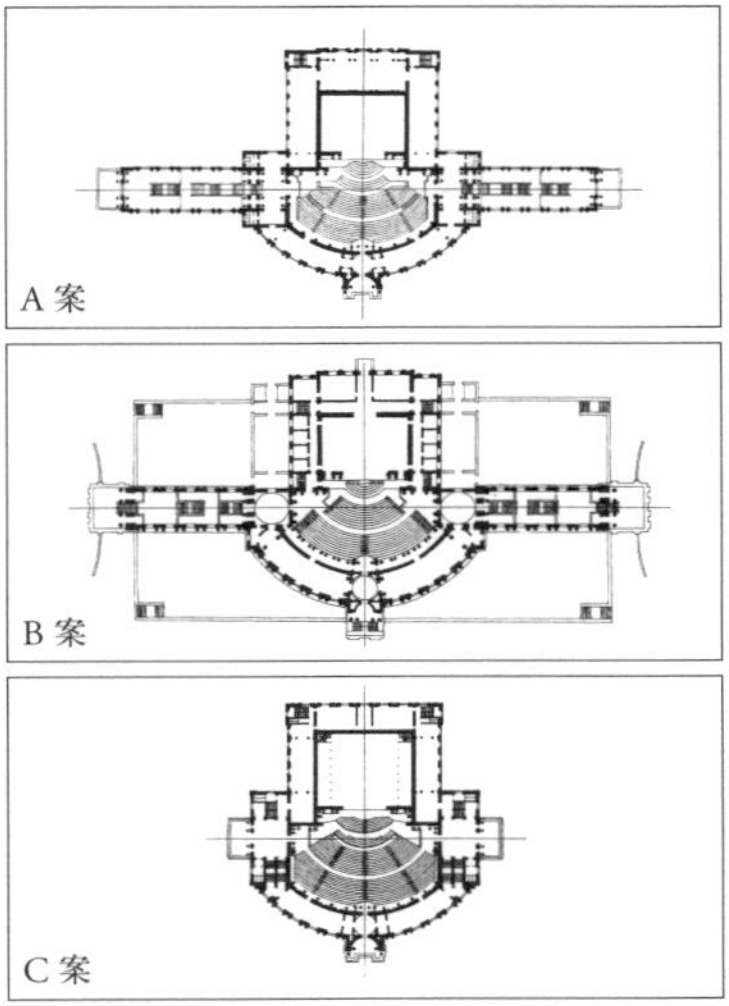

「イザール河畔沿いの計画」A・B・C案平面図

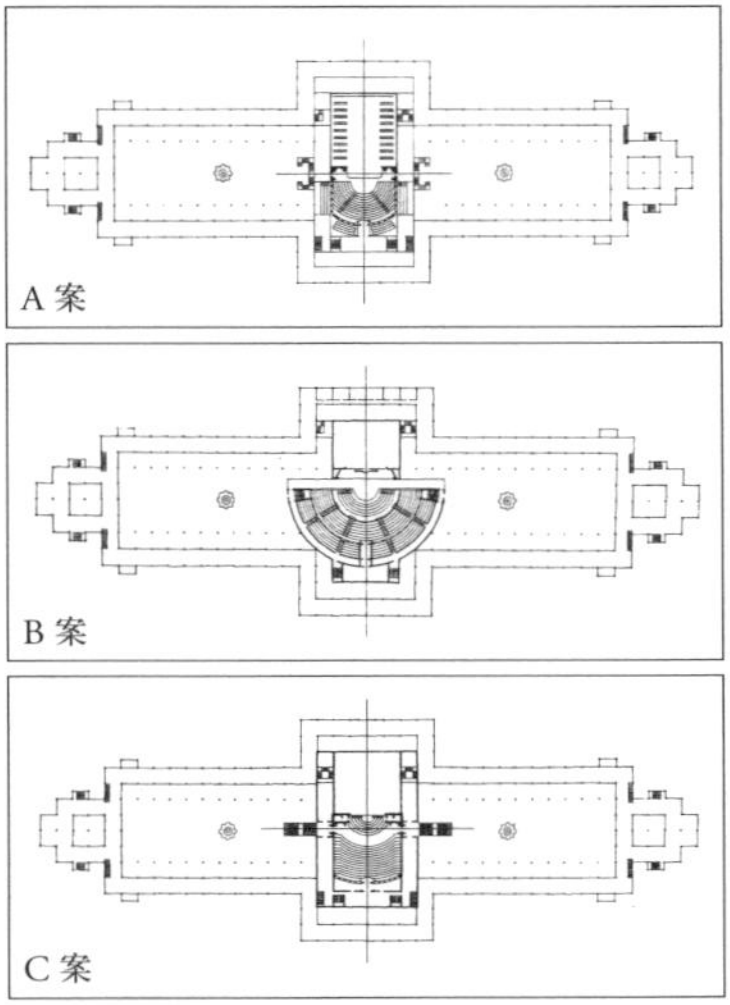

「ガラス宮内の計画」A・B・C案平面図

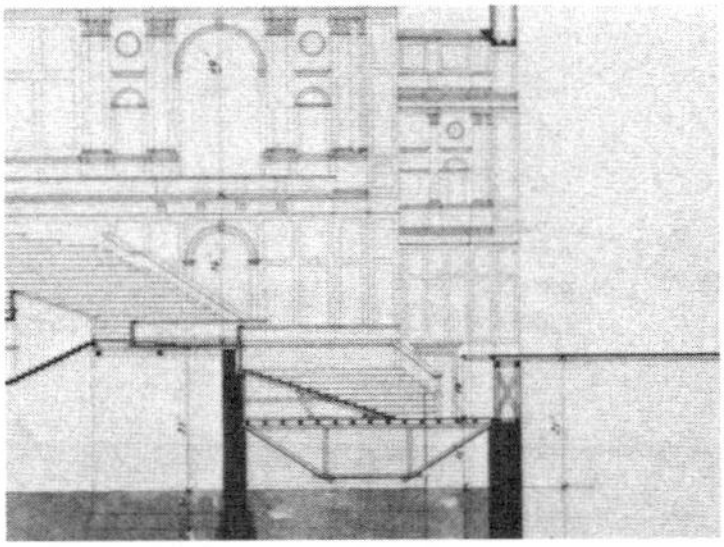

「イザール河畔沿いの計画」オーケストラピット

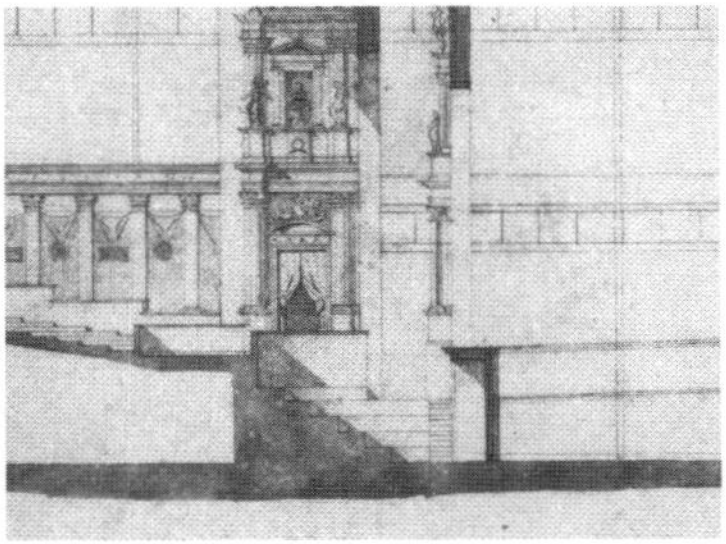

「ガラス宮内の計画」オーケストラピット

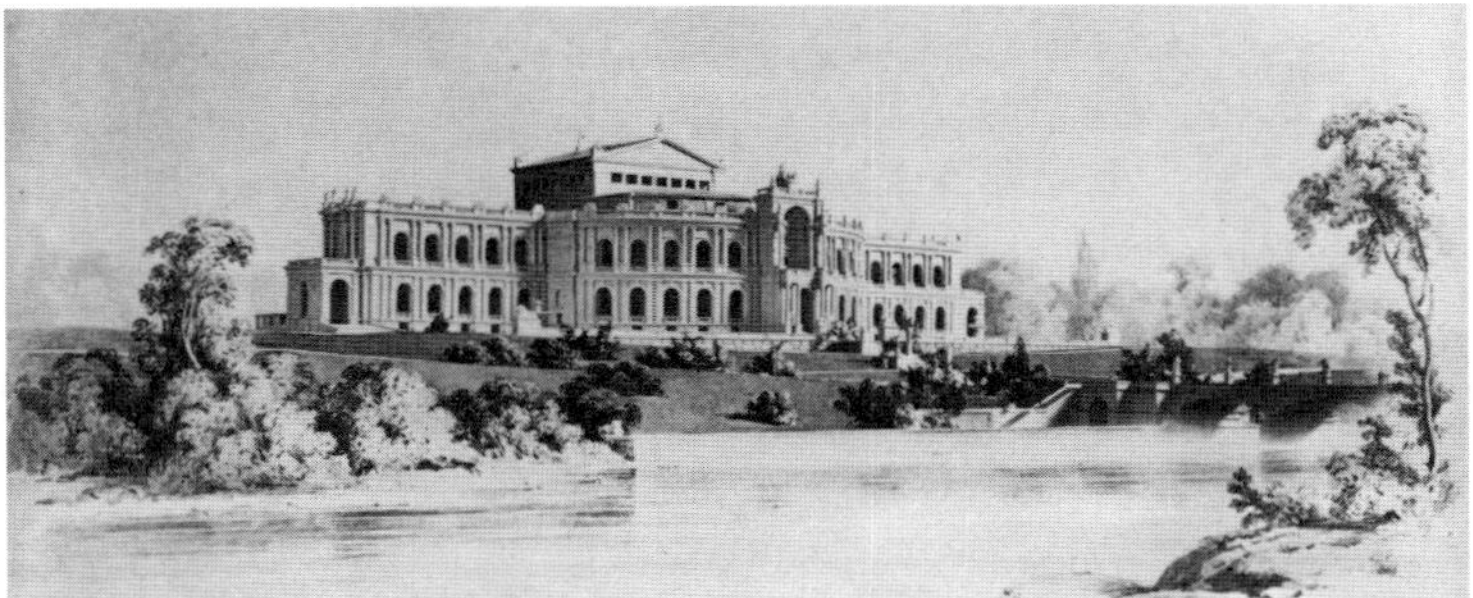

「ミュンヘンのワーグナー祝祭劇場計画」のパース

ピットが客席からの視線を妨げないようにしているが、そのレベルからでは舞台上が見えないという問題が解決できていない。これに対しC案では、指揮者側の手すりの高さを舞台先端の高さよりも上げて、指揮者の舞台への視線を確保しながら、観客席の段床の形状をオーケストラピットの中まで連続させ、舞台床下の一部までオーケストラピットとして利用することで客席と舞台の繋がりを解決しようとしている。しかし、段の幅が狭くオーケストラを配置できそうにない。

一方、モニュメンタルで恒久的な祝祭劇場の計画は一年遅れでスタートし二年を掛けて設計が行われた。この間の計画で建築的なヴァリエーションは見られるが、オーケストラピットに関してはほとんど変わっていない。仮設劇場C案の断面形を発展して、客席段床の勾配をほとんどそのまま舞台先端まで連続させ、舞台に最も近いその一部をオーケストラピットとして区画するというものである。このため客席第一列目の床が舞台床よりも高くなってしまったが、連続感は強調されるものとなった。

しかしながら仮設劇場も恒久劇場も、国王やワーグナー、ゼンパーの熱意とは裏腹に、ついに陽の目を見ずに終わってしまう運命となった。ただし、ここで考えられたものが、その後のバイロイト祝祭劇場のオーケストラピットへと繋がる下地となっている。客席の段床をそのまま舞台にまで繋げるように連続感を形成すること、それに観客の視線の妨げにならないようにオーケストラピットを目立たせないことである。具体的に言えば、客席より深くオーケストラピットを沈め、舞台床下までオーケストラピットを潜り込ませることが、この時期にすでに考えられていたということである。

理念と経験のオーケストラピット

結局、ルードヴィッヒⅡ世の支援に基づいた「ニーベルングの指環」上演のための祝祭劇場計画は、陽の目を見ることなく夢に終わってしまうが、それで終わらないのがワーグナーたる所以だろう。バイロイト市が土地を無償で提供してくれたことを手掛りに、資金調達のためドイツ中をまわるなどいよいよ念願の祝祭劇場計画が動き出す。計画に当たって、ワーグナーは、建築設計をヴィルヘルム・ノイマンに依頼した[8]。彼は、ゼンパー設計のミュンヘンでの祝祭劇場計画を慎重に参照しながらワーグナーの期待に応えている。ここでのオーケストラピットは、ゼンパーが提案した客席段床をそのまま連続させた理念としての空間ではなく、具体的にオーケストラが配置されることを考慮した幅で、三つのレベルに分割された段床構成が考えられており、すでに今日の原型を示している。

ところがどういう訳か、劇場技術のマイスターでコンサルタント的な存在でもあったカール・ブラントの勧めに従って、一年程度でノイマンを解雇し、オットー・ブリュックヴァルトに鞍替えてしまう。ブリュックヴァルトはノイマンの設計に

8　『新版リヒャルト・ワーグナーの芸術』によれば、はじめワーグナーは、ゼンパーに声を掛けたが、ミュンヘンでの経緯もあり辞退されてしまったという。しかし、そのことがかえってプラスに働いているように感じられるところに、ワーグナーの強い理念を見ることができる。

則り、それを整えることからスタートした。この時期ワーグナーは劇場建設協力を二度にわたってビスマルクに願い出ているが、結局手を差し延べてくれたのはルードヴィッヒII世だった。そして一八七二年、ようやく起工にこぎつけることになる。オーケストラピットの細部はワーグナー自身がかなり注意して監督していたようで、施工中や実際に使ってみてからの重要な修正が加えられている。一八七四年秋にはオーケストラピットの深さを全体的に一・五m沈め、舞台下への潜り込みの奥行を一・五m深くしている。翌年の初頭には側面方向への拡張が

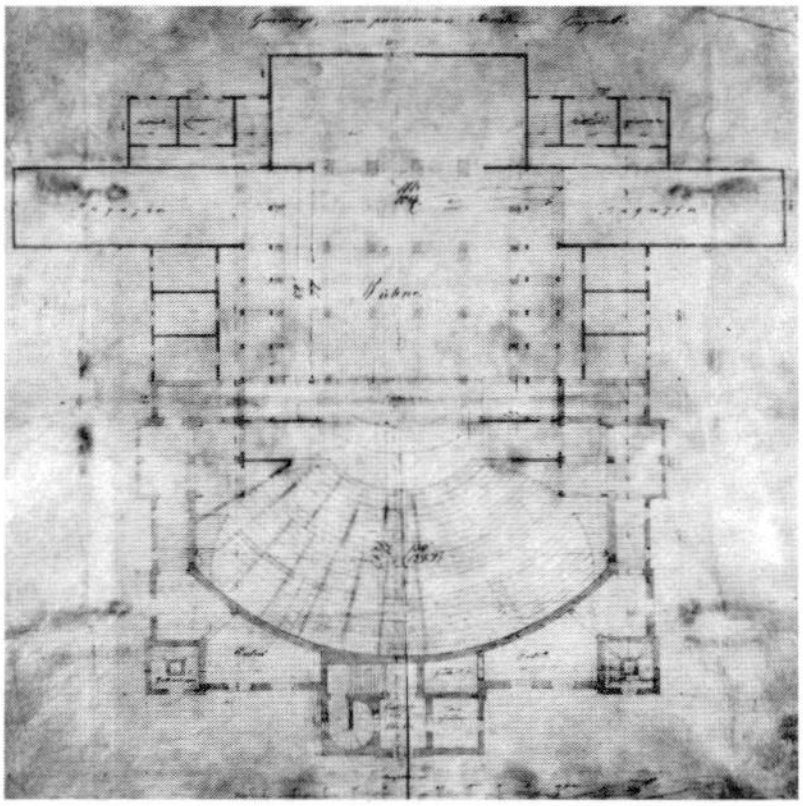

W・ノイマン案

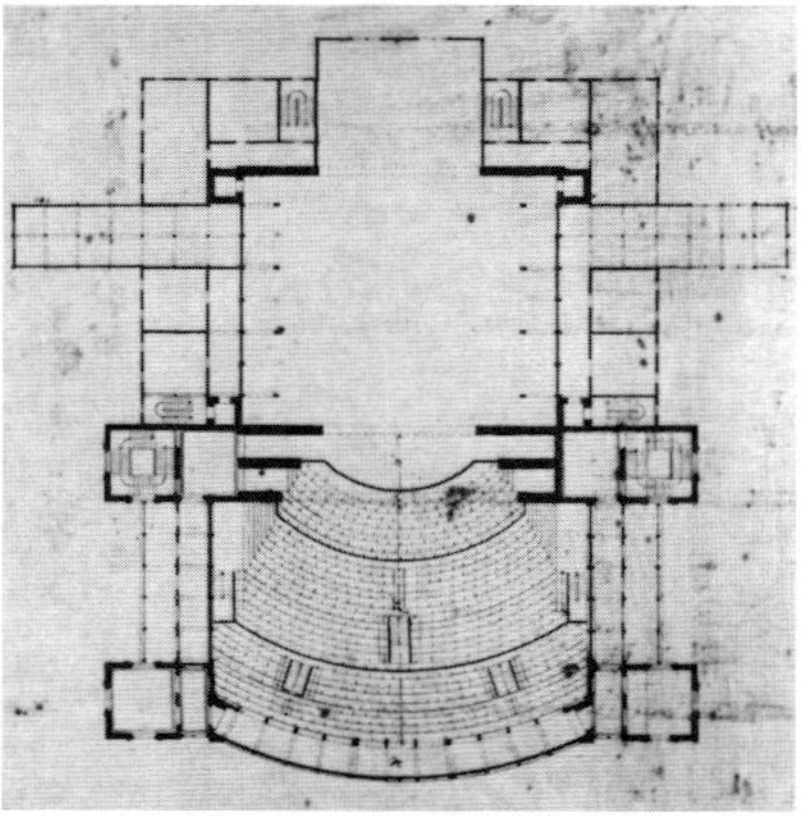

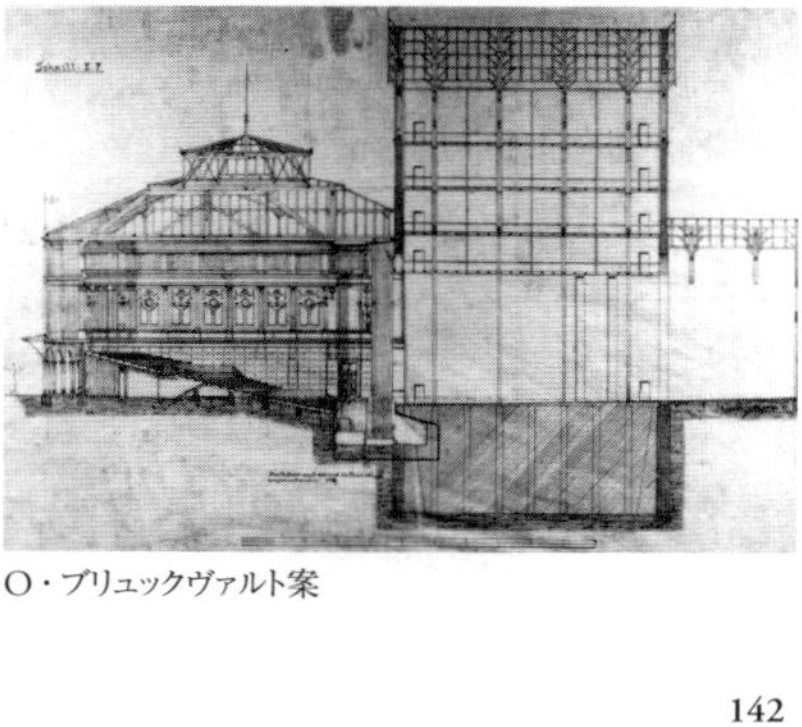

O・ブリュックヴァルト案

上から
W・ノイマン「バイロイト祝祭劇場案」一八七一―七二年、平面図
O・ブリュックヴァルト「バイロイト祝祭劇場案」一八七二年、平面図、断面図

客席数を減らして行われ、一八七六年夏にはオーケストラピットを覆うように丸く張り出した例の天蓋のようなものが取り付けられる、といった具合である。しかも一八八二年にはその覆いをより良いものに取り替えたり、オーケストラの音量を制御するために舞台先端からさらに突き出した木製の覆いを加えたり、改良に改良を重ねている。

譜面灯の工夫

こうしたワーグナーだから、オーケストラピットを覆うフード状の覆いの他に、譜面用の明かりにも気を使ったのも当然である。それまで譜面用の明かりをコントロールすることなど誰も考えなかったが、彼はその明かりにも覆いを付けることを思いつく。当時の明かりはオイルランプで、その覆い（シェード）の素材を何にするか技術面での片腕であったブラントは色々と試みを行って、動物の内臓まで試験させたと言われている。結局一八七六年開場を前にしたリハーサルには、一一五個のオイルランプ全てに紙のシェードを付けることに落ち着いたが、それでもその譜面灯からの光がプロセニアム周辺に影響を与えていることを嫌い、ブラントに命じてさらに細かな修正を行っている。影響のある二五個のシェードを大きくしたり、煙突状の部分もそっくり包み込んでしまう方法を考えたりといった努力が払われていた。そうした工夫が、オーケストラリハーサル中の指揮者ハ

譜面灯のランプシェード

オーケストラリハーサル中に指揮者のH・リヒターに舞台上から話しかけているワーグナー

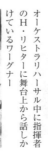

ンス・リヒターに舞台上から話しかけているワーグナーを描いた絵からも想像できる。

一八八二年には紙製のシェードからブリキ製に変わるものの、電気による光熱器が設備されるのは、ようやく一九二七年になってからである。記録では、一九二七年に八〇の光熱器が、一九三三年には合わせて一二一の光熱器がオーケストラピットに設備され、一六の回路を分け合っていたとある[9]。この頃の写真を見ると、ランプシェードは二枚重ねで構成されていたことが分かる。大きな傘状の一方が切り取られたものを二枚重ね、それぞれをずらすことで光の方向をコントロールするというものであった。その上部に取り付けられた傘状のシェードは見るからに大きなもので、その大きさから、指揮者の棒を見る演奏者にとっては、相当邪魔な存在になっていたのではないかと疑ってしまいたくなるほどである。

オーケストラ配置と段床の工夫

オーケストラピット内の様子・配列はどのように考えられていたかを知るのには、一八八二年「パルジファル」のオーケストラ配置を描いた記録がある。一段高くなった指揮者の他に、六つのレベルに合計一一九人のオーケストラがびっしりと書き込まれている。指揮者に近い二つのレベルにはヴァイオリン、ヴィオラ

9 Carl-Friedrich Baumann, *100 Jahre Bayreuther festspiele Buhnen, fechnik im Festpielhaus Bayreuth*, Prestel-Verlag Munchen, 1980.

「パルジファル」のオーケストラ配置、一八八二年

の弦楽器が中央を向くように配列され、両脇の三段目にはコントラバスとハープがそれぞれ分散して置かれ、四段目の最も広いところにはフルートを中央にチェロが対称的に配置され、舞台下に潜り込んだ五、六段目のところにはその他の管楽器やティンパニーが奥深くまで並べられている。

当時のオーケストラピットといえば、客席前部と同じレベルか精々それよりも少し下がった程度だったし、そうしたところに慣れていた演奏者たちにとって、まるで穴蔵のようなところに押し込められた気分はどのようなものだったのだろう。上部には覆いがあり、左右ないし前後には段があって、身動きもとれないくらいに相当ぎっしり詰まった状態で、自分たちが演奏している音楽が一体客席でどのように聴こえているのか分からず仕舞だったに違いない。ひたすら、ワーグナーのエネルギーに惹き付けられるようにして演奏していたのかも知れない。ところで、いくらワーグナー作品しか上演しないとはいえ、こんなに深く、しかも上部を覆われ段差を持ったオーケストラピットを、ワーグナー神話抜きでどのように音響学的に分析・説明すればよいのだろうか。

オーケストラピットの広さという点で見ると、その大きさは明らかに抜きん出ていた。ほぼ同時期に開場したパリのオペラ座（一八七五年）は、舞台の大きさからホワイエの立派さに至るまで、あらゆる面において世界中のどの劇場よりも大きく偉容を誇っていたが、オーケストラピットに関してだけは、バイロイトの

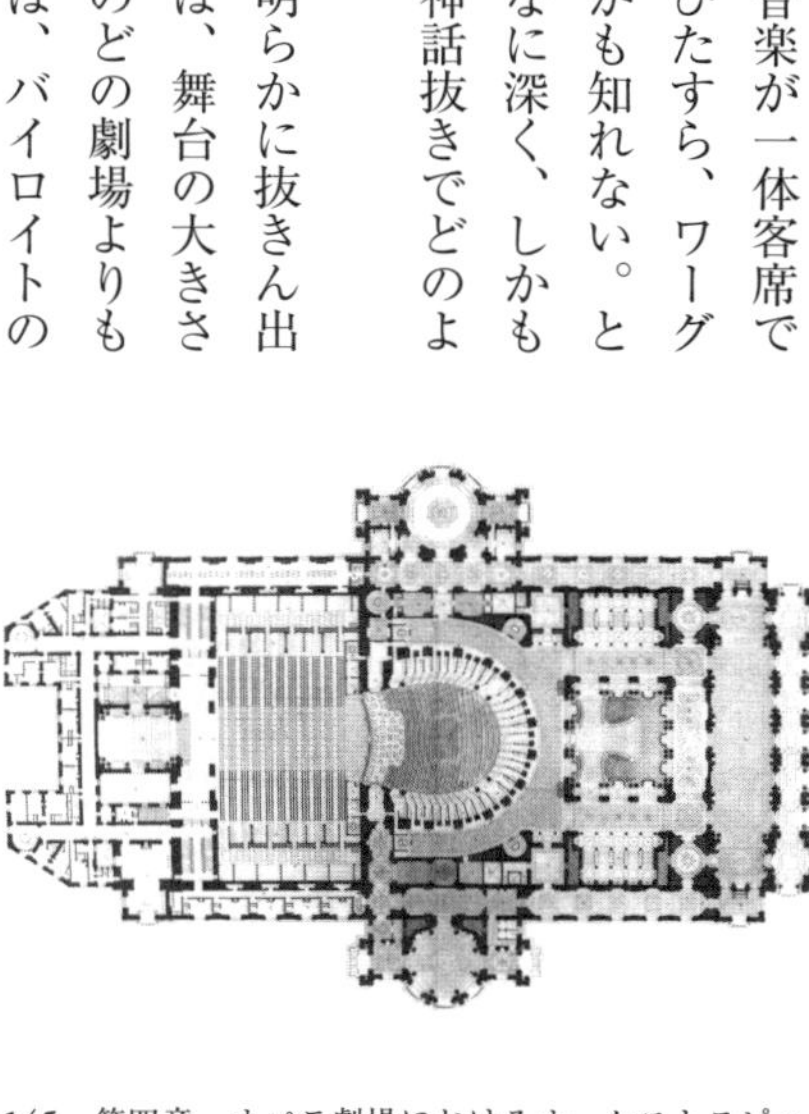

シャルル・ガルニエ「パリのオペラ座」一八七五年、平面図

方が二割程度大きいという具合だ[10]。

面積的な広さは、今日に至るまで大きな変化はないが、断面形状に関してはいくつかの改善がなされている。その内大きな改善が二点ある。一つは、舞台下に潜り込んだ部分の天井高さを確保したことである。舞台下に潜り込んだ最も奥のところでは、一・八五ｍしかなかった天井高さは当時の建築構造技術上の制約だったろうが、これを三・三六ｍまで拡張することを行っている。もう一つは、二段目レベルの幅員を広げたことである。弦楽器演奏者が一・六ｍ幅のところで一プルトに対し二人並んで演奏する窮屈さを解消するため、七〇cm広げ二・三ｍ幅に拡幅している。これに伴って三段目の幅がその分小さくなって、二段目とほぼ同じ幅員となった。

バイロイトから学ぶこと

この他、客席側の天蓋形状の変更や舞台側から突き出た庇の出の長さ・形状やプロンプターボックスの設置など色々な改良がなされてきた。また、一九六二年から一九七四年にかけては、老朽化した建築構造を鉄筋コンクリートや鉄骨などに変更・増改築するといった大工事も行われてきた。しかしながら、オーケストラピットの空間構造・構成においては基本的に当初の姿のままであり、そこにワーグナーの着想の偉大さを感じずにはおれない。

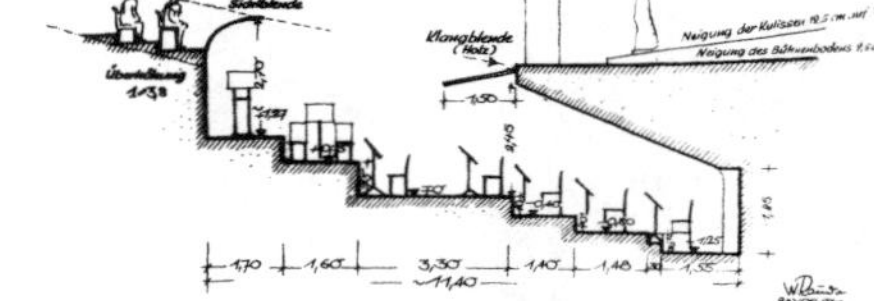

バイロイト祝祭劇場、オーケストラピットの改善断面図

10　Eeluardi Schmitt Josef Durm, Hermann Ende, *Handbuchder Architektur IV Teil, Entwerfen, Anlage und Einrichtung der Gebaude.5Heft,Theater*, Arnald Berg strasser Verlagsbuchhand-lung, 1904.

一八七二年ワーグナー五九才の春に定礎式が行われて以来、一八七六年八月一三日に初めて「ニーベルングの指環」の幕が開くまでにどれだけの努力を払わねばならなかったか想像するに余りある。劇場を建設するばかりでなく、作品に合った声の質を持った歌手を探し出したり、オーケストラ、コーラスなどを必要な期間集め、練習を繰り返し、舞台装置や衣裳のデザイン・製作を発注し、舞台上で働く技術者や制作や広報など様々な役割を持った人々を、上演の準備段階から長期間にわたって確保するのに、経済的基盤はもとよりどれだけの仕事量と粘り強さが必要であったか、それを一人の芸術家が主導したことを振り返ってみると胸が熱くなる。

バイロイト祝祭劇場は、ワーグナーによるワーグナー作品のための劇場である。それ故、そのオーケストラピットは一般のオペラ劇場と比較することのできない特殊解的な存在であると言えるが、バイロイトのオーケストラピットを通して考えさせられることは少なくない。その大切な一つに、演奏される音楽の意味するところを観客にどのように伝えられるのか、果たして劇場設計や音響設計に携わる私たち劇場空間に関する専門家がそうした根本的な問いに答える術を持ちうるのかという課題である。技術的対応だけでなく、既存の考え方にとらわれない芸術家の夢にどう応えられるのか、そんなことをバイロイトのオーケストラピットは私たちに突き付けている。

バイロイト祝祭劇場、増築の歴史

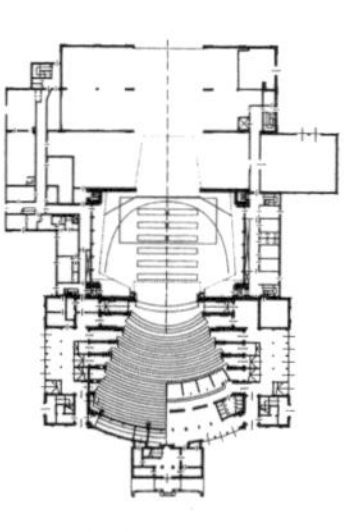
1963年

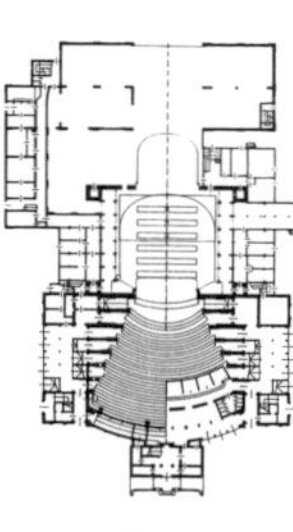
1931年

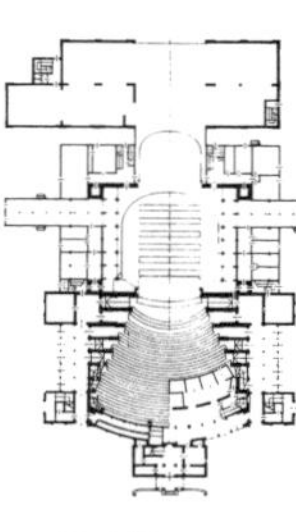
1925年

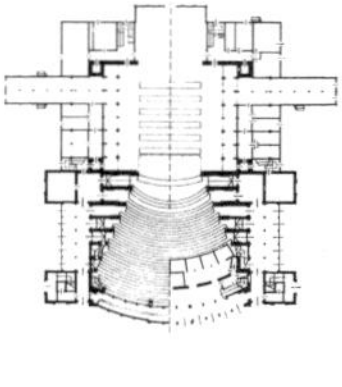
1876年

古代音楽研究の中から生まれ、貴族達の祝宴として発展してきたオペラは、時代と共に変貌を遂げてきた。オペラ誕生時には古代劇場に倣っていた空間が、時期的にそれほどズレることなく、自分たち独自の劇場空間を構築するに至ったことは驚異的なことだ。プロセニアムの発見により、それまでにない新しい型の劇場を創造し、舞台上の演技と音楽を総合化させる仕組みを作り出した。しかし、音楽の拠点となるオーケストラの在り方一つをとってみても、その形、大きさ、レベル、出入口、明かりなど実に様々であることが理解できる。時代は一つの様式や型を作り出したが、細部は私たちの手にあり多様性に富んでいる。それが私たちの想像力を膨らませてくれる。

舞台芸術表現の空間作りには、これまでにないものを生み出す可能性もあるが、これまでにないものはできないという限界もある。そうした状況を乗り越えて突き進めるかは私たちの意志次第ということだ。

第五章　活動と呼応する距離感

1　距離感が生み出す一体感

外的演出としての劇場空間

演出家はどのような意識で作品を作っているのだろうか？　P・ブルック[1]は、演出を二つの側面から語っている。一つは、作品解釈や人物造型など作品自身から読み解く抽象的な性質（内的演出）であり、もう一つを劇場の構造と大きさ、舞台の高さと幅、客席の配置・数など極めて建築的な条件（外的演出）と位置付け、両者が正しく噛み合ってこそ感動的な成果が得られるとしている[2]。こうした中で彼らがとりわけ気を使うのが舞台と観客、観客同士の距離感だ。

演出というと、とかく個人的・独創的なものとして捉えがちだが、建築設計者がある部分演出を規定しているという意味で、このことをもう少し重く受け止めるべきだろう。外的演出が劇場人を否応なく縛っているような状況が、ガランドウの箱さえあればいいという建築否定のブラックボックス指向やパターン化した計画へと向かわせ、その呪縛から相変わらず解放されずにいるように思えるからだ。

一方、観客もまた楽しむことの距離感を放棄しているかのような状況がある。以前、サーカス小屋でほとんどの人が正面椅子席に陣取り、舞台すぐ脇の桟敷席に誰もいないのを見て愕然とした。空中ブランコ、綱渡り、猛獣使い、馬乗り、

1　Peter Brook (1925-)
オックスフォード大学在学中から演出で頭角を現し、一九四六年にはシェイクスピア記念劇場（現RSC）において史上最年少の演出家として「恋の骨折り損」を演出。その後も「真夏の夜の夢」など多数演出。七一年、パリに国際演劇研究センターをM・ロザンと設立。その三年後には、二〇年以上廃墟となっていたブッフ・デュ・ノール劇場を開場、活動拠点とした。『なにもない空間』（晶文社、一九七一年）は一五か国以上で翻訳されている名著。

2　P・ブルック著、高橋康也、高村忠明、岩崎徹訳『殻を破る——演劇的探究の40年』晶文社、一九九三年。

3　前掲書、参照。

4　オリヴィエ、リトルトン、コッテスローの三つのタイプの異なる劇場を拠点に国立劇団が活動。

5　一八七五年設立のシェイクスピア記念劇団を前身に持つ歴史ある劇団。現在の理事長はチャールズ皇太子。ストラトフォード・アポン・エイヴォンを拠点とし、ロイヤル・シェイクスピア、スワン、ジ・アザー・

一輪車のピエロなど動きも空間の使い方も演劇と比べたら更にずっと立体的で、どこから見ても楽しめる。舞台近くは、演技者や猛獣使いの緊張感や息使いが手に取るように伝わってくる。ライオンの迫力・雄叫びの大きさに圧倒され、思わず尻込みしたくなるのは分かるが、距離感を失い行儀良く正面に席を取る。それと同じことが劇場でも繰り返されていないのか。「設備のととのった快適さほど重要でないものはない」「上演は個人の内面ではなく、人と人とのあいだで行われる。そしてそこに立ち会うすべての人が演じられることによって影響を受ける」[3]と語ったブルックの言葉を振り返ってみよう。

観客と舞台の距離感を楽しむ劇場

完成時期は異なるが、ほぼ同時期に計画されたロンドンの二つの劇場は、この距離について考えさせてくれる。一つは、ロイヤル・ナショナルシアター（RNT）[4]のオリヴィエ劇場（一九七六年）、もう一つがロイヤル・シェイクスピア劇団（RSC）[5]がロンドンの活動拠点としたバービカン劇場（一九八二年）[6]である。いずれの劇場もイギリスを代表する劇団のために計画され、互いに切磋琢磨しながら作品を作り観客を惹き付けようとしているライバル同士といった関係だった。二〇〇一年RSCがバービカン劇場を去ってしまってから両劇場の位置付けは、それまでと異なるものとなってしまった。しかし、それぞれ

プレイスの三劇場からなる。

6 当初、RSCのロンドン拠点劇場として計画、開場した。

同時期に構想・計画されたロンドンの対照的な二つの劇場

オリヴィエ劇場

バービカン劇場

アイデンティティを持ったその空間的特徴を観客との距離感という視点から比較してみることは面白い。

オリヴィエの距離感

オリヴィエ劇場は、一見してシェイクスピア劇場とギリシャ劇場を合成したような構成であることが分かる。正方形平面の一角に大きく張り出し舞台を持ち、それを取り囲むように円弧状の客席をコンクリートの躯体で包んでいる。客席の広がり具合いや出演者の登退場口が客席側にないことなどを巡って当初から話題が多い劇場で、このため、大きな、堂々とした、精査された、野心的な、難しい、とんでもない、スリリングでユニークなど、色々な表現でこの劇場はコメントされてきた。が、よく考え抜かれた手本とすべき劇場であることは間違いない。

これより先に作られた同類の劇場、オンタリオのストラットフォード祝祭劇場（一九五七年、二二五八席）やチチェスター祝祭劇場（一九六二年、一三七四席）と比べて、規模でもまた客席の広がり角度においても、より狭まっているにもかかわらず、それでもまだ議論が尽きないのは、オープンステージが演出的にも建築的にも手ごわいことを端的に物語っている。二〇世紀を代表するイギリスの名優ローレンス・オリヴィエはチチェスター祝祭劇場の舞台に立って「私は全ての観客を同時に笑わすことができない」と言って大きな落胆を表明したという。そ

ルースウェイト&フェアフィールド「ストラットフォード祝祭劇場」一九五七年、二二五八席

p.153
D・ラスデン「オリヴィエ劇場」一九七六年
チャンベリン＋パウエル＋ボン「バービガン劇場」一九八二年
「バービガン劇場初期構想案」当初から舞台に近い客席断面が意図されていた

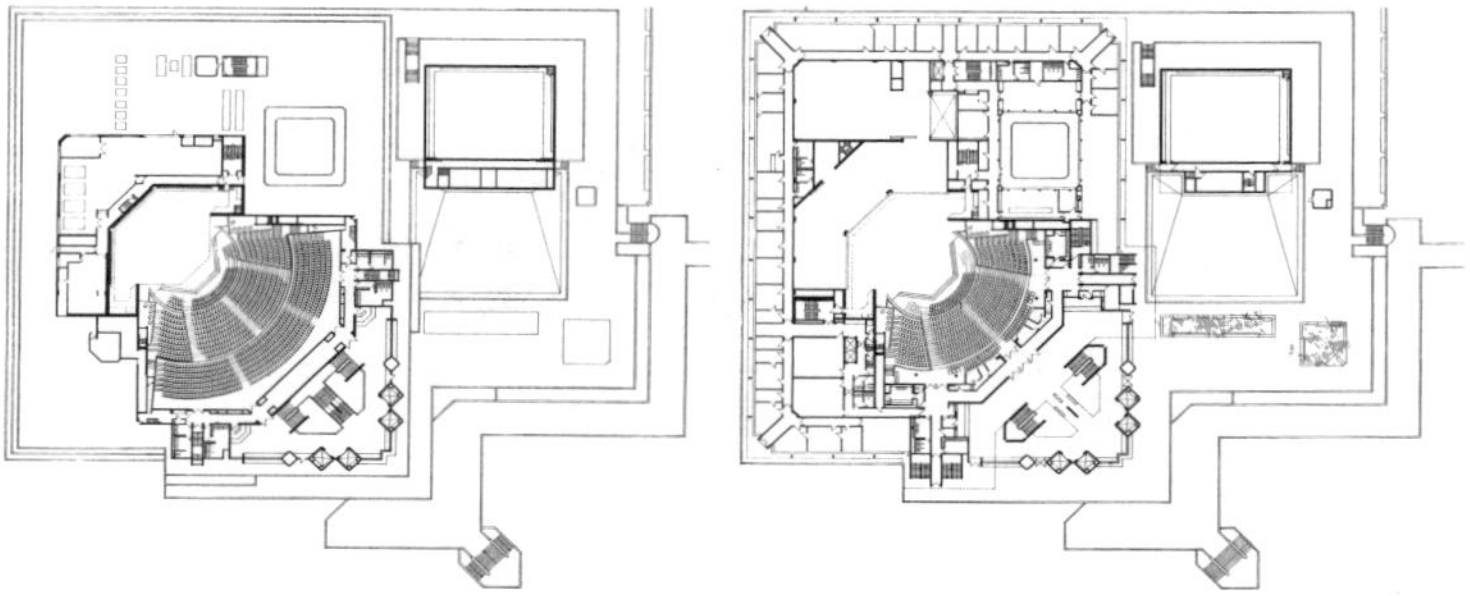

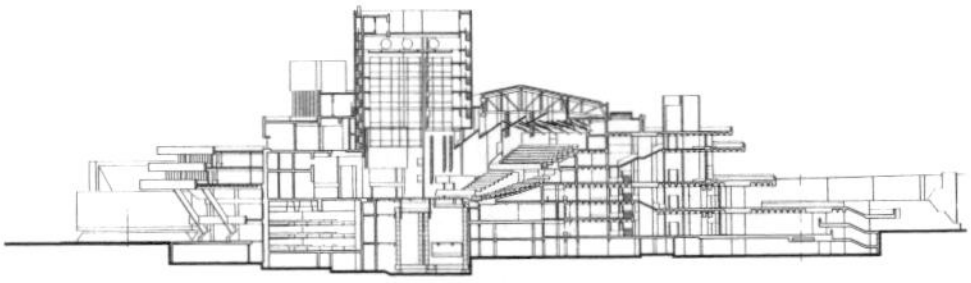

オリヴィエ劇場
矩形平面の角に舞台を配し、突出した舞台を囲むようにすり鉢状に末広がりの客席を構成。客席は後方に行くにしたがって舞台から遠ざかり客席も増していく。

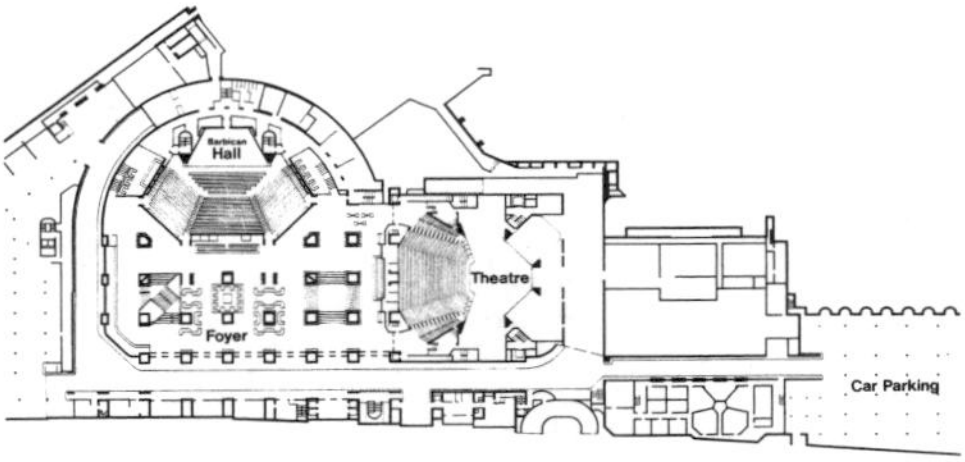

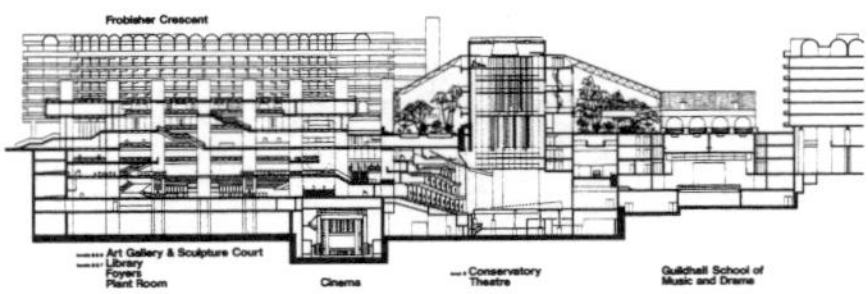

バービカン劇場
平面形は初期案から少し変わっているが、上階バルコニー席が上になるにしたがって舞台に近付くようにせり出していること、フライタワーが極端に高いことなどは一貫している。

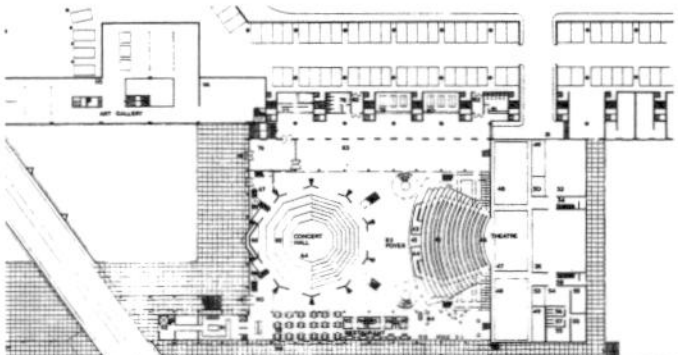

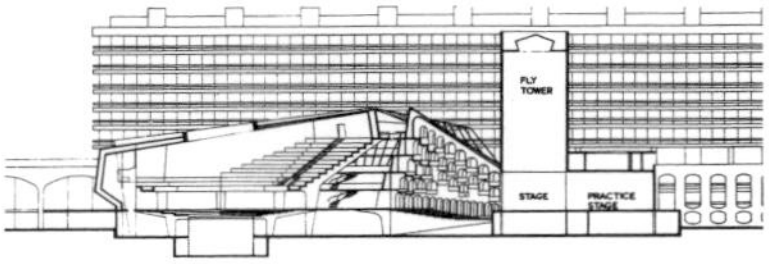

バービカン劇場初期構想案

うした彼の主張、舞台に立つ俳優にとって把握できる視覚的広がりは一二〇度までだという論拠に立脚して作られたのがオリヴィエ劇場である。

すり鉢状の客席構成によって観客の視野には常に他の観客が映り込み、多くの人々と共にいるという感覚があること、舞台直近の三列を肘掛けのない座席とし、少しでも多くの座席を舞台寄りに配置するという距離の意識はよく分かる。単純な座席配置を避けるため、レベル変化・分節化などを用いながら、気持ち良いインティメイトな空間を作り出していることは確かだ。

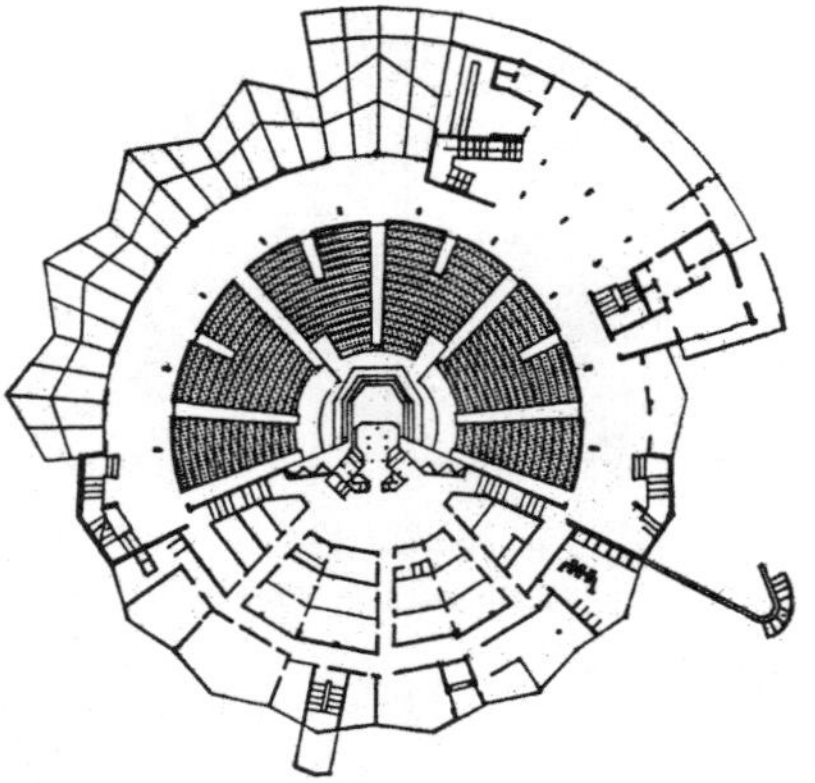

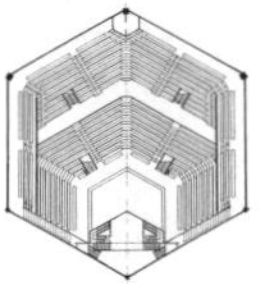

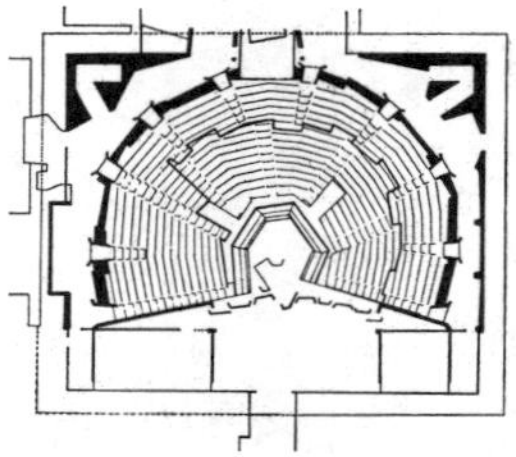

同時代の劇場、上から
ルースウェイト&フェアフィールド「ストラットフォード祝祭劇場」一九五七年、二二五八席
パウエル&マヤ「チチェスター祝祭劇場」一九六二年、一三七四席
R・ラプソン「タイロン・ガスリー劇場」一九六三年、一四三七席（二〇〇六年、J・ヌーベル設計の劇場に更新された）

それは、タイロン・ガスリー劇場（一九六三年、一四三七席）が示した空間を穏やかに再構成したものといえるが、タイロン・ガスリーが実現した挑戦的な課題を棚上げにしているようにも見える。非対称で動的な客席構成によってダイナミックに捉えられた距離感を静的なものとしてしまった。平均的優等生仕立ての感が否めない。しかも、客席の広がり角度を狭めた分、後方になるに従って末広がりになり、席数の割に大きく映ってしまい、遠い席の割合が多い印象を強く受けてしまう。上手にデザインされている分、余所行き顔に見えてしまう。このため満席である時の充実感と空席が目立つ時の空疎さが対照的だ。

ガスリーの距離感

実はこれより先に、舞台を三方から囲むオープンステージが生まれる重要な出来事があった。アイルランド人演出家T・ガスリー[7]が一九四八年エディンバラ議会で上演した「The Thrie Estaites」がそれだ。彼は、スコットランドの長老派教会ホールの空間構成にシェイクスピア劇演出の新しい可能性を見出した。演壇をコの字型の段状席で囲み、背後に一段高くなった座席を持つ空間は、多くの人を議長席（舞台）近くに配置できるだけでなく、一体的な親近感を生み出すものと感じたのだった。オープンステージの試みはこれより先にもあったが、既成の劇場から離れることで演劇の核心に迫ろうとした。劇場という便利で安心でき

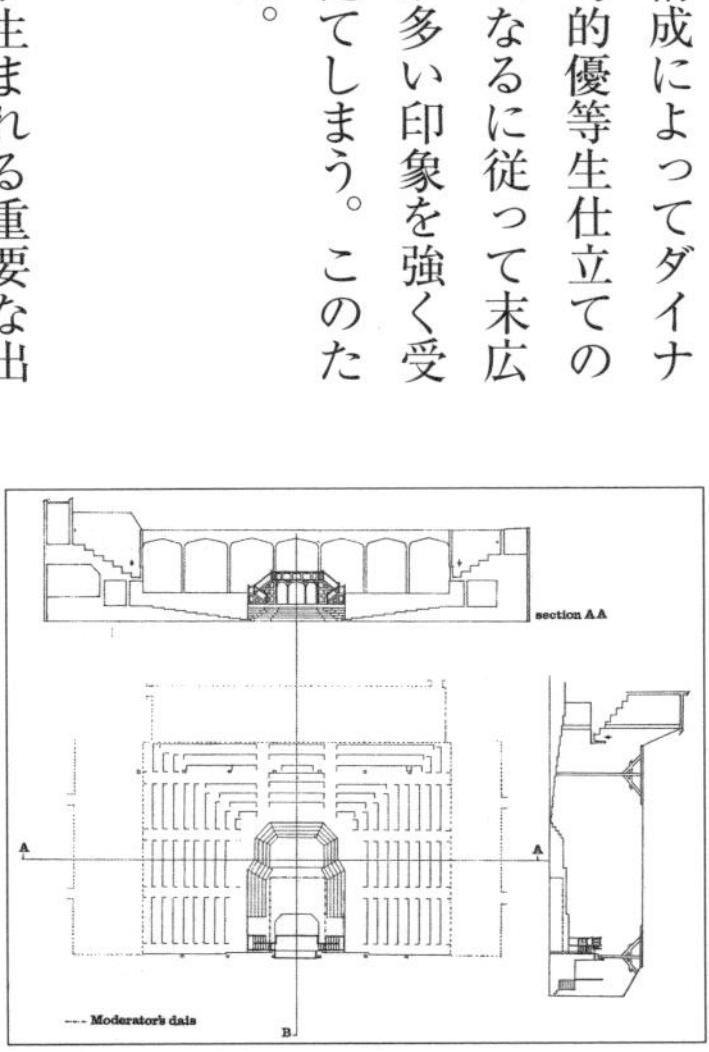

T・ガスリーによるエディンバラ議会での「The Thrie Estaites」公演、一九四八年、平面図、断面図

7 William Tyrone Guthrie (1900-1971)
大学卒業後BBCの放送キャスターとラジオドラマの演出で成功を納め、一九三〇年代にはシェイクスピア劇、四〇年代にはオペラにも進出、五三年にはカナダのストラットフォード、六三年からはミネアポリスを拠点として、スラストステージ劇場への挑戦を続けた。

る空間・技術に頼らず、役者と観客という人同士の関係構築から再出発する試みだった。この挑戦的演出がオープンステージへの決定的ステップとなった。その単純な空間構成は、「役者は何も体の一部分を使って演技しているのではない。全身を使って行う表現をいつも決まった方向から覗き見るのでなく、体の隅々まで感じ取り、それら全部を味わおう。そのためには近いこと、台詞表現のニュアンスや細かな表情、息遣いが感じられる必要がある。観客の気持ちがそれらを感じるほどに共有化されていることが大切だ」と語っているようだ。

ガスリーの挑戦は二〇世紀イギリスで上演された最も影響力を持った演劇作品の一つであると言われる。芸術的、興行的な意味で目立った作品は枚挙にいとまがないが、建築的に大きな影響を与え、その後に続くオープンステージを主導したという点で独自の意味を持っているからだ。そもそもガスリーは、長年にわたるプロセニアム劇場における経験を通じて、慣習的な演技者と観客の関係・舞台装置が、演劇とりわけシェイクスピアを上演するのに相応しくないと感じるようになった。そうした行き詰まり感を抱いていたのが彼だけでなかったことが、彼の影響力を世界的なものにした。彼のアドバイスに基づいて計画されスラストステージの先駆けとなったオンタリオの祝祭劇場は、舞台をぐるりと二二〇度取り囲んだ客席を持ち、その後に続くオープンステージの手本となっただけでなく、自らに挑戦状を叩き付けた大胆なものだったという点で私たちを勇気付ける。

バービカン劇場が生み出す距離感

ギリシャ劇場に傾倒したオープンステージの中にあって、バービカン劇場は全く別種の応答を示している。平面的にも断面的にも一定距離内に全客席が配置されているという点でユニークな存在だ。オープンはオリヴィエ劇場よりもずっと後になるが、当時の芸術監督P・ホールらが建築家と打ち合わせを始めたのは一九六五年のことで、むしろ数年先行していた。オリヴィエ劇場に比べ客席平面が小さく、舞台平面は大きい。つまり、それだけ客席がコンパクトに収まっている。極端な張り出し舞台を持たないオープンエンド形式に近いものだ。劇場の舞台開口高×四倍近いすのこ高さを持った断面をみると、プロセニアム形式だと考えがちだが、そのフライタワーはむしろレパートリー作品用の倉庫として計画されたものである。

客席平面に注目すると、どことなくフィンランドのヘルシンキ市立劇場を思い起こさせる。舞台の張り出し形といい、折れ曲がった直線で構成された座席配置の感じといい共通点を見出せる。客席部は奥行よりも幅の方が広く、舞台近くに多くの席を確保しようとする強い意志が伝わってくる。その縦横比は一対一・八で、一階席では最大視距離一六m程度の中に一四列、六四四席を収め、縦横通路を断固として排除している姿勢は羨ましい限りである。最後部では一列当たりの席数が五八席にもなるため、座席前後間の長さを一m以上確保し座面を固定として避難計画上のリスクを小さくしたことも、それまでどこにも見られないものだ。最前列席の床と舞台レベルとの高さを八〇cmと比較的低く抑え、舞台との親密感を作り出していることなど、設計者ティモ・ペンティラが示した劇場空間に対する様々な提案は、今でも私たちを刺激してくれる。

バービカン劇場がヘルシンキ市立劇場を参照したかどうかは定かでないが、異なる出発点から行き着いたゴールが極めて似た平面形であったことは、距離について共通の意識があったことの証しである。ヘルシンキ市立劇場はプロセニアムの舞台形式を基礎として、オープンステージの可能性を実現しようとした。その結果として極めて大きな舞台開口を可動壁とポータルタワー的要素によって調節する計画となった。大きな間口をいっぱいに使った演出ではまだしも、一般的なプロセニアム形式では、折角距離的に近くにいても、端部客席は隅に追いやられた格好になってしまう。主カーテンも劇場にそぐわないドレーピング状の絞り緞帳で締まりがない。

これに対して、バービカン劇場は舞台との距離に頑固に拘って、二〇m以内に全客席を計画している。しかも、座席部分の最大幅をヘルシンキ市立劇場よりも四mほど狭い二五・五m程度に押さえながら席数では二四二席も多い一一六二席を配置するという難題を実現している。それでも最後列では五〇席になるため座席の背間隔は三フィート六インチ（約一〇六・七cm）、固定座面と前列席背との有

T・ペンティラ「ヘルシンキ市立劇場」一九六七年、外観、配置図、平面図

効寸法が中央部で一フィート四インチ（約四〇・六cm）、端部では更に四cmほど広がった計画としている。

注目すべきは、客席扉と席列との関係及び舞台からの距離を意識した上階バルコニー席の張り出しである。どちらもそれまでにない画期的な試みであり、バービカン劇場以降に同様の実例がないことは、法的な問題とともに相当緻密な計画が要求されることを物語っている。個々の座席へのアクセスは、列毎に左右一対の扉が計画され、順序だった避難動線計画としている。また、上階にいくほどバルコニー客席が舞台側に迫り出してくる客席断面は、結果的に三段目バルコニー席先端が平土間席部分の半分位まで迫り出し、舞台に対して約四五度の見下ろしで、あたかも舞台を上から覗き込むような気分になる。勾配のある平土間席の上に三層のバルコニー席を重ねているため、一層分の高さが厳格に抑えられ、窮屈で詰まった印象を与えていることは否めず、手すりレールが視界に入ってしまうという問題点も指摘できる。

しかしながら、舞台に立つ役者にとっては、観客に包まれている雰囲気がしっかり感じられる劇場としてロンドン一評判が良い。シェイクスピア時代の芝居小屋が有していた舞台と観客の関係を距離に注目して再構築した点が劇場人にも観客にも受け入れられているのだろう。

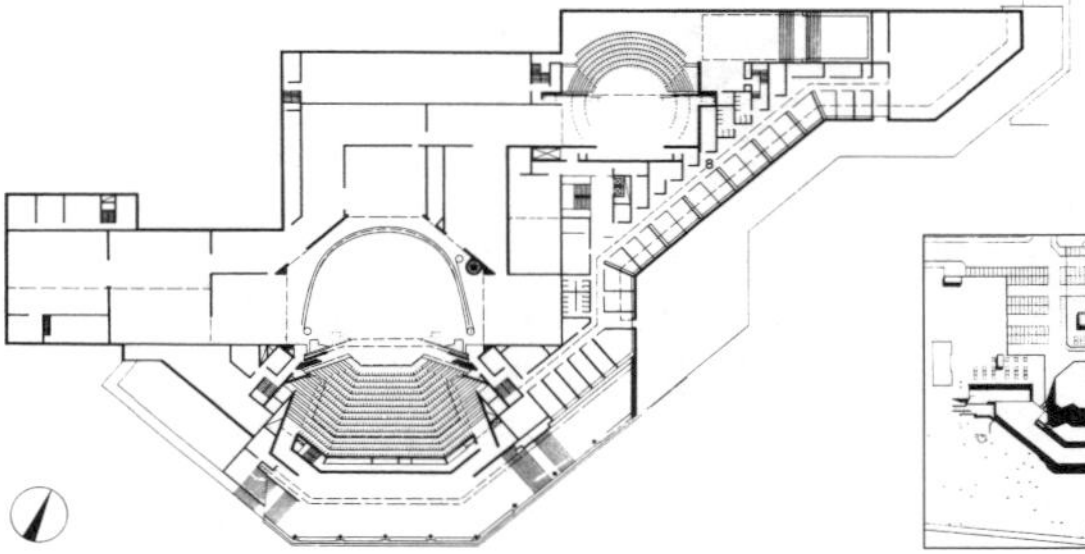

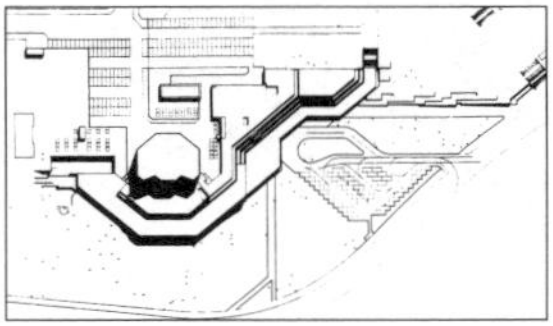

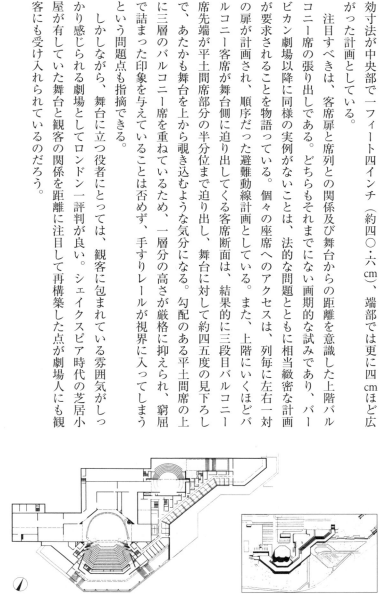

舞台と交流できる身近な距離感

どうもこうして見ると、ガスリーが再発見した単純で強さを感じる外的演出空間の原型が、建築家たちの歴史的教養によって、かえって弱められてしまった気がしてくる。それを洗練されたデザインと呼ぶこともできるが、逆にきれいにまとめられてしまうことによって、当初の意味が変換されてしまったとも言える。直線的なコの字型座席配置は、確かに見にくい部分も生じさせたが、それを円弧状の整然とした座席形状に置き換えたことは、単なる形態以上の違いを生んだ。舞台への集中度を高め、席の違いによらず見やすくしたことは、近代の理に叶ったものであったが、反面凡庸な構成となって、やや乱暴とも言える貪欲な距離感というものを薄めてしまった。

ギリシャ劇場は円形だったし、シェイクスピア劇場も多角形の円に近い平面を有していた。しかし、両者の規模は全く比べものにならないし、限られた時にしか使われない場所と観客からお金を取って毎日公演される芝居小屋とでは自ずから性格も異なる。シェイクスピア劇場は、近い距離に多くの観客が立体的に配置された非常に融通性のある空間である。そのことをガスリーは、劇場でない場所で公演することによって再認識させてくれたのだった。それを建築家たちはまたもや古代に回帰することで逆戻りさせてしまった気がする。

一方、バービカン劇場は、元祖シェイクスピア劇場のように複数階で構成され

グローブ座

バービカン劇場客席

たギャラリー席が間近に舞台を取り囲む印象を作りながら全く異なった姿にして見せている。やや野暮ったさを感じるデザインだが、教養が出しゃばっていない分、観客や劇場人を安心させるのかも知れない。舞台と交流できる身近な距離感で構成された観客がそのまま劇場空間となり、観客のいない壁面がない、そんな作り方だ。

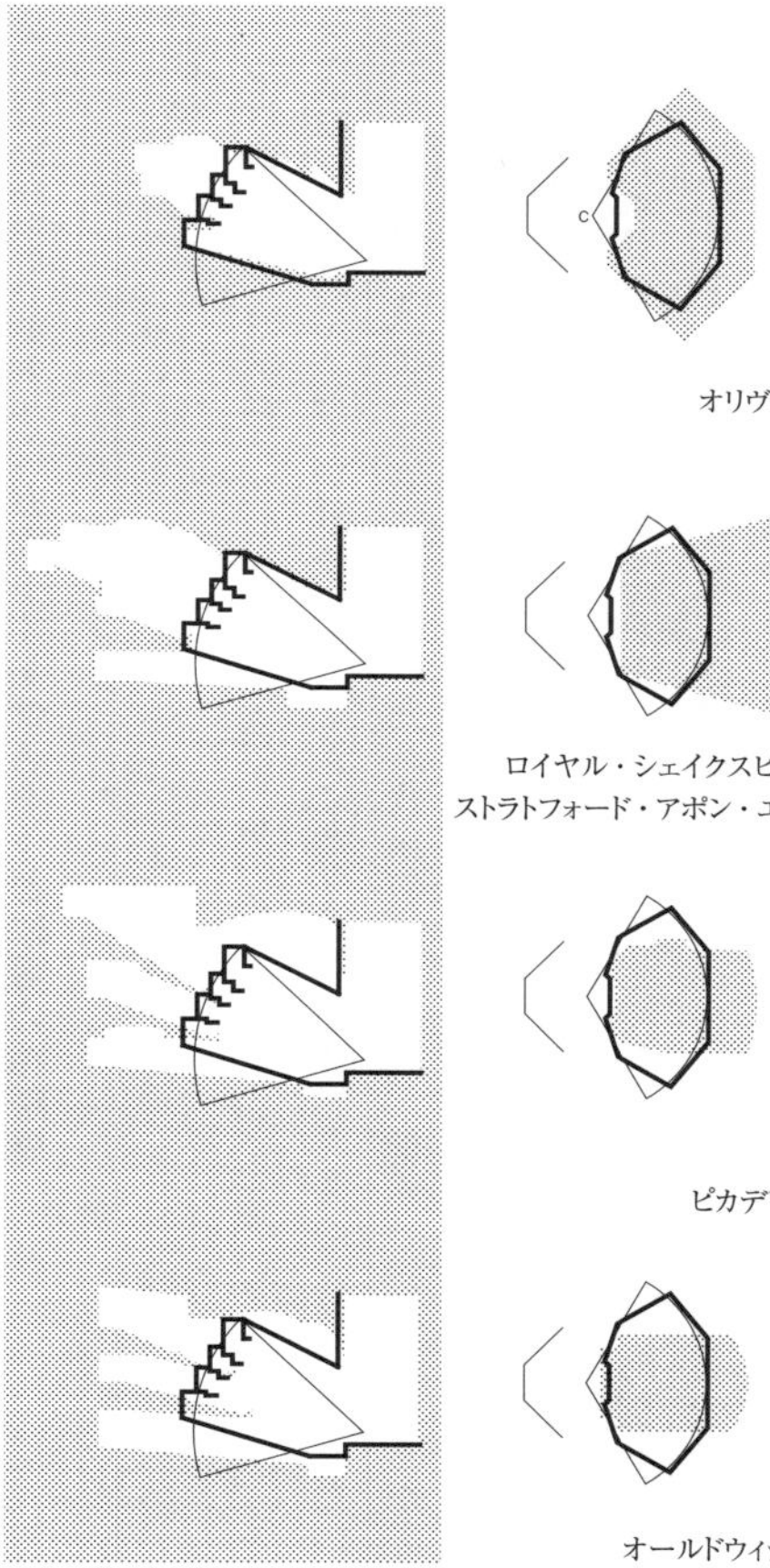

オリヴィエ劇場

ロイヤル・シェイクスピア劇場、ストラトフォード・アポン・エイヴォン

ピカデリー劇場

オールドウィッチ劇場

「バービカン劇場（太線）」、他劇場（網掛け）との平面と断面の比較図

「ピカデリー劇場」

一九二八年に開場したロンドン・ウエストエンドの劇場。当初一四〇〇席だったが、現在は一二三二席。RSCの公演も行っていた時期がある

「オールドウィッチ劇場」

一九〇五年開場、一九六一―六三年の三年間RSCがロンドンでの活動拠点としていた。一二〇〇席。現在は、演劇、コメディ、ミュージカルなどの公演に使われている

2　コンサートホールにおけるオーケストラと観客の距離感

See the Music

ウォルト・ディズニー・コンサートホールのホームページを覗いてみたら「See the Music」という文字が飛び込んできた[8]。それこそ私たちがどうにかしたいといつも考えていることだった。一九八八年のコンペ時、世界の建築家たちが提案したホールが、まさにそれを意識したデザインであったことを思い出す[9]。ファイナリストとなったゴットフリート・ベーム、ハンス・ホライン、ジェームズ・スターリングらの案は、それぞれ思い思いの形で観客が舞台を取り囲むデザインで、実際どれを実現するとしても相当手こずること間違いなしといった案だった。それに対して、フランク・ゲーリー案は扇形平面の一端に舞台を配置するというもので、舞台脇に比較的多くの席を配置しているとはいえ、最も「聴く」ことに重点が置かれているように見えた。客席後方が二つに分割された平面は、シャロウンのベルリン・フィルハーモニーの舞台後方をカットして単純化したようだし、最大視距離がどの案よりも遠かった。

それから一五年を経て実現された姿は、生まれ変わったような姿に見える。舞台後部にも客席を持ち、箱状の空間の中に凸曲面の壁を立てながら客席の向きを逆に凹曲線状に配置させることで、以前より求心的で魅力的な空間を作り出して

8　現在のホームページではもう掲載されていない

9　*Architectural Design*, March & April, 1989. *Zodiac 2*, September, 1989.

p.163
W・ディズニー・コンサートホールのコンペ各案

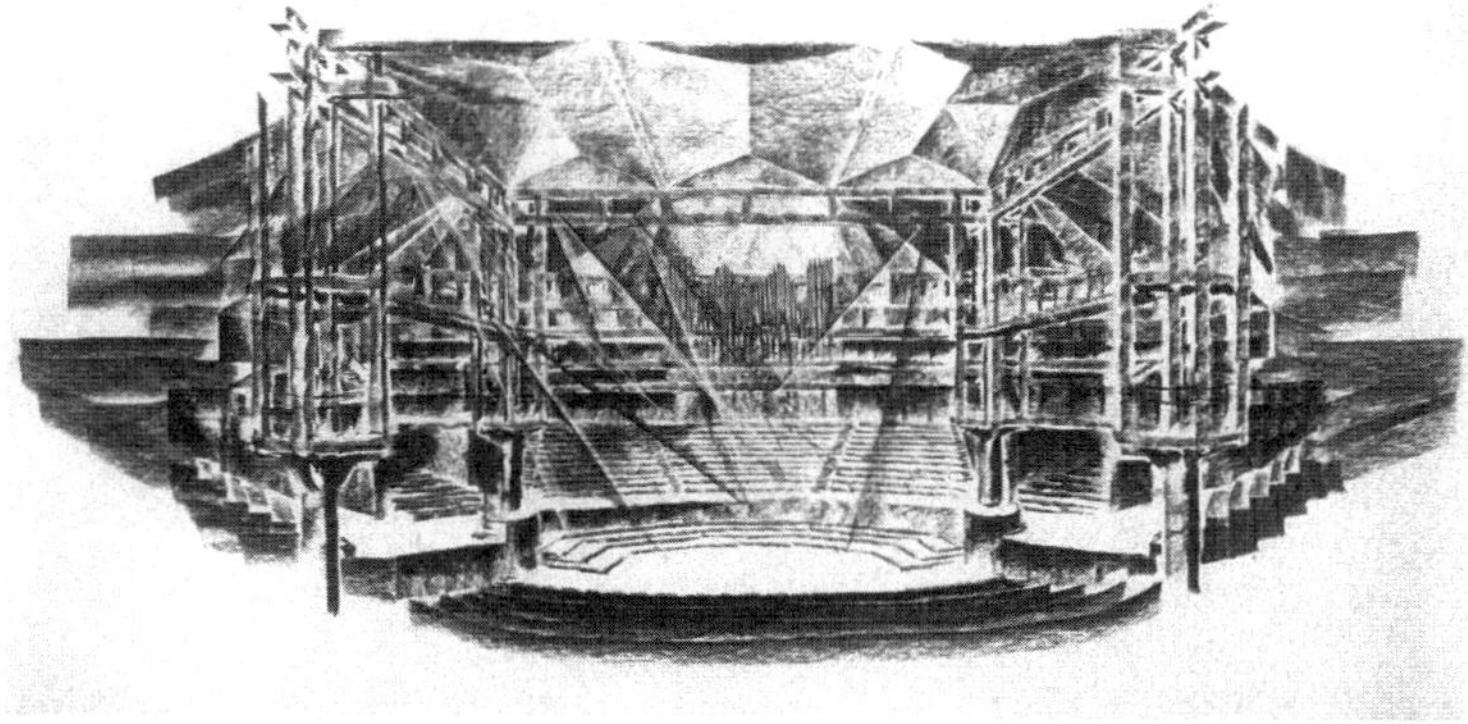
G・ベーム案

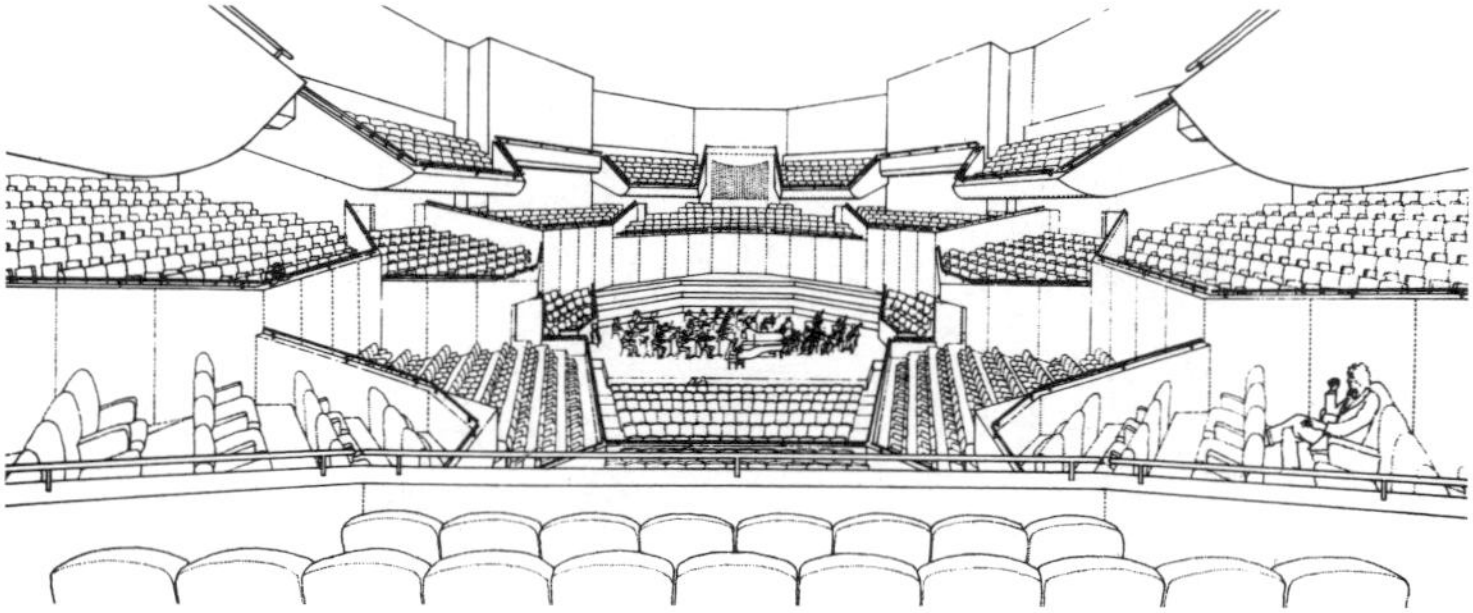
J・スターリング案

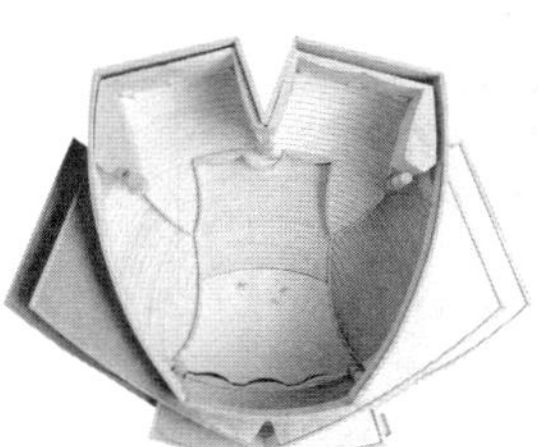
F・ゲーリー案

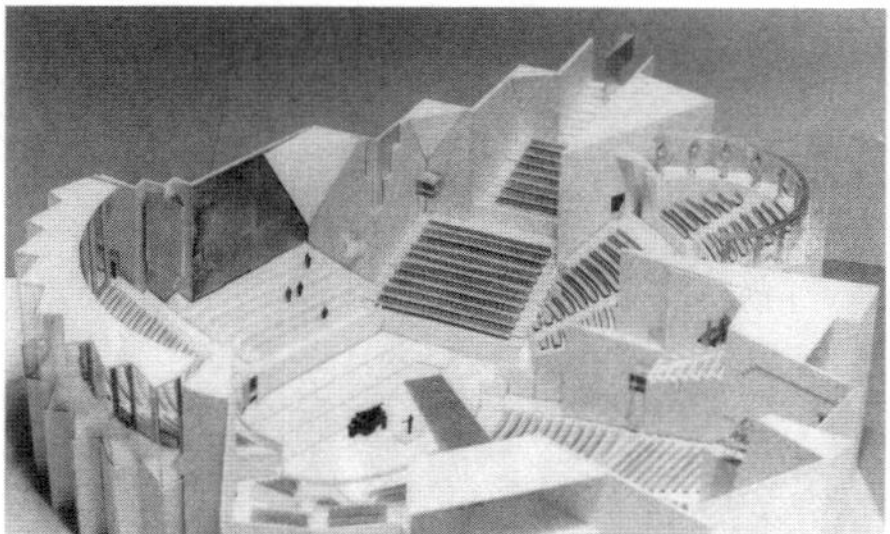
H・ホライン案

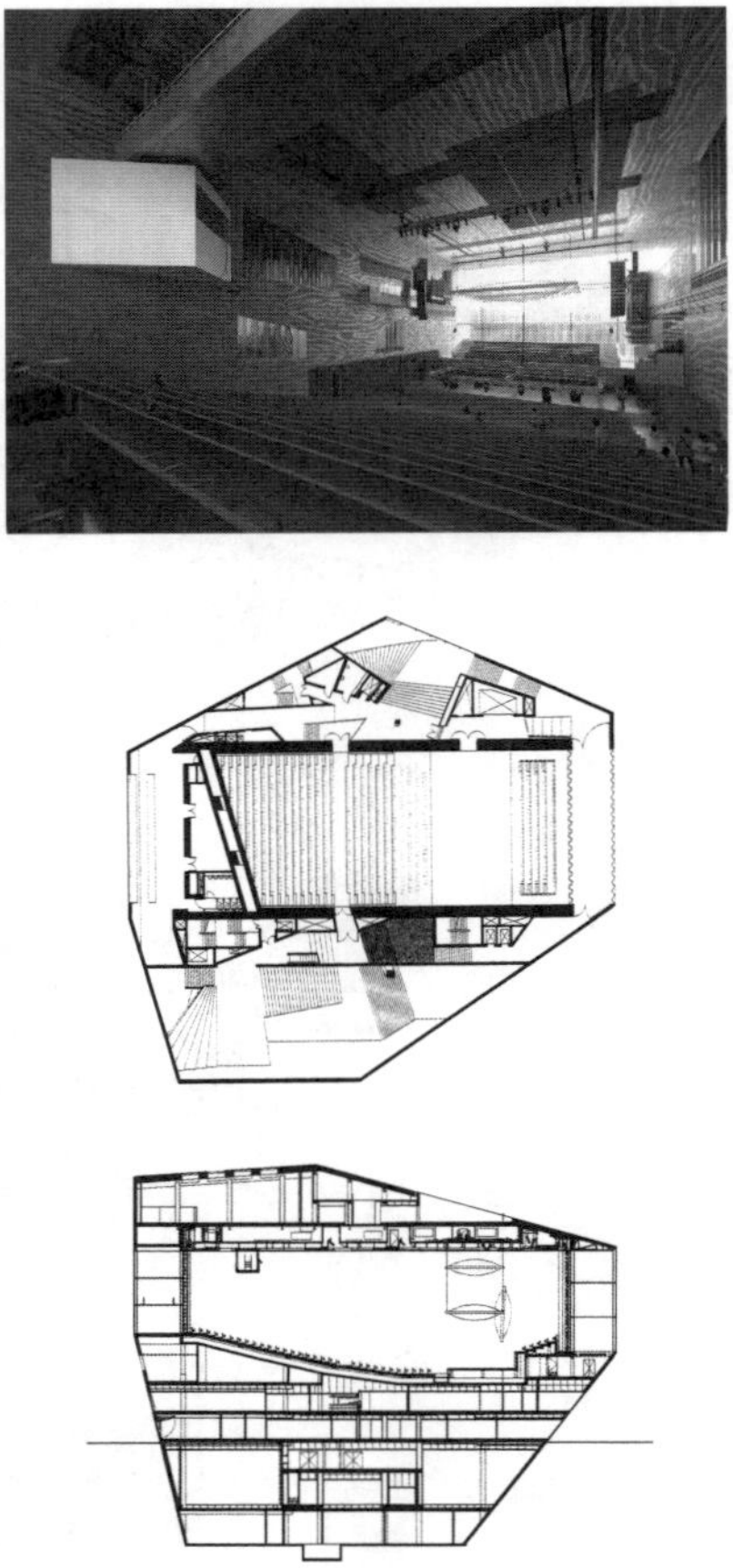

OMA「カーサ・ダ・ムジカ」二〇〇五年、一二三八席、客席、平面図、断面図

いる。その意味で、できるだけ舞台近くに観客を配置し、見ることを強調した他のコンペ案に近付いたと言える。音響性能が厳格な基準で要求されるコンサートホールに慎重にアプローチし、新しい展開を示した姿勢は素晴らしい。堆《うずたか》く積まれたスタディ模型やスケッチの山が、厳密に精査したプロセスの証しである。評判も良い。

　ただ、ゲーリーの造形力でも音楽空間の次の姿を見せるにはもっと時間がいるということだろうか。建築という形式に対して極めて自由な彼も、音楽空間については平面・断面とも対称性を崩すことのない正しい振る舞いである。パイプオルガンにわがままさを感じるものの、目に見えない芸術・科学が相手では分が悪いと言っているように見え、いつもとは勝手が違う型にはまった印象を受けてしまう。もちろん最高水準の素晴らしいホールであることは誰もが認めるところだ。それを十分承知した上で残る割り切れなさは、ベルリンに続く「See the Music」に挑戦して欲しいと思うからだ。

音響空間への疑いなきアプローチは、ＯＭＡ設計によるポルトの「カーサ・ダ・ムジカ」（二〇〇五年）では、更に高い優先順位が与えられているように見える。シューボックスのチャンピオンと誉れ高いウィーンの「楽友協会大ホール」（一八六九年）を規範として、ほぼ同等のプロポーションで筒状に抜けたヴォリュームを核に全体を構成している。舞台後方を大きなガラス面とする方法は、「見る」コンサートホールとしてはよくある話だが、その周りにサーキュレーションとしてホワイエを立体化している点はベルリン的だ。驚かされるのは、小ホールをボックス状の客席と同様に扱って、大ホールとガラス張りで接続させていることである。が、こうした接続の仕方は、ザールブリュッケンのコンサートホール・コンペ案（一九五八年）でシャロウンが既に挑戦したものでもある。一見ホール音響に慎重な態度を示しながら、実は結構強引とも思える巧妙なやり方で、設計の一貫性を貫き通すレム・コールハースの感覚はゲーリーとはちょっと異なる。

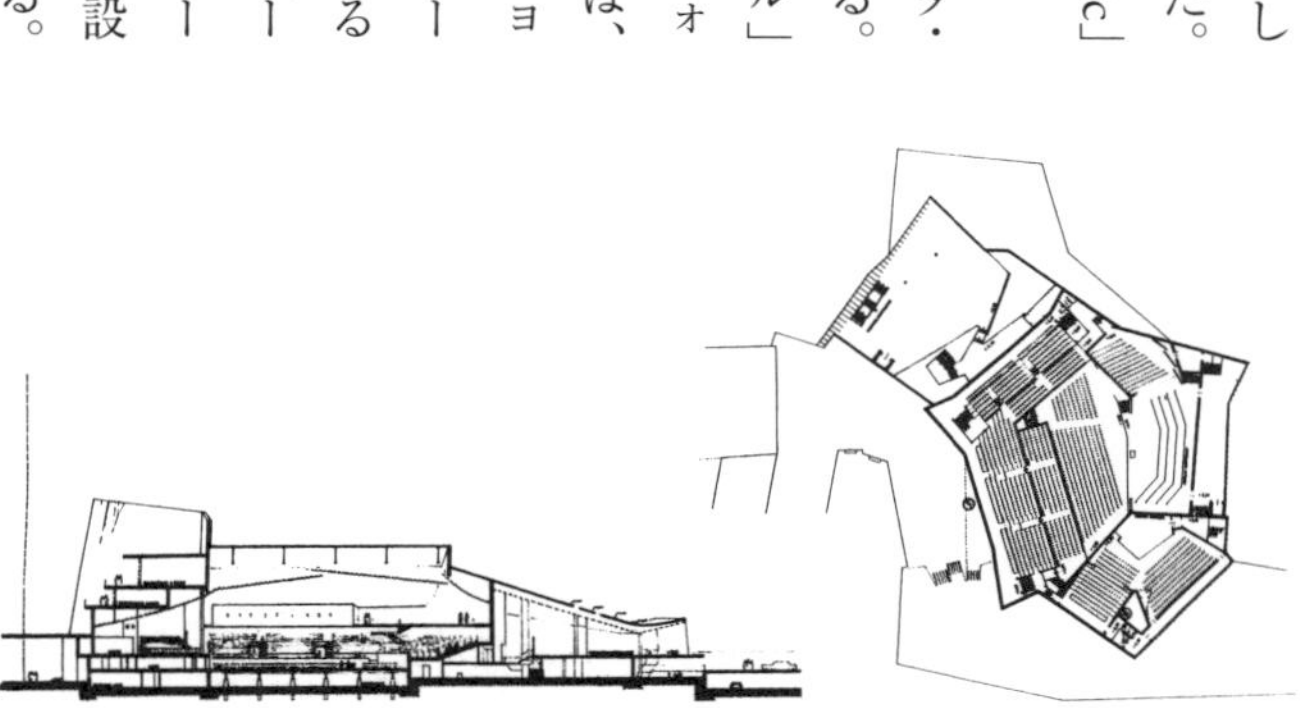

H・シャロウン「ザールブリュッケンのコンサートホール・コンペ案」一九五八年、平面図、断面図

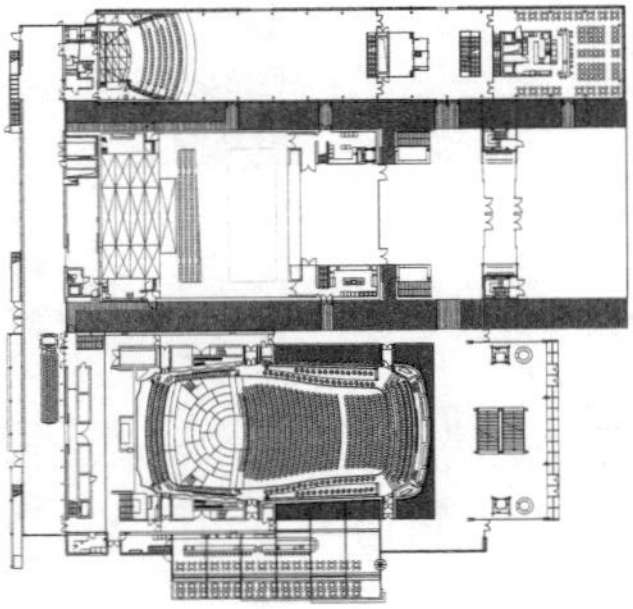

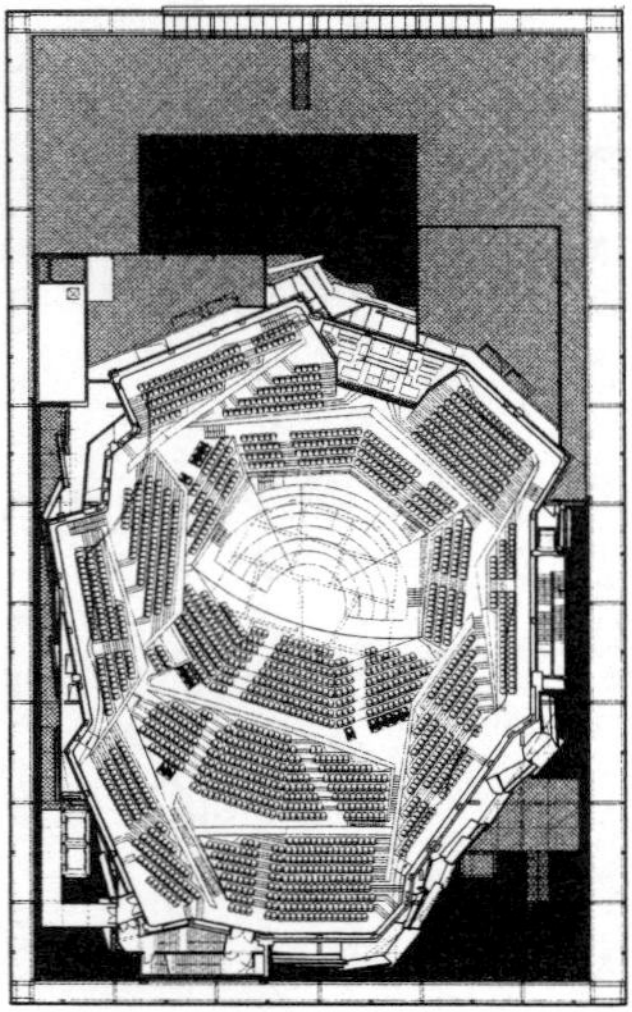

上から
J・ヌーベル「ルツェルン会議場・コンサートホール」一九九八年、平面図
J・ヌーベル「デンマーク国立放送局コンサートホール」二〇〇九年、平面図

音響家が薦めるバルコニーも、壁面の奥に引っ込めて気にする風でもない。

　これに対し、ジャン・ヌーベルによるルツェルン会議場・コンサートホール（一九九八年）は、演奏者と観客をできるだけ近い関係で結び付けることで「見る」ホールの別の型を展開した見事な事例だ。客席壁面の裏側に大きな空間を設けて室容積を変え「聴く」融通性を与えようという点も違う。その影響力は、その後似通ったコンサートホールが続いたことで証明された。そうした中にあってルツェルンは、先導者たる気品を感じさせるすがすがしさが気持ち良い。その彼によるコペンハーゲンのデンマーク国立放送局コンサートホール（二〇〇九年）は、アリーナタイプの音楽空間に挑戦した作品で、中心軸をズラし客席配置が整然とならないよう様々に座席が折れ曲がるなど空間の流動性に腐心し、座席のブロック割りや壁面の凸凹具合などにも注意深いデザインが見られるものの、ベルリンに戻ってしまった印象は否めない。

ホールに出会う

「See the Music」と言う時、音楽の何を「See」するのか、その意味をもう少し考えてみよう。Seeには「思い描く」「会う」「遭遇する」といった語意も含まれており、それを形にすることだ。音楽を享受する準備として、観客は建築空間における出会い演奏家に出会い、さらに観客同士に出会う。そうした最初の出会いにおけるホール空間の焦点が舞台であることを考えると、舞台周りのデザインが如何に重要であるか想像できる。観客が待つホールに演奏家が登場することでコンサートは始まる。その時に、観客と演奏家の視線がずれることなく自然に交わることができることだ。芸術家対一般人といった別世界の存在としてではなく、共通の基盤に立つ関係として出会い、一緒になって音楽を思い描けるような、そんな繋がり方を空間化することが設計者に求められている。それには、交流と親しさを誘発する双方向性の近さが大切だ。

その意味から、まず気になるのが舞台と観客との連続感だ。ディズニーやコペンハーゲンに見られる舞台周りの壁によって作られる観客席と舞台との段差が、どうも気になって仕方ない。舞台周りの壁が演奏者にとって大変有効な反射面であることは十分聞かされている。音はマジックでなく、物理であることも承知している。しかし、保証書付きであるかのようなどれも同じ壁面を見ていると、もう少しどうにかならないのかと考えてしまう。ベルリン・フィルハーモニーのポディウム席はダメなのか、アムステルダム・コンセルトヘボウにおける舞台後部の扱いはどうなのか、デザインを刺激する言葉を聞いてみたい。いずれも比較的小さな段差が、舞台からそのまま客席が繋がって、まさに出会いの場として好印象を与えてくれることは知られたことだ。

側面に位置する楽員の出入口も、ベルリンでは舞台面より下がったレベルに設けることで観客との落差を縮めている。舞台が楽屋と同レベルで揃っていないことは、階段の上り降りがあることを意味し、楽器を持って登退場する楽員にとって嬉しくないことは分かる。しかし、そのまま立ち上がった壁面に比べれば、舞台・客席の連続感・親近感はずっと強く、空間的にも伸びやかで気持ち良い。

「See」の意味からいって、人の背以上もあるレベル差と壁面は、観客と演奏家のインタラクティブな関係を消極的にしか見積もっていない証しだ。コンサートホールもまた最大の楽器だというのなら、それを鳴らしているオーケストラとそれを享受する観客とが無関係に存在するはずもない。ディズニーとコペンハーゲンには、そこを拠点とする素晴らしいオーケストラがいる。だからこそ音楽と空

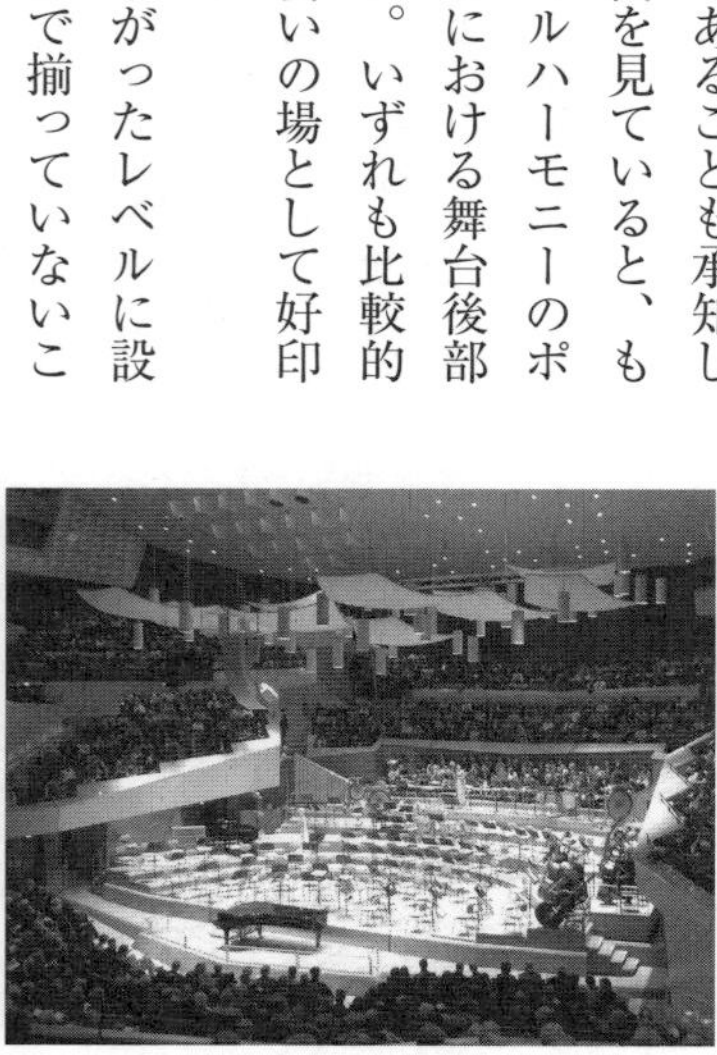

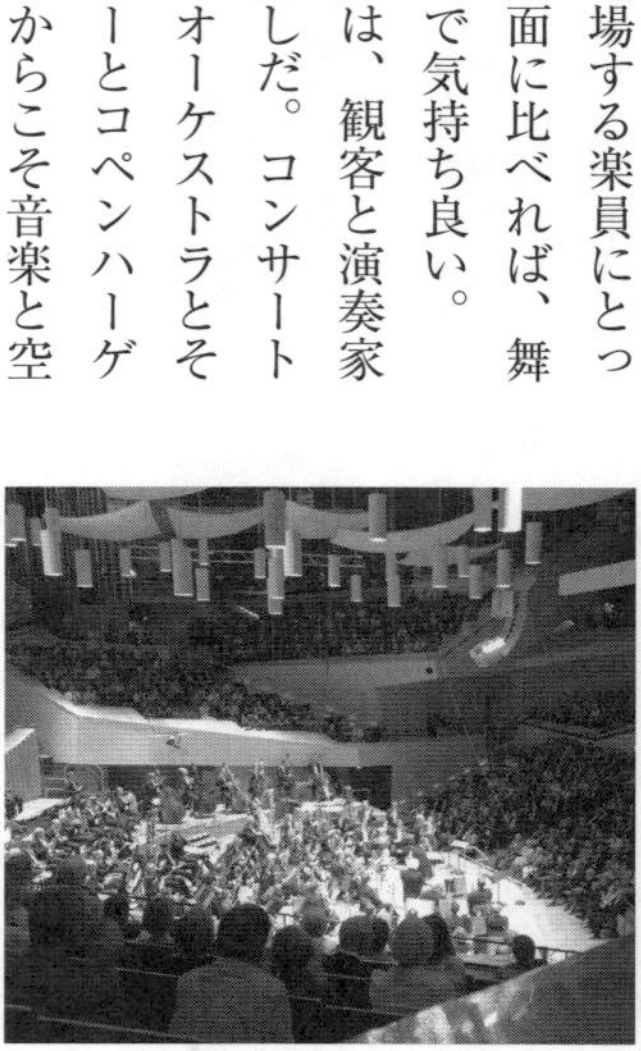

ベルリン・フィルハーモニーのポディウム席（オーケストラの後ろ）

間が相互作用したような他にないスタイルを作っていくことができる。オーケストラを持たないホールとは異なったアイデンティティが生まれるというものだ。仲間内の楽しみである以上に、観客に向かって演奏される音楽であるならば、コンサートホールは、また観客によっても育てられると言える。すなわち、ホールで出会った演奏者と観客が協力し合うことによって、始めてその場に相応しい音楽が生まれるのではないのか。オーケストラも演奏も独立したものでなく、ホールと観客によって育てられている。

観客もまた音楽する

その意味で、観客もまた「音楽している」のである。コンサートホールという空間に身を置いて、目の前で繰り広げられている音楽を観客一人一人が自分の中でもう一度音楽している。実際、音楽生などは自分がオーケストラの一員になったかのように音楽していることは容易に想像できる。彼らは演奏技術やミスの発見を拠り所に批評を加えたがる。ただ、一般の観客がそんな風に音楽を聴きに行くはずもない。そんなつもりでわざわざコンサートホールに足を運ぶわけではない。自分の音楽に会い、その場・時を共有する人々との音楽を描き、味わいに行く。技術的内容でなく、自分なりの音楽をしに行く、そんな感覚なのではないだろうか。

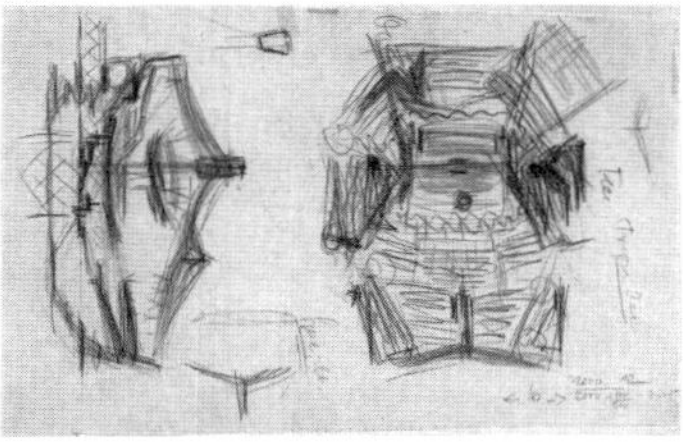
シャロウンによるベルリン・フィルハーモニーのためのスケッチ

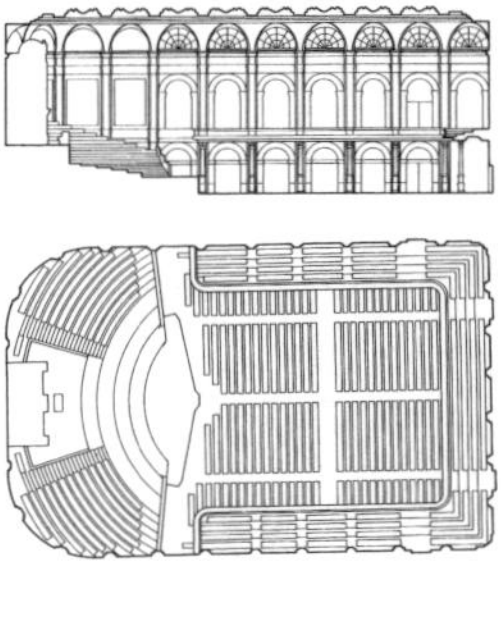
アムステルダム・コンセルトヘボウにおける舞台後部席

こうした気分を観客が指揮者に託して「音楽している」ことをいち早く理解していたのがカラヤンだった。彼はいつも下手側の舞台最前列出入口を使って登退場していた。そこは最前列客席と僅かな段差しかなく、中央に来て階段を数段上り舞台に立つ、演奏終了後も同じ経路で舞台を去るというスタイルだった。鳴り止まない観客の拍手に応えて繰り返しカーテンコールを受けるのもその場所だった。それは、まるで観客の一員として指揮台に立っているという意思表示ではないかとさえ思えた。帝王と呼ばれてはいたが、決して背が高いと言えない彼が観客の拍手に答える時には同じ目線で観客と向き合っていたのである。

二〇世紀におけるコンサートホールに関わる出来事を振り返って見る時、彼の存在は誰も真似できない大きなものだったと言える。コンサートホールの革新を支持し、それを実践によって納得させた功績は他の音楽家の追従を許さないものがある。頑なに伝統を維持する楽友協会ホールから一〇〇年後にして、新しい音楽の楽しみ方をコンサートホールという空間で示して見せてくれたのも彼だった。その意志を受け継いだサイモン・ラトルは、二〇〇二年の大晦日コンサートで、客席内をソリスト歌手が練り歩く演出をしてみせた。まるで歌舞伎小屋のような感覚で音楽と聴衆が出会う場面を作り出し、更に新しい音楽空間への道筋を求めようとする姿に感動する。

一つの空間になる

観客も演奏者も一つの空間の中にいる。当たり前のことで、取り立てて言うべきことではない。アリーナタイプはそれを強調して見せてくれるが、シューボックスもそれは同じことだ。しかし、実のところ一つの空間として設計されてはいても、「一つになる」空間と考えられているのか？　音楽によって人々が一つになる空間作りができているのか、そこが問われる。

具体的にはこうだ。切符には座席に近い扉番号が記載されていて、それに従ってホール内に入る、終演後も同じ扉からホワイエに出て三々五々家路に着く。入退場時、同じ動線を利用できるよう計画しておくことは、避難計画上の原則で好ましい。それはそれで良い。しかし、ただ座席に容易に辿り着ける動線が確保されているだけで良いのだろうか？　音楽家と観客が同じ空間の中にいること、後は素晴らしい音楽で満たされれば、それで十分なのか？

感動に包まれた人々がどのような気持ちになるのか、どのようにそれを表現したいと思っているのか、コンサートに訪れる人がどのような気分でホールに入っていくのか、について無関心でいて欲しくない。観客席では感動を静かに受け止めた後、拍手が起きる。その気持ちを胸に静かに家路につく人もいる。一方で、喜びと感謝の気持ちを抱いて音楽家・指揮者に近付き、拍手と笑顔で表現したいと思う観客も少なくない。それをするのに一旦客席から出て、明るいホワイエを経由しないと近寄れないとしたら興も覚めてしまう。感動を胸にそのまま舞台近くまで行ける自然なルートがあれば、両者の感動を一つにしてあげることができる。

何度も行くホールであれば、自分で好きな経路を楽しむことができる空間があって良い。ホール運営上、座席指定は必然なことだろうが、観客が自分なりの楽しみ方をする余地を持てることは、音楽への親しみを空間化するという意味で重要なことだ。

西欧の若武者

音楽空間に新風を巻き込んだハンス・シャロウンという若武者がいた。常に観客と舞台のダイナミックな関係を探る試みは、今でも新鮮に映る。最も初期のものは、一等になりながら実現されなかった「カッセル州立劇場」で、ここではTの字型の舞台と対称性を持った客席というオーソドックスな劇場計画を示していたが、その翌年に実施されたマンハイム州立劇場のコンペ応募案には驚かされる。非対称性の客席、自由曲線の舞台先端には、舞台に正対するといった感覚がない。奥行よりも横方向に広がった舞台も西欧では珍しい。この案を否定するのはたやすいことだが、何故この客席・舞台なのか一言も聞かずに断定するのははばかれる。というのも、彼がベルリン・フィルハーモニー（一九六三年）の設計者だか

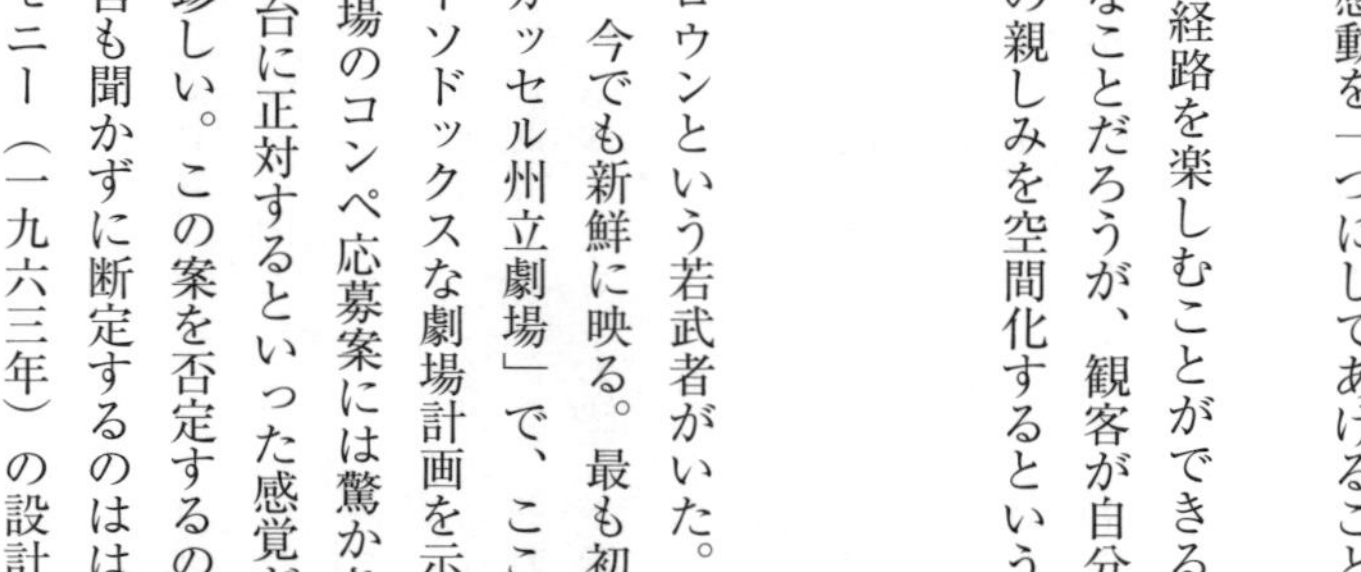

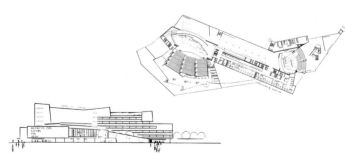

H・シャロウン「マンハイム州立劇場案」一九五三年、平面図、立面図

らだ。この時の一等案がユニバーサル・スペースを標榜したミース・ファン・デル・ローエであるという好対照だからなおさらである。

ベルリンが二〇世紀のコンサートホールと言われる由縁は、ウィーン、アムステルダム、ボストンなど一九世紀を代表するコンサートホールの合理的で音響が保証された建築の型を破ったその若武者振りにある。その形から「カラヤンのサーカス小屋」と揶揄され、音響上のアンバランスさを指摘する音響家もいた。しかし、どんな優れたコンサートホールでも味わえない音楽と聴衆の見事な一体感、音楽にもエネルギーを要求し、それを体全体で感じ共に分かち合う喜び、そうし

模型

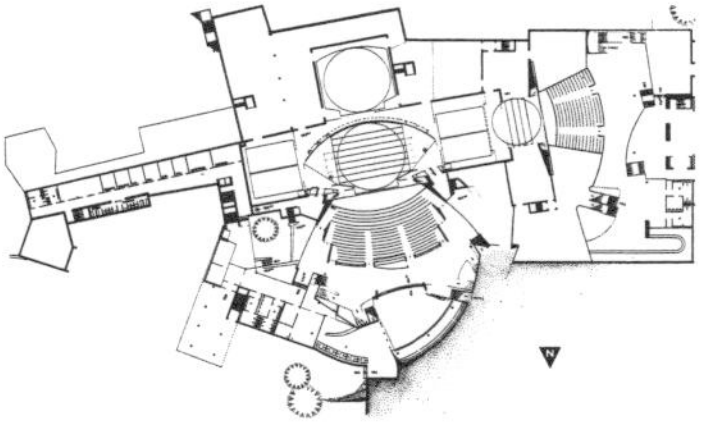

平面図

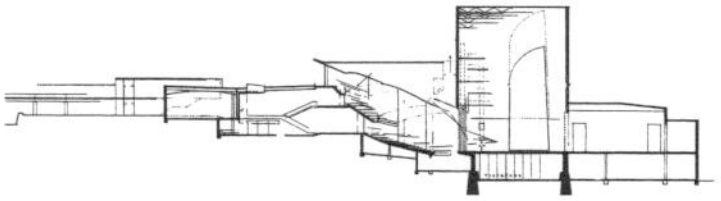

断面図

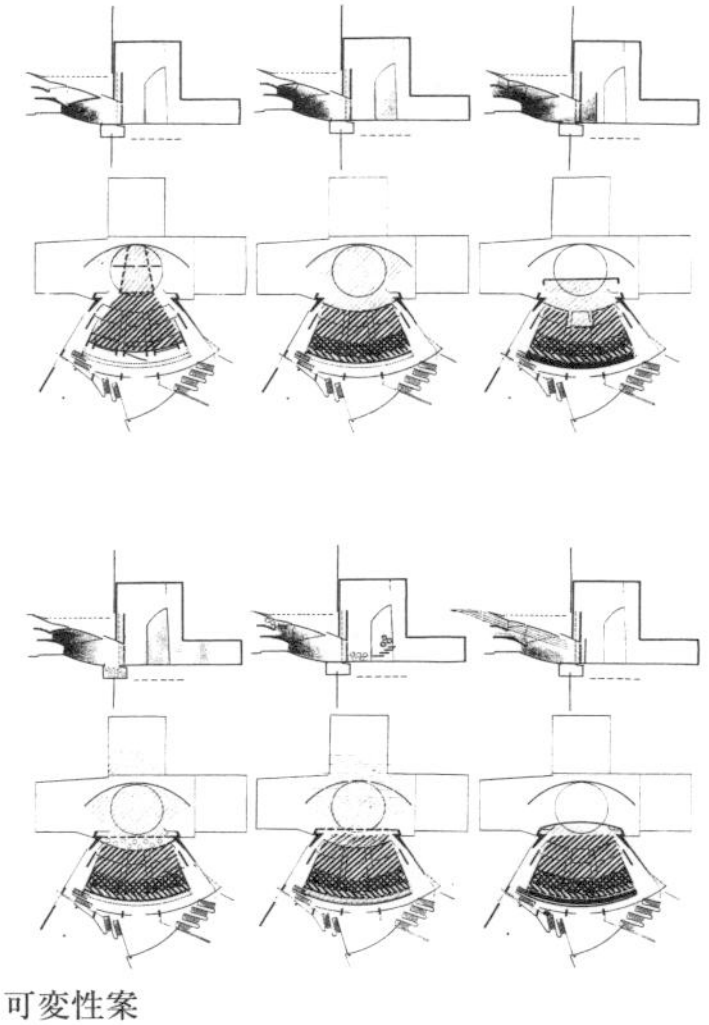

可変性案

H・シャロウン「カッセル州立劇場コンペ案」一九五二年、模型、平面図、断面図、可変性案

たほとばしりが建築界に留まらず音楽家から市民までの広い支持を得て、それ以降の音楽空間の原形を示す結果を生んだ。対称性を尊重しながらも、貴賓室やオルガンを設けることで巧妙に対称性を避けている。また、グランドレベルから舞台上階レベルまでホールをぐるりと取り巻く様々なレベルのホワイエを立体的に構成することで、建築的な表裏を作らず、正面性を消し去っている点でもそれ以前の劇場建築と著しく異なる。これが音楽の国ドイツに誕生したことを肝に銘じておく必要がある。

音楽を喜ぶ

私には音楽にまつわる感動的な思い出がある。ベルリンでの出来事だ。「この音楽には喜びがある!」隣に座っていた老婦人が、とても幸せそうな表情でそう私に話し掛けてくれた。不意をつかれ、その言葉に心打たれた。それは小沢征爾指揮のベートーヴェン「田園」で、もう三〇年以上も前のベルリン・フィルハーモニー、ポディウム席でのことだ。オーケストラひな壇のすぐ後ろは最も安い席だったが、そんな席を日本では経験したことがなかったし、オーケストラを間近に感じ、多くの観客と指揮者を正面から見ることができるとあって好んでこの席を選んでいた。コーラス用に設計されたベンチ席に座席番号はなく、早い者順に好きな席を選べるというのも良かった。

人気の演奏会となると、切符を入手するのも大変で、観客が自分たちでルール化した方法に則って、切符売り出しの何日も前から時間を決めて並び、点呼する。後に別な方法に変更されたが、辛抱強く、時間を惜しまずに通い詰めた者だけが希望の切符をやっと手に入れられるというシステムは変わらなかった。そんな風にして日本円で四―五〇〇円の席に座りたいと思っていたのだった。当時はのんびりしたもので、通路に座って聞くことも黙認されていた。

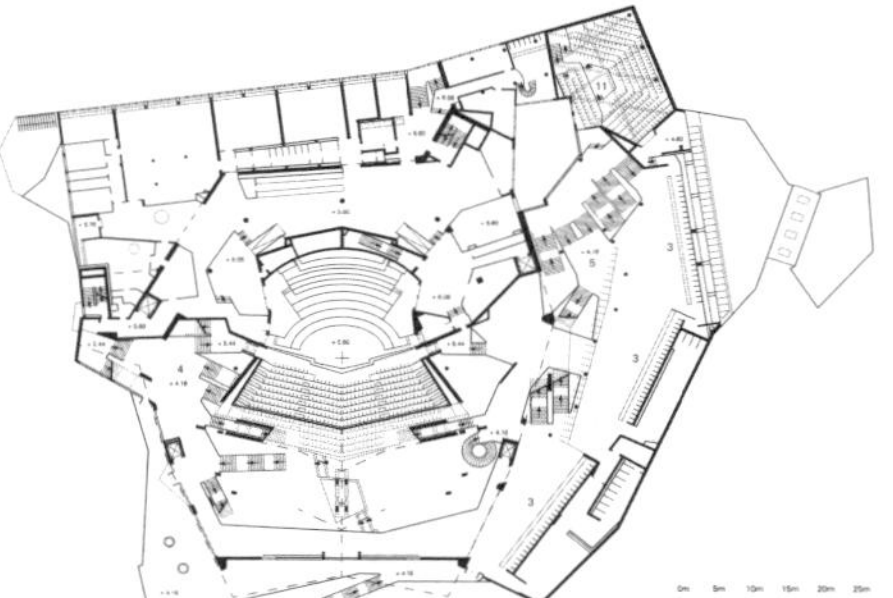

H・シャロウン「ベルリン・フィルハーモニー」一九六三年、ポディウム席からのホール客席内部、ホールを取り巻くホワイエ、平面図

音楽を求める気持ち、好みの場所で楽しむ自由な気分、ポディウム席の近さが嬉しかった。そこには一〇数倍以上も高い席の観客とは違う音楽との出会い・人との出会い・ホールとの出会いがある。バイオリンからティンパニーまで各パートの演奏者を目当てに来ている音大生から指揮者を目当てに来るファンまで色々だ。シャロウンの弟子で室内楽ホールを完成させた建築家エドガー・ヴィスニヴィスキは、大の小澤征爾ファンでいつも最前列中央の席に一家総出で陣取っていた。

音楽との出会い、楽しみや喜びを共感できる空間をデザインすることが「See the Music」に通じる。老婦人の言葉がそれと重なってくる。

3 「見る」劇場から「居る」劇場へ

「見る」でなく「居る」

ベルリン・ドイツオペラで制作された「タイタニック号の沈没」[10]を私たちは「見る」と言わずに「経験する」と言っていた。劇場脇の特設舞台でマーチが演奏される中、地下鉄出口から旅行者（出演者）たちが次々に船（劇場）に乗り込むところから始まる。開演時間前からすでに音楽が鳴っており、通り掛かりの人もその賑やかな人だかりに誘われて立ち止まっている。第二幕パーティ会場の

10 曲及び台本：W・D・ジーバート、演出：W・バウエンファイント、初演一九七九年。

場面では観客全員にシャンパンが配られるお得な作品だが、ゆっくり音楽を聴いている気分のところから突然氷山衝突のパニック状態になり、奈落を経て中庭へと追いやられ、第三幕を迎える。観客が椅子に座っていられるのはホワイエで上演される第一幕だけ、他の場面は立ったまま思い思いの位置で観劇する。

それは、舞台を「見る」「聴く」態度という既成概念に疑問符を投げ掛ける。その意味を問い掛け、劇場の作り方にも通じる示唆を与えてくれる。実は「演じる」ことも「見る」ことも、どちらもそれぞれの役を演じているにすぎない。「見る」こと以上に「居る」ことの意味、「居る」ことは「参加する」ことだと気付かされる。観客が参加しなければ音楽も劇も始まらない。その参加をどのように具体化するかが劇場デザインの大切な課題だ。

「見る」こと抜きに客席デザインは成り立たない。それを前提として了解しているはずが、あまりに話題がそこに集中し、あるいは逆に反動としてそれを軽んじたことなどから反発を食らってきた。近年では各座席からの見え方をシミュレートすることが設計段階から行われるようになったし、視覚情報における観客の心理評価に関する研究も進んできた。その中で、距離も重要な要素であることが確認されている。舞台を焦点とした二者択一式でなく、もっとバラエティに富んだ可能性があるはずで、サイトラインという課題を通して、近代劇場の自縛を解く糸口を考えてみたい。

大衆娯楽のサイトライン

近代劇場とそれ以前の劇場との決定的な違いは、「居ることを楽しむ」ということと「舞台を見る」という意識が逆転した点である。そのキッカケとなった一つが映画である。平面に画像が投影される映画は、立体空間における演技で成立する劇場とは決定的に異なる。立体空間での補正に比べ、スクリーンは水平・断面位置により画像の歪み補正にも限度がある。また、観客の前で演じるか、監督（演出家）の前で演じるのかという点も違う。生身の人間同士が一つの空間と時間を共有して初めて成立する演劇に対し、映画は別の場所・時間で撮影・制作されたものが持ち込まれる。ズームアップやアングル移動を自由に操れるのと、座席位置によってそれらが固定されてしまうという点でも異なる。両者の間には、物理的にこうした大きな隔たりがある。同じような空間だからといって同類のように捉えられがちだが、全く異なる世界なのである。

こうした違いにもかかわらず、映画館でも平土間席部分をぐるりと取り巻く形で側面にもボックス状の席を持つものも多く建設された。単純な矩形平面を持つユニオン・パレスは、平土間後部とバルコニー席全部に低い壁で仕切られたボックス状の席に加え、上手側壁面にだけボックス席を設けた非対称の空間だった。ユニオン劇場は、低い壁で仕切られたボックス的な席を平土間前部中通路前に位置させた面白い構成で、二階バルコニーもほぼ全部がボックス席となっている。

このようなボックス席の特別扱いは、キャピタルでも変わっていない。つまり、第二次世界大戦前の映画では、スクリーンへのサイトラインだけを頼りに、客席が計画されていなかったことを証明している。

近代建築家のサイトライン

映画館がスクリーンとの関係を単純に建築化した初期段階から徐々に高級化・劇場化へ向かったのに対して、近代建築家たちの方は、むしろ逆にそうした多焦点性を有する劇場的空間から脱したいと思っていたように見える。A・ペレーはシャンゼリゼ劇場（一九一三年、一〇〇頁参照）では、円形客席平面に多くのボッ

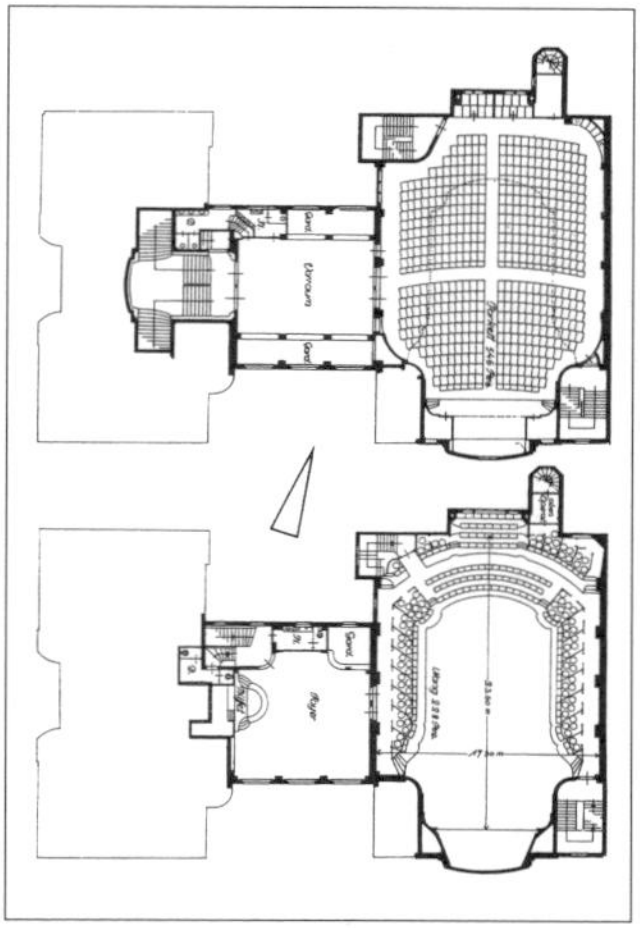

ベルリンの映画館
上から
E・シモン「ユニオン・パレス」
一九一二年
E・シャウト「ユニオン劇場」
一九一二年、平面図
H・ペルツィッヒ「キャピタル」
一九二六年

クス席を有する従来型の客席を実現していたが、パリ美術工芸博覧会[11]劇場（一九二五年）では、一転してボックス席や側部の席を極力排したバルコニー席なしの客席配置を導入しており、格子天井はじめ全体を直線のみで構成している。平面の考え方が、H・ヴァン・デ・ヴェルデ設計のドイツ工作連盟[12]劇場（一九一四年、一〇〇頁）に倣っていることは、プロセニアム周りや舞台・客席の単純な対面形式で明らかである。舞台を「見る」「楽しむ」唯一の対象と考えると、確かに座席の方向と舞台を関係付けることは最も合理的な策だろう。映画館でさえ「見る」ことだけでなく「居ること」の大切さを人々が求めていた時に、建築家の方が先回りしすぎていたのかも知れない。

建築家の関心は、観客と舞台の境界領域であるプロセニアムにあったようで、大きな開口部で舞台への連続性を作り出し、境界領域に可変性をもたらそうとしていた意識が垣間見える。パリ美術工芸博覧会劇場では、客席内の柱と同じ柱二本をやや奥まった位置に配置することで、まるで客席の一端に舞台が開けたといったイメージで劇場空間を再構築しようと試みたのかも知れない。この点は十分評価されるべきだが、同時代の演劇人の挑戦が脱プロセニアムだったことに比べると今一歩の感は否めない。そうした変革への意識と裏腹に、近代建築の同朋たちには、バルコニーなし、直線構成による客席配列といった分かりやすい建築言語を優先的に伝播してしまったようだ。それにより、劇場が有する多面的な娯

11　パリで行われた第六回目の万博（現代産業装飾芸術国際博覧会）、アール・デコ博覧会とも称される。大量生産時代におけるデザイン教育・開発に対する危機感から、フランスの産業を再建することを意図して行われた。そこで話題をさらったのが、エスプリ・ヌーヴォー館とソビエト・パビリオンである。

12　イギリスのアーツ・アンド・クラフツ運動に触発され、近代的産業と芸術の融合を目指したヘルマン・ムテジウス、ヴァン・デ・ヴェルデ、ベーレンス、グロピウスら工芸家・建築家・実業家が、一九〇六年のドイツ工芸展をきっかけに一九〇七年ミュンヘンで結成。

楽性を舞台と客席が向き合う単純な構成へと方向付けてしまったのではないか。

どちらも所属劇団を持たない、つまり創作のプロセスが劇場の外にある最小限機能の劇場だし、二本の柱から両側に延びた空間が脇花道のようにも見えてしまう。そこにわが国の多目的ホール特有の雰囲気を感じてしまうのは偏った見方というものだろう。しかし、W・グロピウスによるイエナ市立劇場改築（一九二三年）になると、規律的で即物性が強すぎる。ボリュームの扱い、無装飾の平滑な面、様々な色使いなど近代建築言語による特徴付けは見られるが、舞台に対して一直線に配列された座席と縦長の平面は初期の映画館そのままである。それから三年後のトータルシアターの革新性が際立つだけに、この間における落差に戸惑

パリ美術工芸博覧会劇場

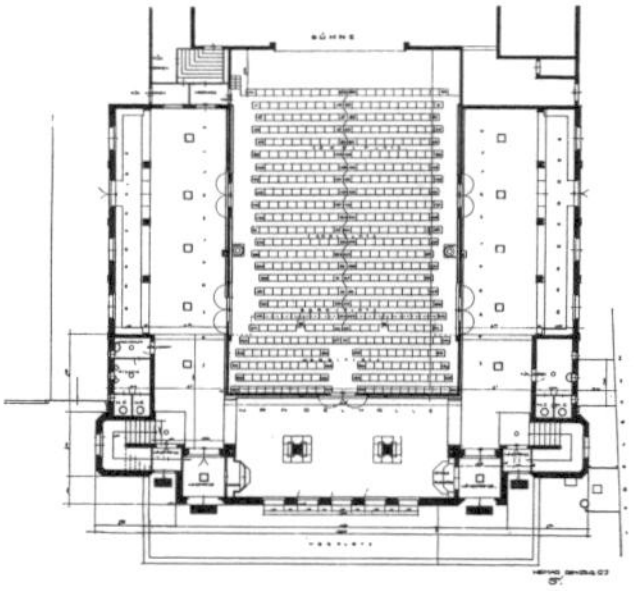
イエナ市立劇場改築

上から
A・ペレー「パリ美術工芸博覧会劇場」一九二五年
W・グロピウス「イエナ市立劇場改築」一九二三年、客席、平面図

う。前世紀までの建築様式・生活様式を否定する余り、もともとの意味をも排除してしまったところに誤解があるようにさえ感じられる。

出演者のサイトライン

近代は意外なほど出演者のサイトラインを配慮せずにきた。スクリーンにいる俳優は生身の出演者でないし、劇場人の声は観客よりも少ない。しかし、出演者の視点なしに劇場を考えるとしたら、明らかに片手落ちである。出演者にとって、客席空間は建築でなく人である。人のいない劇場はただの練習施設にすぎない。鈴なりの人また人が一番の肥やしであり、演劇はその一人一人と向かい合いコミュニケーションを持つことで成立しているのだ。

俳優は、その演技によって観客を魅了することを喜びとして舞台に立っている。自分の力で多くの人々をねじ伏せているような感覚、自分の支配下に全てがコントロールされている雰囲気の中で観客とのコミュニケーションを楽しんでいる。自分が中心にいること、観客の視線を釘付けにし、自分が焦点になる快感を追求している。例えプロセニアムよって領域が隔てられていようとも、観客に包まれている劇場デザインの必要性を出演者のサイトラインは主張している。カーテンコール時の彼らの挨拶のしぐさ・視線の動きからもそれがよく伝わってくるというものだ。

ところが、舞台正面にできるだけ多くの客席を配置しようという観客のサイトラインは、正面席を優先した客席作りを要求してきた。片持梁構造[13]の発達がそれを可能にしてきた。その結果、舞台から見ると、バルコニーの観客よりもその下の大きな天井面が目に付くことになった。味気ない天井面を正面に見据えて演技する出演者の視線はスポットライトの眩しさに目潰しされてはいない。白々しいバルコニー下の天井面に興ざめしている。

13　通常、梁はその両側を柱などで支持されるが、庇や劇場のバルコニー席のように一方を開放的にするため、梁端部に柱を配置しないで持ち出す構造。

舞台から見た客席、上から
ウィルヘルム・シュタインバッハ「プットブス劇場」一八二〇年。現在の姿はJ・G・シュタインマイヤーによる改修(一八二六年)にもとづくもの
カルロス・オットー「オペラ・バスティーユ」一九八九年

「見に行く」のでなく「楽しみに行く」

能動的に想像力をかき立てながら見るのでなく、見えているものに頼って見るという受動性にどれだけ私たち観客が慣らされてしまっていることか。このため、舞台や観客同士の共有感覚までもが画面と一対一で向かい合うサイトラインに乗っ取られてしまう結果になった。実は、見えている以上のものを見通すところに創造の世界がある。全てをあからさまに記述するのでなく、表現を押さえ見え隠れする世界を作ることでイメージを膨らませることができる。

舞台は観客との交歓を通して創り出されるもので、観客同士・利用者同士が盛り上がる空間が自然だ。舞台を見ている時、自分の視野の中に他の観客が感じられる位がいい。舞台を一人で独占しても面白くないことは昔の王様だって知っていた。クローズアップのない劇場では、他の人と居ること、自分なりの見方で意識を参加させること、そんな気持ちにさせてくれる雰囲気がいい。舞台を見るにはちょっと辛い脇のボックス席が、平土間席を取り囲むように設けられていたのはそうした理由からだ。かつては舞台内にまでボックス席が入り込み、真横から演技を見、観客を見て楽しんでいた。客席に居ながら舞台にも居るという重層した感覚が楽しみを倍増させてくれたのだろう。近代劇場の教条的なサイトラインを捨て、「居る」楽しさのデザインをしよう。

第六章　日本の劇場創成期

1　明快な直線的舞台へ

客席方向縦に拡張する演技領域と花道

初期の芝居小屋が能舞台の形式を踏襲していたことはよく知られたところだが、能舞台と大きく異なる点は、能がずっと以前から支配者層の庇護を得て発展してきたのに対して、歌舞伎はより幅広い観客層から金銭を得て成り立たせなければならなかったという点である。このため、盗み見られぬよう周囲に竹矢来［1］と筵張りによる垣根をめぐらし、櫓の下に設けた潜り式の小さな鼠木戸だけに入場を制限した。また、高額な席料を得るための桟敷席を早くから舞台両側面に設けていたことは、絵画資料からも知られている。元和―寛永初期と推定される「四条河原遊楽図屏風」（静嘉堂文庫蔵）には、外周の矢来垣の内側にもう一重の囲いをめぐらせ、土間席と桟敷席の観客動線を分けている様子が見え、人知れず観劇に来る客人が重要な収入源だったと推測できる。こうした動線処理はヨーロッパのオペラ劇場にもあった。桟敷を舞台の両側に設けるという構成も、既に勧進能などでも行われていたことである。

当時の歌舞伎舞台は二間ないし三間四方と極めて小さく、加えて後座に接続した橋掛かりが設けられていた程度である。そうした限定された場の中で、踊りや演技が縦横無尽に展開されたとは考えにくいが、狭い空間でもダイナミック感を

1　長さ二―三m程度の竹を斜めに交差させ、しゅろ縄などで交差部を結んで作った垣根状の囲い。芝居小屋などでは、中が見れないように更にそれを筵などで覆っていた。

印象付けることは当然できただろうし、それ故人気も得たのだろうと想像できる。そして、上演内容が踊り中心から物語性を重視したものへと変化するにつれ、舞台の構成に変化が現れてくる。浮世絵の祖とされる菱川師宣[2]による「歌舞伎図屏風」（東京国立博物館蔵、七八―七九頁参照）や「上野花見歌舞伎図屏風」（サントリー美術館蔵）などから元禄初期の姿を想像すると、もともと本舞台奥に位置していた後座が脇へと移動し、それに伴い本舞台幅・奥行ともに拡張され、橋

2 第二章註46参照。

土間席と桟敷席の動線の分離（「四条河原遊楽図屏風」）

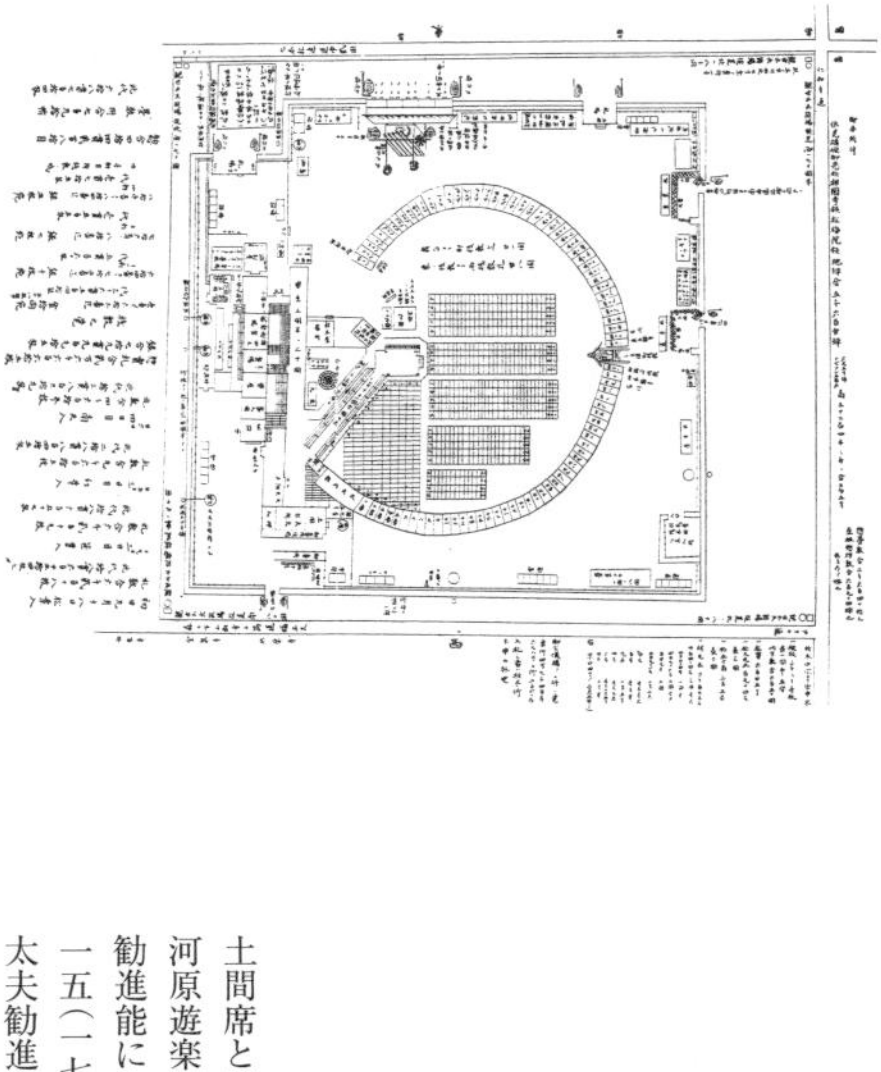

勧進能における垣根と桟敷席、元禄一五（一七〇二）年（「元禄一五年観世太夫勧進能場の図」）

掛かりにおいても奥行が増している様子が分かる。それに伴い下手に限られていた演者の登退場口が上手でも可能になるといった変化も見られ、演出空間としての発展が窺える。元禄期におけるその外郭の大きさについては、複数の屏風絵などから間口九間・奥行一〇間（京間）程度だったろうと須田敦夫は推定している［3］。

貞享期―元禄二（一六八四―八九）年頃の作とされる「中村座芝居興行図巻」（太田記念美術館蔵）では、広がり感のある舞台、舞台奥格子の向こう側に三味線を持つ囃子方、そして本舞台に接続された花道を使った演技模様に目が釘付けになる。ほぼ同時期とされる「北楼及び演劇図巻」（東京国立博物館蔵）の中村座二人猿若（七七頁参照）でも、花道が演技空間の一部として使われている。ただ、両図における花道の位置は異なっており、演出に応じて仮設的に設けられていたと推測できる。この時期になると演技領域が従来の舞台だけでは収まりきれなくなってきたのだろう。

更に大きな変化をもたらしたのが、先にも述べた劇場全体の屋内化だ。客席・舞台を一つ屋根で覆う全蓋式の芝居小屋の誕生は、歌舞伎に決定的な変貌をもたらした。相変わらず本舞台には大臣柱などで支えられた屋根が掛かっていたけれど、その前には客席部に向かって突き出た付舞台が発生する。それは、二重の屋根で覆われた本舞台から自由になることを主張するかのようである。ただ屋内化

花道を思わせる図版（「中村座芝居興行図巻」）

されることで、本舞台は以前にも増して暗がりになってしまい、舞台に近付いてきた桟敷席からの視線も悪化したことは間違いない。そこで新たな演技面を本舞台領域外に設けることになったと考えるのは自然だろう。もっと簡単な選択肢として、本舞台の屋根を取り除くという方法もあったはずだが、なかなか従前の形式から脱却できない劇場の性《さが》なのか、付舞台を客席側に張り出すことによって改善しようとしたことは、むしろ結果的には幸いだった。暗がりの本舞台から開放された演技面の登場がきっかけとなって、そこからさらに客席の中へと演技の場を拡張する発想が加速された結果、客席内を縦断する花道が重要な演技面として常設化されたと想像できる。

多層的な視野を与える拡張する劇場空間

こうして見てくると、歌舞伎の舞台は、平面的で奥行感がないという評価が怪しく思えてくる。西洋のオペラ舞台空間に比べると高さもない。舞台装置は立体感に欠けるし、照明もフラットで変化がない。こうした説明はよく聞く話だし、現代の劇場、つまり西洋文化の下で構築された劇場芸術・技術に慣らされてしまっている私たちにとってみれば、納得してしまうものなのかも知れない。しかし、付舞台・花道といった新たな演技領域により、かつて見られないほどの拡張性が出現することになり、一気に劇場空間としての広がりを作り出したことは明らか

3　須田敦夫『日本劇場史の研究』相模書房、一九五七年。

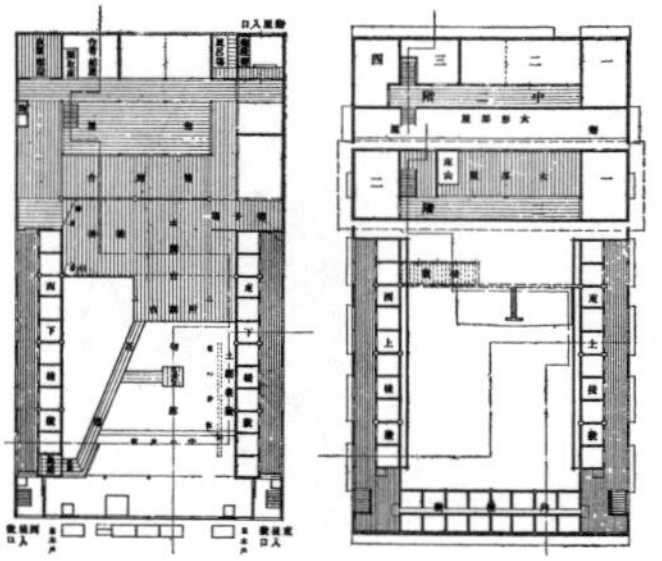

元禄期における芝居小屋想像平面図（須田敦夫『日本劇場史の研究』相模書房、一九五七年）

である。それにより西洋型のパースペクティブな舞台とはまるで異質な奥行感・立体感を持った舞台へと生まれ変わった。ここに能舞台を出発点としながら、能舞台とは全く別物の歌舞伎独自の空間形式が誕生したのである。

劇場空間の長手方向を縦に貫く演技領域は、世界に類を見ないユニークな舞台であり、それによって歌舞伎が有する観客との関係も強化された。視覚的効果という観点では、確かに西洋の舞台概念のようなリアルさを追求するものと違って、あくまでも暗示的であったが、見る者にとっても演じる者にとっても、多層的な視野を与える文化の始まりになった。

西洋における一七―一八世紀の歴史的劇場では、平面的な書き割りを用いながら、奥に行くに従って小さく描き構成する透視図法による舞台技術の発展が見られた。舞台上に立体感のある壮麗な宮殿、堅固な城、奥深い森などをできるだけリアルに見せるため、機械式の見事な舞台転換技術を生み出した。それらを観客から悟られないために、舞台装置と客席は明確に区分されることになった。見る方向も否応なく定められ、結果的に中心軸の強い空間を覗き見る形式が追求された。

これに対して、歌舞伎ではリアルであることにあまり大きな価値を持たせてこなかった。むしろ象徴化による舞台構成を旨とし、見る者の意識の中で舞台を再編集させるかのような扱いを好んできたと言える。西洋型の視軸が強調された舞

花道で演技する芝居小屋内部（「浮絵歌舞妓芝居之図」）

台空間でなく、橋掛かり・本舞台・付舞台・花道など舞台それぞれに特徴を持たせた領域があり、それぞれ異なった観客との関係を有している。それ故、各々の場での演技あるいはそれらの場の間で行われる行為、更にはその場で連続的に展開する動作などが、目の当たりにしている出来事以上の効果を見るものに与えることになる。結果として、劇場空間全体に焦点が拡散する多様性に富んだ場が生成されていた。

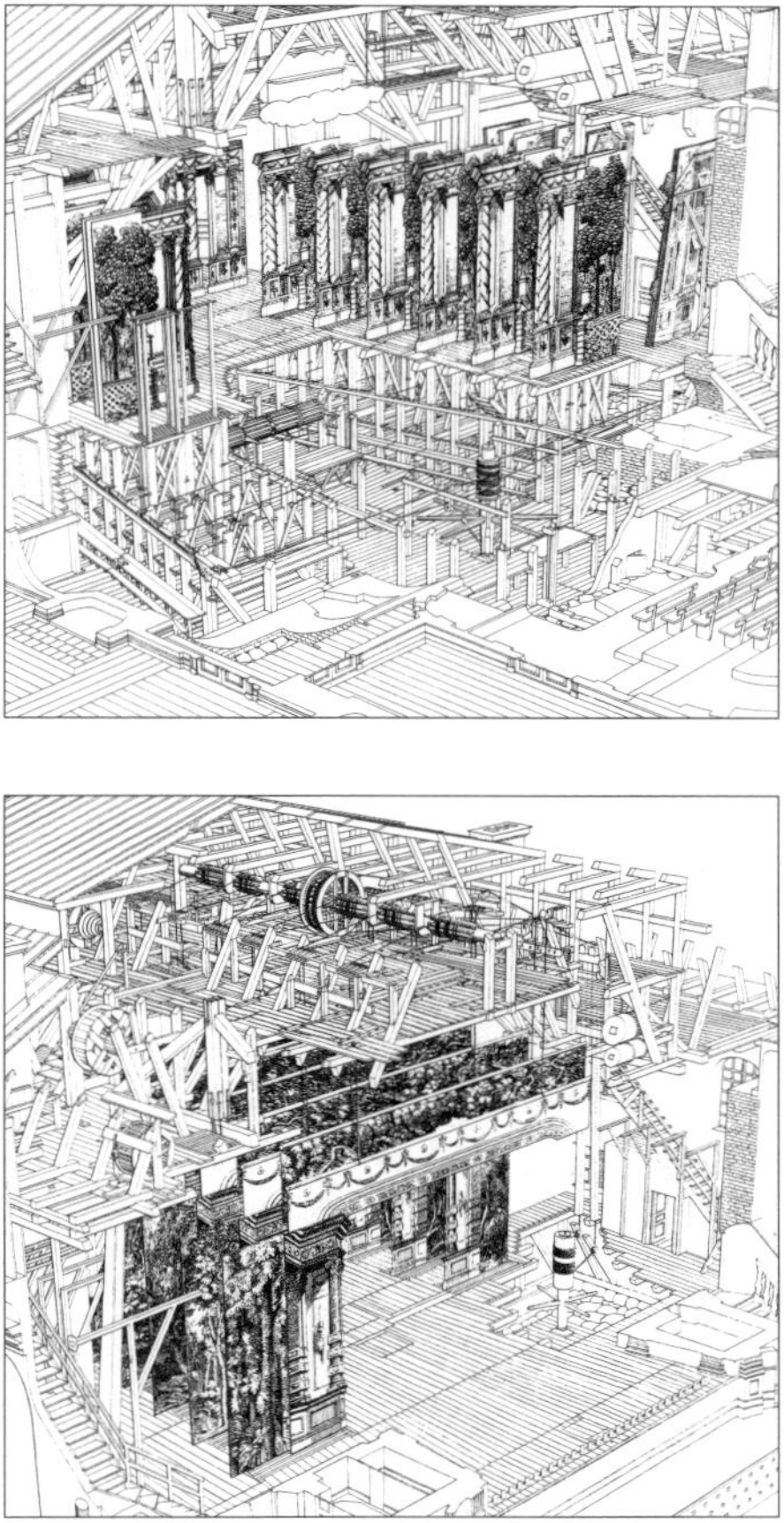

一七世紀ヨーロッパ劇場の舞台機構（ドロッティングホルム宮廷劇場一七六六、グリップスホルム城の劇場、チェスキークルムロフ城の劇場など）

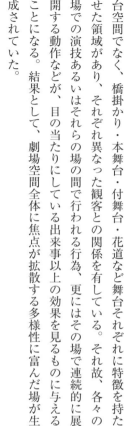

もちろん、これは客席の構造とも大いに関係がある。テレビを見慣れた今日の私たちにとって、画面と人が正対するのは当たり前のことだと思っている。それは映画でも同じで、二〇世紀はそうした見方へと劇場を変質させてしまった。それまでの西洋劇場は、中心軸の強い空間特性を有してはいたが、それでもオーケストラ脇のボックス席にも特別の意味合いがあったし、馬蹄形客席全体をボックス席とすることで二〇世紀型の近代劇場には見られない複眼的な舞台・客席空間を併せ持っていた。しかし、歌舞伎の空間は、生成期から舞台正面を持っていなかった点で全く西洋型の空間とは異質のものである。高い料金を支払う人たちの桟敷席は舞台側面側にあって、正面には土間席があるのみだった。少なくとも、正面に桟敷席が設けられるようになるのは全蓋化以降である。このことはとても重要なことである。

それ以前、舞台正面の高みには、櫓が飾られているのが通例である（第二章参照）。櫓の形成に関する論は、諏訪春雄『歌舞伎の方法』（勉誠社、一九九一年）に詳しいので、それを参照していただくとして、私にとって重要だと思われる点は、櫓が神招ぎの場あるいは神の依り代であったという点である。この点については、多くの研究者がほぼ同じ解釈をしているので間違いなさそうである。それと同時に、芝居の開始・終了を告げる太鼓を打ち鳴らす場でもあったという点も守屋毅の「櫓太鼓は、舞台もしくは土俵に神をおろすための音響効果なのであり、また儀典がおわれば、神を送る音なのであった[4]」という説が、両者が同居することをうまく説明してくれているように思う。

この構図は、春日若宮のおん祭りにおける御旅所《おたびしょ》の行宮《あんぐう》（仮御殿）・芝舞台・見物席の関係に通じるものである。御旅所では、行宮に向き合うように一対の大太鼓も配置されている。芸能は神事として執り行われるため行宮に向かって演じられ、私たち人間はそれを脇から見させてもらっているという関係で、全く同じ構造が見て取れる。それ故、多くの屏風絵などの櫓に誰も乗っていないのは合点がいくし、そこに太鼓係が描かれているとしても不思議ではない。ただ、「歌舞伎図巻（采女歌舞伎草紙）」（徳川美術館蔵、一九四頁参照）では、櫓に上がっている者が五人も描かれている。櫓の下、鼠木戸内の顔を覆い笠を被った者たちを含めた三人は警備の者で、時に彼らが櫓上にいる絵もある。しかし、櫓中央の一人は明らかに小屋の者とは思えない姿だし、扇子で顔を覆っている者や頭からすっぽり布を被っている者も怪しい。これほどハッキリ描かれてはいないけれど、同類の絵画資料がいくつかあるところをみると、時に見物席としていたのだろうかという思いに駆られる。しかし、上下《かみしも》両側の桟敷が分断され連続していないことは紛れもない。

もう一つ重要なことは、桟敷席と舞台との関係、それに土間から舞台までの高さである。初期における桟敷の位置は、舞台との間に土間席がある。草創期、慶

4　守屋毅「日本の音曲考」『is』九号、ポーラ文化研究所。

上から
櫓に上がっている人たち(「歌舞伎図巻(采女歌舞伎草紙)下巻」)
ロンドン・グローブ座における舞台と客席

長年間頃の芝居小屋の様子を描いているとされる「阿国歌舞伎図」（京都国立博物館蔵、六六頁参照）で興味深いことは、舞台から少し離れた位置に桟敷席が設けられていたことで、その間には土間席が舞台を取り巻くようにあった。この構図は、一見するとシェイクスピア時代の劇場に非常に近いものだが、グローブ座の桟敷席が円形に近い多角形平面で、しかも三層のレベルから構成されていることと、正面にも桟敷席を持つように多角形が連続的に構成されているという点で著しく異なる。また、グローブ座の土間席が立ち見を前提に考えられているのに対して、日本の土間席は座ることを想定しているので、舞台高さがまるで違う。グローブ座の舞台床の高さ、一・二一m程度に対して、歌舞伎の舞台はその半分程度だったろうと想定される。この高さが、観客と出演者の近さと関係に大きく関与していることは言うまでもない。

失った歌舞伎小屋における多焦点性

観客に取り囲まれた舞台先端が、いつ頃から今日見る形式になったのかを辿ってみると、明治期にあることが分かる。それは急激な西欧化を目指して出発した様々な事柄と重なっている。演劇関係のいくつかの文献では、一八七八年に新装された新富座で舞台と客席を隔てるプロセニアム劇場の概念が最初に採用されたと紹介されているが、私にはそこまでハッキリした姿が読み取れない。確かに、

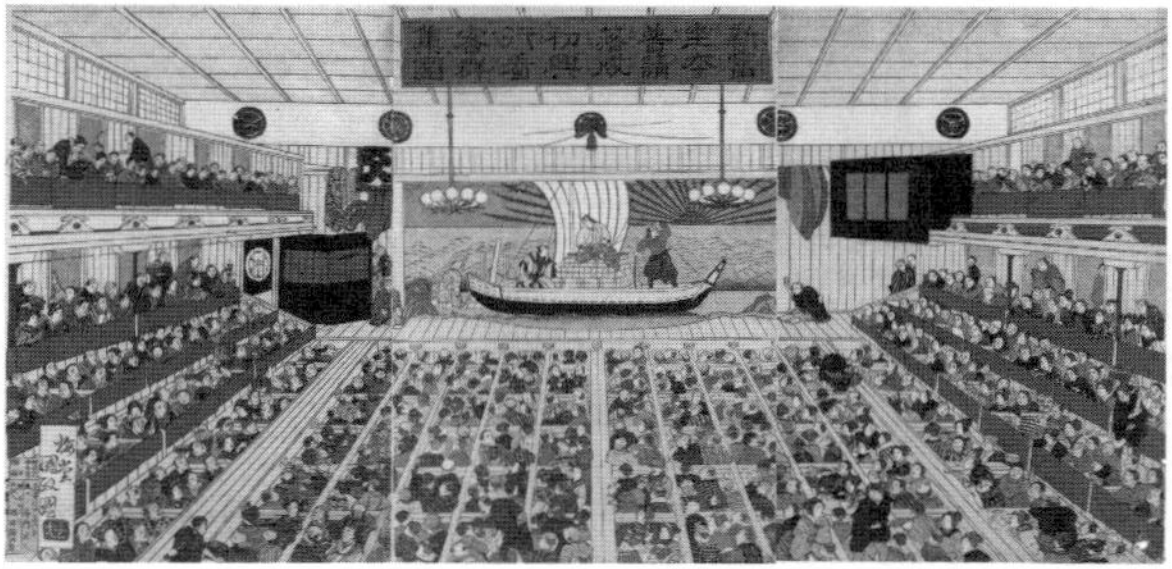

新富座内部の図（新装一八七八年）（「新富座本普請落成初興行看客群集図」）

額縁状の開口部があり、下手側に下座が固定され今日の姿に近付いているように見えるし、下手の吉野の席もなくなってしまったが、その前には相変わらず広い演技領域としての舞台とそれに連続する花道が空間を大きく支配しているように見える。最初の新富座（一八七二年）を踏襲した客席は、東西両側面の桟敷席・高土間・うずら桟敷と外に行くに従って漸次段差を高くし見やすくするといった独特の工夫のままである。急な雛壇状の座席構成は、どことなくテアトル・ファルネーゼを連想させる。舞台側面まで迫っている桟敷席の構成はそれまでの芝居小屋の面影を残しており、一体的な空間として構成されている。花道がどの客席からもよく見え、多焦点の舞台・客席構造となっている。

プロセニアム以上に注目すべき点は、従来土間席に突き出て花道へと演技を展開させていた橋掛かりと本舞台からなる凸型の舞台先端部が合体され横一直線になり、その後の舞台形式を予感させるものとなっていることである。しかも、それ以前の芝居小屋が幅の狭い空間の中で観客を縦に積みぎっしり詰め込んでいたのに対して、幅が広くなった分だけ緊密さに欠けるきらいも感じられる。それは、これまでにない雰囲気をもたらしたと同時に、現在見るような間口の広い歌舞伎舞台への道を開いた。桟敷土間はじめ二三〇もの枡席を設け一等席だけでも一〇〇〇人[5]を収容するためには、確かに横に広がっていくしかなかったのだろう。ここがわが国における劇場空間の変換点となったと言える。

5　河竹繁俊『日本演劇全史』岩波書店、一九七九年。

こうした流れは西欧の防火思想の流入と共に加速された。一八八九年演劇改良の志を持って出発した歌舞伎座は、洋風煉瓦造漆喰塗三階建ての外観と客席上部に輝くエレクトリア灯シャンデリアによって欧化政策を具現化している。一方、二〇六六席の客席は檜造りの枡席で構成されており、劇場人の苦悩が滲み出ているように感じられる。外九間・内七間の蛇の目廻し[6]の廻り舞台を持つなど設備面では他に類を見ないものであったが、今まで以上に多くの客席を実現する

6　同心円状の大小二つの回り舞台で、内側・外側がそれぞれ独立してまわせるようになった機構。二〇〇八年末に閉館された新宿コマ劇場には、三重の回り舞台があったが、現在ではこうした蛇の目回しは見られない。

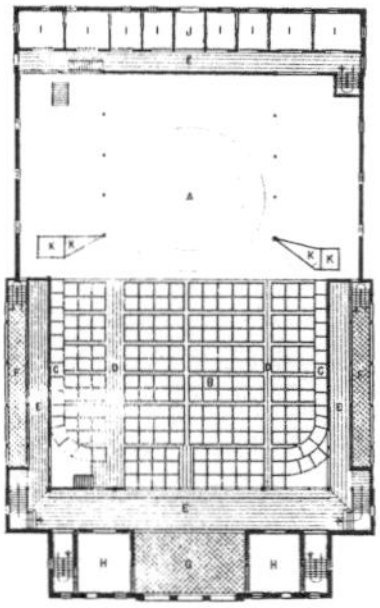

1階

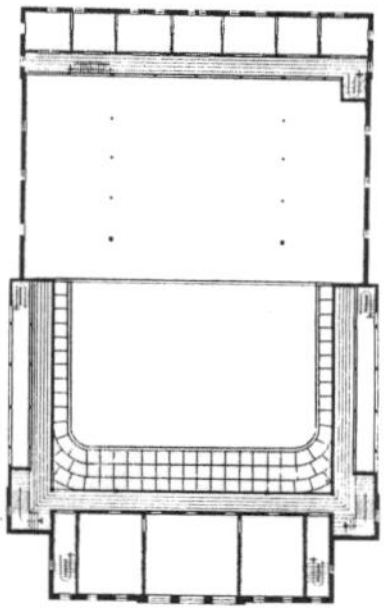

2階

「歌舞伎座」一八八九年、電灯シャンデリアに輝く客席(「歌舞伎十八番之内勧進帳興行」)、平面図、立面図

ために、桟敷席を更にもう一段積み重ねるという方法を採用し、プロセニアム風の額縁も一層明確になった。

西欧化推進の下に行われた劇場構造の改良運動は、歌舞伎座において舞台と客席を明確に額縁で区画するという結果をもたらすこととなった。これによって歌舞伎舞台の入り組んだ舞台・観客関係が決定的に変質してしまった。客席は、プロセニアムと一直線の舞台で単純に隔てられ、そこに接続された花道が取って付けたかのようになってしまったようにも感じられる。多焦点性を有する特筆すべき空間構造が、額縁によって縁取られ、対面性が強調された劇場空間へと変化する始まりがここにある。

2　近代劇場の計画理念を主導した帝国劇場

劇場は威風堂々建っている

一八七二年銀座・築地一体を焼き尽くした大火事は、江戸から東京への変換点、帝都に相応しい不燃都市建設の出発点となった。銀座煉瓦街に続いて、霞ヶ関・日比谷では官庁集中計画（一八八六年、ベックマン）を契機として、司法省（一八九五年）、裁判所（一八九六年）など煉瓦造りが誕生する。当初の壮大な計

「官庁集中計画（ベックマン案）」一八八六年

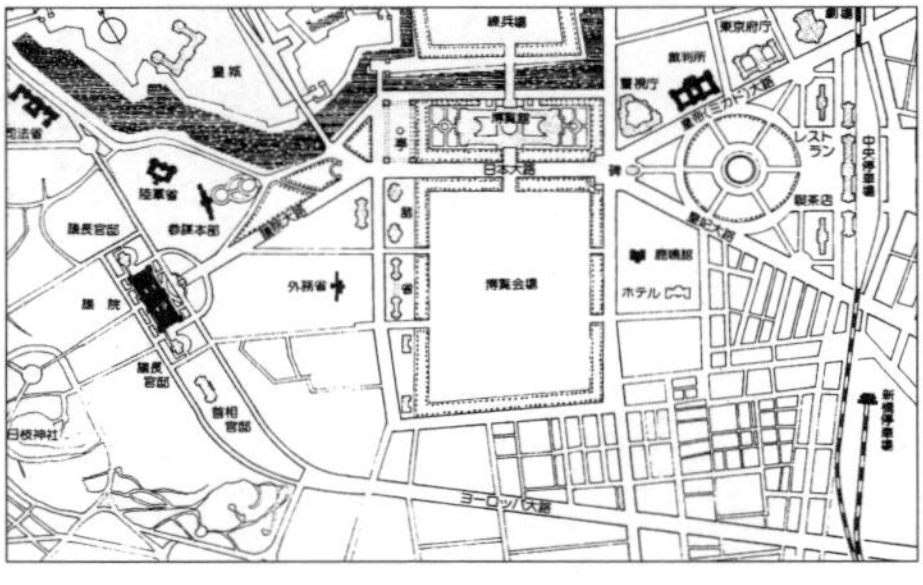

外務大臣井上馨の欧化政策のもと、霞ヶ関に立法・司法・行政を集中的に配置する意図でドイツ人技師ベックマンらに依頼、ベックマンは短期間であったが期待に応えた壮大な案を作成する。しかしその後、現実的な案へと大幅な縮小が図られた。

画は財政難などで大幅縮小されるが、一方国の払い下げによって始まった丸の内では、三菱一号館（一八九四年、J・コンドル）後も次々にオフィス街建設が進行した。間もなく東京商業会議所（一八九九年、妻木頼黄）も姿を並べ、帝国劇場開場（一九一一年）の頃には一三棟が街区を形成するまで発展してきた。

こうした赤煉瓦の街にあって、真っ白な化粧タイルをまとった帝国劇場は、どんなに美しく輝いて見えたことだろう。城壕に面してコリント式の列柱を配したファサードは、堂々とした安定感のある姿だ。煉瓦造でさえ物珍しい都市に出現したその壮麗さと威厳に明治の人々が目を奪われたことは容易に想像がつく。奥にフライタワー、手前側に小さなリブ付きドームと二段構えに大小の塔を配置することで、奥に重心が偏りがちな劇場のプロポーションをバランスさせている。都市の核となる場所にひときわ目立った劇場を建設するという計画は、欧米でもしばしば見られるものだが、石造の街並に建てられたそれと違って、見慣れない風景に建つ帝国劇場の白さは、新時代の夢と魅力を伝えるに十分だったろう。

正面列柱はそびえ立つような大袈裟なスタイルでなく、半分は壁と一体化されたものだし、塔といっても舞台部のそれは、あくまで機能上要求されるもので象徴的に扱われてはいない。フライタワーから後方側面の扱いが、客席側とは高さでも窓のデザインでも全く異なっているのは妙だが、舞台側には裏機能が別棟で建っており、表側とは区画されていたと知れば納得がいく。つまり、白亜の堂々

お堀端に建つ帝国劇場

八重洲町通り（1911 年頃）、正面に皇居

とした姿を見せながらも、機能に正直な極めて合理的な設計であることが理解できる。

　当時の写真を見ていると、木も僅かしかない殺風景な風景である。道行く人々は背広姿も多いが、中には着物を着た婦人もいる。路面電車の線路はあるが、電車でなく人力車が見える。電信柱が傾いているのも気になる。全国的には、八千代座（一九一〇年、熊本県山鹿市）、内子座（一九一五年、愛媛県内子町）など木造の芝居小屋も誕生しているが、まだ学校建設でさえ大変な思いをしていた時代だった。そんな時代にもかかわらず、人々は熱い思いを込めて劇場と向き合っていた。

　外観からは西洋一点張りのように見えるが、中に入ってみると意外に和洋が混在している。建築の骨格となるところは洋に則っているが、装飾は自由に扱われている。天井画・壁画など油彩によりながら題材は和そのものだし、彫刻にもそれが見られる。プロセニアム上部中央のシンボル像も能楽の翁という日本の古典である。

　プロセニアムのプロポーションは、西洋劇場であればほぼ正方形に近いのが普通だが、ここでは縦横比がおよそ一対二と横長である。緞帳も西欧式のハウスカーテンの他に金糸入白茶斜子《ななこ》の副緞帳を備えている。楽屋は畳敷きの座式で、化粧前といっても天井から吊された裸電球とあまり大きくない置き鏡式であった。三

帝国劇場のインテリア

休憩室

客席

階休憩室には畳部屋もある。椅子も肘掛けを畳み込めたり座式に変えられる仕組みを持っていた。

舞台側の問題としては、やはり歌舞伎との苦悩の選択が見られる。結局、花道は平土間席側面のボックス席二つを取り外して鳥屋とする仮設式が選択されるのだが、基本設計段階の図面には、上下両側に脇花道を設けている案もあり、その

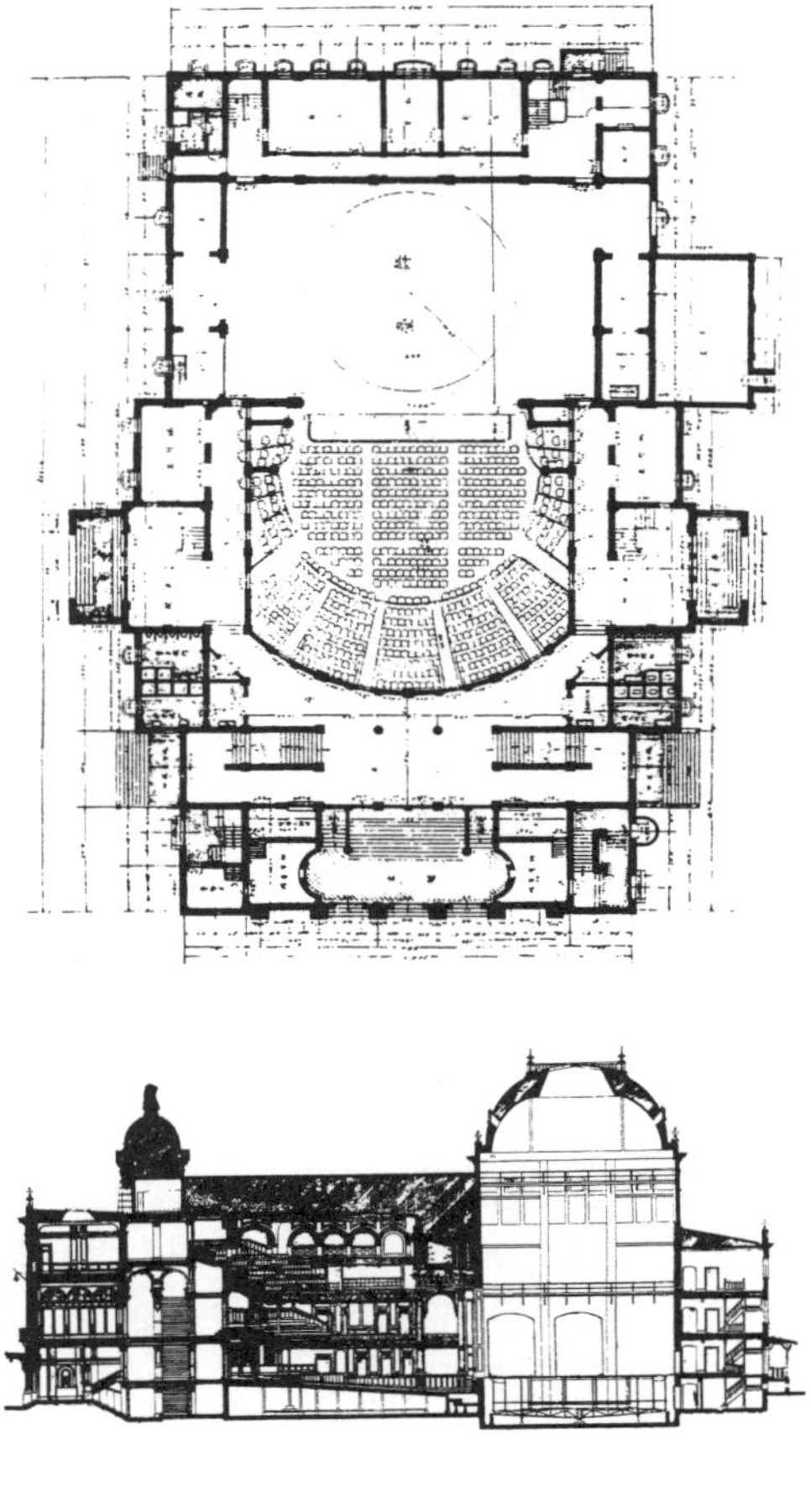

「帝国劇場」平面図、断面図

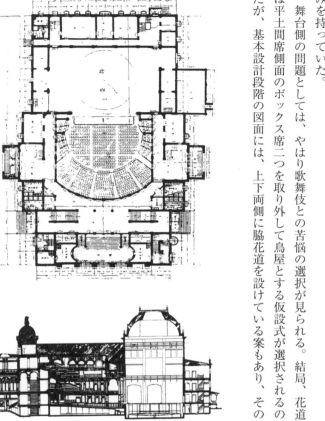

プロセスを窺い知ることができる。その案に描かれた脇花道や和洋折衷のプロセニアム比、和洋緞帳の混在は、良くも悪くもその後の日本の劇場・ホールの標準となる。活動目標や施設意図が明確だった帝国劇場に対して、それら抜きの多目的ホールは、それを型として継承・定着させた訳である。その苦渋の出発点が既にここに見られる。

欧米という世界標準を射程として、自分たちの文化を形成していかざるをえなかった時代、西洋文化に憧れながらも、旧来のスタイルを一気に変えることなく両者を上手く住み分けてしまう器用さが帝国劇場にもある。そして、帝国劇場とその三年後にオープンした三越本店の両方を設計した建築家が横河民輔[7]であることが、両者に共通する重要なキーになっている。

当時建築界では、帝国議院建築を巡って様式論争が繰り返し議論されていた。日本において西洋建築を導入することの拠所《よりどころ》、様式が持つ意義、独自の新様式を創造する必要性などについて広く話題となり、建築家たちを熱くさせていた。しかし、横河が欧米から学んだことは建築様式や技術だけではなかった。一八七九年卒業の第一世代を初め多くの日本人建築家が、建築を国家的事業と捉え、様式という外側から建築を考えていたに対して、彼は社会的活動と相互に作用し合うものを作れば良いといった実利主義的態度で捉えていた。建築を成立させる仕組みや経済にまで幅広く関心を持っていた彼が設計者だったことは幸いだった。帝

7 横河民輔（1864-1945）先進的な建築技術（鉄骨構造、鉄骨煉瓦構造）を積極的に導入した先駆者。設計・監理に留まらず、施工を直営方式で請け負うなど施工技術面でも大きな関心と自信を持っていた。建築業有志協会（後の建設業協会）設立（一九一一年）など建築業界の連携と信頼確保のために社会活動に尽力する一方、事業家としても知られ、建築分野以外でも電機、化学などの会社を興した。

国劇場に新しいものを摂取する好奇心と推進力、活動の意義と生みの苦悩の両面をそこに見ることができるのは、そうした背景もある。

防災計画に基づく劇場作り

劇場が堂々と建っている理由には、もちろん国家や都市の文化的象徴という意味合いがある。しかし別な側面として、防災に対する意識が色濃く計画に反映されていることも見逃せない事実である。それが本邦初という事業にもかかわらず、後々に功罪両面において影響を与える革新的劇場の基礎になった。情報量も少なく設計期間も決して十分とは言えない状況にあって、複雑な劇場設計・技術設備と従来にない公演形態・サービスの体系を短期間に摂取したのは、偶然ではなく周到な準備があってのことだ。

横河は一八九六―九七年、三井本館（一九〇二年）設計に当たって指導を受けるためカーネギー社を訪ね渡米している。その折りに鉄骨構造技術だけでなく、オフィスと百貨店という二〇世紀資本経済の代表格ともいえる施設を経営面からも研究して帰ってきたという。嶺隆「帝国劇場開幕」[8]には、その辺りのことが詳しく紹介されている。特に百貨店については、「呉服店及雑貨店建築取調報告」において、新しい商形式の導入や顧客層の拡大・サービス意識の必要性を絵入りで説明しており、それが三越本店（一九一四年）開設に役立てられた[9]ばかり

8　嶺隆『帝国劇場開幕――今日は帝劇 明日は三越』中央公論社、一九九六年。
9　神野由紀『趣味の誕生――百貨店が作ったテイスト』勁草書房、二〇〇四年。

でなく、彼自身にプラグマティックな精神と経営感覚を植え付けるきっかけとなったとされる。また、三井本館の成果をもとに、東京帝大工科大学で一九〇三年から二年間鉄骨構造の講座を担当している。こうした一つひとつが、根本的に物事を捉え、組み立てる彼の建築作りの原動力だった。

ところで、帝国劇場が手本とした欧米の劇場防災に関する概念はどのように発展してきたのか振り返ってみると、一九世紀後半における欧米の劇場が、度重なる火災との戦いであったことが分かる[10]。それは第三章一節で述べた。それ以前にももちろん劇場火災は付きものだったが、この時期劇場火災が急増した理由として大きく二点を挙げることができる、一つは産業振興と共に都市に集中する人口を反映し劇場が飛躍的に増えたこと、もう一点は照明にガスが使われるようになったことである。

舞台には、演出と災害の区別もしにくいといった何でもありの側面があり、避難が遅れる要因になった。しかも、公演中よりも終演後の火災発生割合の方がずっと多く、楽屋での暖房や明かり、熱せられた大道具や小道具の収納場所など劇場内のあらゆる箇所が危険と背中合わせだった。電気が劇場において一般化される以前の様々な照明や暖房設備は、メンテナンスが難しく、安全性に大きな問題を抱えていたのである。

こうした危険性を回避するため、西欧では一九世紀末、都市・建築・設備・組

10　前掲書(第三章註7参照)。

ガスバトン

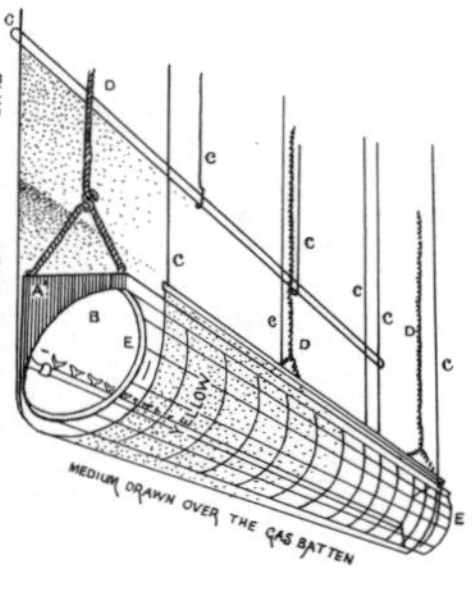

布製の背景画や木製道具の高さに合わせて照明できるよう昇降できるガス灯式のバトン。幕や道具に触れないよう金属製のガードが付いている。

織など防災に関わる総合的な改良が行われた。防災は、建築的技術だけでなく、人の管理と情報ネットワークによってこそ達成されるという認識が確立されたのもこの時期である。また、非常時に防火戸を操作する係員やオーケストラ、プロンプター、照明係など避難しづらい場所で働く人たちに対する配慮も行き届いていた。多くのオペラ劇場が通りに囲まれ広い前庭を持って堂々と建っている理由の一端がここにある。音楽の都ウィーンにおいても、「新しい劇場は周囲から一五m以上の距離を持って完全に独立して建っていなければならない」という規制が第一項目に掲げられていた[11]。

日本の実状は、それに比べようもない。一八八六年の演劇改良会の設立趣意書では、歌舞伎脚本の定本化、西洋演劇理念を取り入れることと並んで劇場構造を安全で完全なものにすることが謳われていた。その時出版された小冊子には、パリのオペラ座とテアトル・フランセーズの図が紹介されている。しかし、そもそもわが国では避難という概念が建築として現れていなかった。一八七二年開場の新富座でも、表通りに面した部分や楽屋部分を瓦屋根とし、土間上部屋根は新材料のトタン葺きを用い、外部は漆喰壁となまこ壁とするといった程度だった。両側に庭園を配して出入口を設け、平土間・高土間の観客と桟敷客との避難経路を分ける注意は払われていた。しかし、それもたった四年で類焼している。歌舞伎座（一八八九年）以降の劇場火災だけでも、千歳座・春木座（一八九〇年）、鳥

11　前掲書（第三章註7参照）。

越座・市村座（一八九三年）、改良座（一九〇三年）など原因はともあれ頻繁に起きている。

そもそも、一八八二年に発令された劇場に関する警視庁布達では、観察制度・興行届出制・定員・興行時間などが定められていたが、防災的な規定はなかった。今日の興行場法や安全条例の原点ともいえる「演劇取締規則」（一九〇〇年）でも、前面開口や空地・廊下・客席などについての数値的な規定はあるが、「適当なる○○を設くべし」「難しきものは斟酌《しんしゃく》することあるべし」などといった条文が散見されるといった案配だった。同規則一九一七年の改定でも、まだ椅子席に関する規定はなく、「桟敷及土間の枡席は、一人につき内法で一尺七寸平方以上とし、一枡は六人以下とする」という内容が幅を利かせている。劇場に限らず建築・都市全体があまりに欧米事情とかけ離れすぎていて、法令ですら手を付けられない状況だったといえる。

一八九一年の濃尾地震を契機として、丈夫で安全な建築構造への関心は否応なく高まったが、わが国に参考になるものは何一つなかった。頼りを欧米に求めるのは当然のことだったろう。そんな有り様だったから、西欧の劇場火災に関する情報は建築界にとっても看過できないことだった[12]。

実はこうした劇場の在り方や劇場火災に関する論説が演劇改良会とは別の視点で発表されていた。その一人が、一八八八年ドイツ留学から帰国した森鷗外で、

12 一八八六年に創設された造家学会（現日本建築学会）の『建築雑誌』第一五号（一八八八年）を見ると、ブルックリン劇場（アメリカ、一八七六年三〇〇人死亡）、リング劇場（オーストリア、一八八一年三八六人死亡）、オペラコミック（フランス、一八八七年七〇人死亡）、エクスター劇場（イギリス、一八八七年一六六人死亡）などの劇場火災が掲載されている。また、一九〇五年にアメリカで発行されたジョン・R・フリーマン著の『劇場の火災防禦（*On the Safeguarding of Life in Theaters*）』の要旨も直ちに『建築雑誌』二四六号（一九〇七年）に紹介された。

自ら主宰した「衛生新誌」第二八号（一八九〇年）に「劇場の雛形」と題する論文を発表するなど留学時の調査・見聞に基づく多くの論考には鋭いものがある[13]。井戸田総一郎氏は、その背景・事情を『演劇場裏の詩人・森鴎外』（井戸田総一郎著、慶應義塾大学出版会、二〇一二年）で興味深く紹介している。軍の衛生制度を調べるという目的を持って留学したとはいえ、専門を幅広く捉える見識には頭が下がる。

こうした背景の中、横河が欧米の劇場計画・法令を見逃すはずはなかっただろう。彼は一九〇七年、設計から着工にかけての約半年を欧米に出掛け、つぶさに劇場を調査している。詳細な図面と劇場火災・劇場規則を網羅した前出の『現代のオペラハウスと劇場』やヨーロッパ各地の劇場・技術を紹介した『建築ハンドブック（*Handbuch der Architektur*）』の劇場編（M・ゼンパー、一九〇四年）を日本に持ち帰って研究したことは容易に想像できる。長い旅程では、実際に劇場を隈無く観察し、現場技術者の話に耳を傾けたことだろう。吊り物や照明など劇場技術の製造会社を訪ね、商談の足掛かりも取り付けてきたに違いない。

株式会社創立総会（一九〇七年二月）から建築許可申請（八月末）、同認可（同年一〇月）といったスケジュールは、設計期間などないに等しい無茶苦茶なスケジュールである。第一、認可を待たずに地下掘削工事を開始する（同年八月）など、今ではもちろん考えられないことだ。つまり、工事しながら考えるといった

13　『鴎外全集』第二九巻（岩波書店、一九七四年）所載。この他、「演劇改良論者の偏見に驚く」『鴎外全集』第二二巻、岩波書店、一九七三年。「劇場の大きさ」『鴎外全集』第二四巻、岩波書店、一九七三年他がある。

融通性と大らかさを持った時代だった。そうした過程で最良の解決を判断していくことがもの作りには必要だ。

法令をリードした劇場計画

劇場以外では既に事例があったが、劇場では初めての鉄骨煉瓦造による耐火建築物が帝国劇場だった。それ以前にも、再建された市村座（一八九四年）が煉瓦造だったように、耐火建築への意識は法令よりも当事者の方が勝っていた。横河による三井本館は、わが国初の本格的鉄骨煉瓦造だったが、当時のそれは煉瓦の中に鉄骨を埋め込んだもので、耐火性は高かったが鉄骨本来の骨組み構造とは異なっていた。それでも帝国劇場でそれを応用することに躊躇はなかった。佐野利器[14]が東京帝大工科大学で鉄筋コンクリート構造の講座を始めたのが一九〇六年である。二〇世紀初頭は、鉄筋コンクリート構造がようやく実用の段階に入った時期であったが、まだ経験の浅い技術だった。

「耐火構造」が法として初めて整理されたのは、「市街地建築物法施行規則」[15]（一九二〇年）で、その第一条に壁・床・屋根・柱・階段などの耐火構造が具体的に示されている。その認識は今日とは隔たりを感じるものだが、大きな前進を示すものだった。一方、劇場の構造に関する規定は、一九二一年の「興行場及興行取締規則」において初めて、観客定員一五〇〇人以上の興行場にあっては「主

再建された煉瓦造による明治座、一八九三年

14　佐野利器（1880-1956）国技館や東京駅の構造設計を担当、日本の建築構造学の基礎を築いた研究者として知られるが、『住宅論』から『現代都市の問題』まで幅広い著書がある。日本大学の高等工学校創立と共に校長に就任。

要構造部を耐火構造または鐵造と為すこと」という規定が設けられたが、鉄骨の耐火被覆に関しては規定がなかった。しかも、観客定員七〇〇人以上にあっては、「外壁及階段の周囲を耐火構造と為すこと」としながら「定員一〇〇〇人未満のものなるときは準耐火構造」という大幅な緩和を認めている。それは、実現可能な範囲での規定とせざるをえなかった当時の事情を反映している。それ以前の「演劇取締規則」(一九〇〇年)では「耐火構造」という言葉そのものがなく、「建物は石、煉瓦その他適当なる不燃質物を以て構造」としながら、但し「内部の構造に在りては斟酌することあるべし」(第十三条三項)といった具合だったのである。

そうした時代背景を知った上で帝国劇場の配置図を見てみよう。敷地を客席側・舞台側で大きく二分割し、その間に柵を設けている。舞台側では、劇場本体から離して、大道具製作所棟、附属技芸学校及び会社事務所棟、蓄電池棟、背景画室及び音楽教室棟といった四つの棟を分散配置している。中庭空間を介しながら各機能を分けることは、季節や天候の影響を直接受け、使い勝手上不便に違いない。しかし、万が一火災になったとしても、容易に発見できるし外からの対応もしやすいという利点があり、初期段階で消火活動を展開できる可能性が高い。また、各棟内に製作所・稽古場など騒音の発生源となる機能を有していることを考えると、遮音や防振といった観点からも、これが有効な方法であることが分かる。音の出る機能を互いに遠ざけ、邪魔にならない機能を一つ一つの棟にまとめること

15　日本が近代国家となって初めて建築に関する全国的法体系を定めたものが「市街地建築物法」(一九一九年)で、それをさらに詳細に定めた法が「市街地建築物法施行規則」、「市街地建築物法」は後に「建築基準法」に繋がる。

で、むしろ集約的なリスク軽減を図っている。

劇場本体の計画では、舞台・客席・楽屋・ホワイエなど各ゾーンが独立して区画できるように計画され、火災時には防火上主要な出入口及び窓を自動的に閉じる鉄扉装備を持っていた。特に注目すべきは、欧米の劇場に倣い、鉄製の防火戸によって舞台と客席を区画する方法で、この方法は十分なすのこ高さを有するフライタワー[16]があることで初めて可能となった。いずれも外国製の設備で、こうした防災設備を持つ劇場は、無論帝国劇場をおいて他になかった。当時の「演劇取締規則」には、二方向避難に関する規定はあったが、建物内部を区画するといった概念がなく、精々建物外周に空地を設け、不燃の塀を巡らせるといった程度のものであった。

階段の配置に着目すると、まず建物の四隅に階段室を配置し、客席の側面と後部にも階段を設け、合計四対八か所の階段を計画している。それぞれを一階まで直通させ、そのまま外部へと導いている。対称的に配置された階段は、楽屋・客席各ゾーンにおける効率的な動線と共に二方向避難を提供している。また、舞台領域においても、外に面した開口部を設けることで、非常時の素早い経路を確保している。現代の法規からすれば、階段室としての独立性・区画の問題を指摘できるが、階段の幅や階段から外部へ直通避難できる経路の確保、位置などの点において、それ以前とは格段の向上が見られることは確かだ。こうした理に叶った

帝国劇場の防火戸、舞台と客席の区画

16　各種の舞台演出用の幕類やバトン、照明、音響反射板などを格納するために舞台上部に設けられた吹き抜けの高い塔状空間。最上段には、それら吊物設備を設置するためのスノコがある。

避難計画は、観客にも出演者・スタッフにも安心感を抱かせたことだろう。

客席を椅子式にするようになったのは、有楽座（一九〇八年）が初めてであったが、一階の両桟敷は従来どおりだったし、椅子も六人掛けの長椅子式だった。全席椅子席で、主要階において一人一脚となったのは帝国劇場が初めてである。それは、規定以上の人数が客席内に入れないことを意味し、椅子が床に固定されることで非常時の混乱を減ずるという二重の安全をもたらす結果となった。

そもそも椅子席に関する法令は、「興行場及興行取締規則」が初めてだった。帝国劇場の椅子一人分の幅は四八五mm・前後間隔七八八mmで、これは同規定の最低寸法（幅は一尺三寸＝三九四mm、前後間隔二尺五寸＝七五八mm）を上回るもので、これ以降標準的な寸法となった。床に固定することも帝国劇場での経験からだった。

ところで、横連結された座席は、最大でも九席で一階席後方の一段高くなった端部ブロックを例外として、それ以外は席は全て両端に縦通路が通っている。一階平土間部分の客席は、最前列と後方側面の二対四か所の出入口を持っている。後方側面から客席に入ると、他の前後列よりもやや間隔が開いている部分があり、それが横通路的に利用されていたと思われる。このため、客席周囲に円弧状に確保された通路に加えて縦通路が二本、横通路が一本といういわば井桁状に組まれた座席配列となっており、全ての通路が客席出入口に接続されている。花道を作

横河民輔「有楽座」一九〇八年、九〇〇席
坪内逍遥らの文芸協会、小山内薫らの自由劇場など劇場上演の拠点だったが、関東大震災で焼失（一九二三年）。

る場合でも、平土間席への出入口を確保したままボックス席をつぶして仮設する方法を採用しており、防災への意識が高いことを窺わせる。

こうした客席内の縦横通路の取り方と出入口も、「演劇取締規則」では「二枡毎に竪（若しくは横）に幅一尺以上の通路を設け容易に廊下に通せしむべし」とあるだけで、これが「興行場及興行取締規則」で初めて「横列八席以下毎に通路を設けその幅員は之を使用する客席両側に在るときは二尺五寸以上、片側のみに在るときは二尺以上と為すこと」と規定された。帝国劇場では、横に連結された席数が一席多いが、客席通路幅は七八八mmで、規定を上回って安全を確保している。

プロセニアム劇場の誕生

平面図では歌舞伎座の舞台が圧倒的に広い。それに比べたら、帝国劇場の舞台の大きさは、面積にして約六五パーセントで、廻り舞台寸法一つとってみても歌舞伎座の外九間・内七間の蛇の目廻しに対して、帝国劇場は八間とやや小振りだ。歌舞伎座の格段の広さは、雑然となりがちな舞台で能率良い公演や作業を保証するものだったことは間違いない。しかし、そこには大道具や小道具・各種の備品類が置かれ、時にそれらを製作する作業場ともなる。融通性があるともいえるが、道具類が舞台と同一空間内に置かれることの問題を欧米の火災で知った横河は、

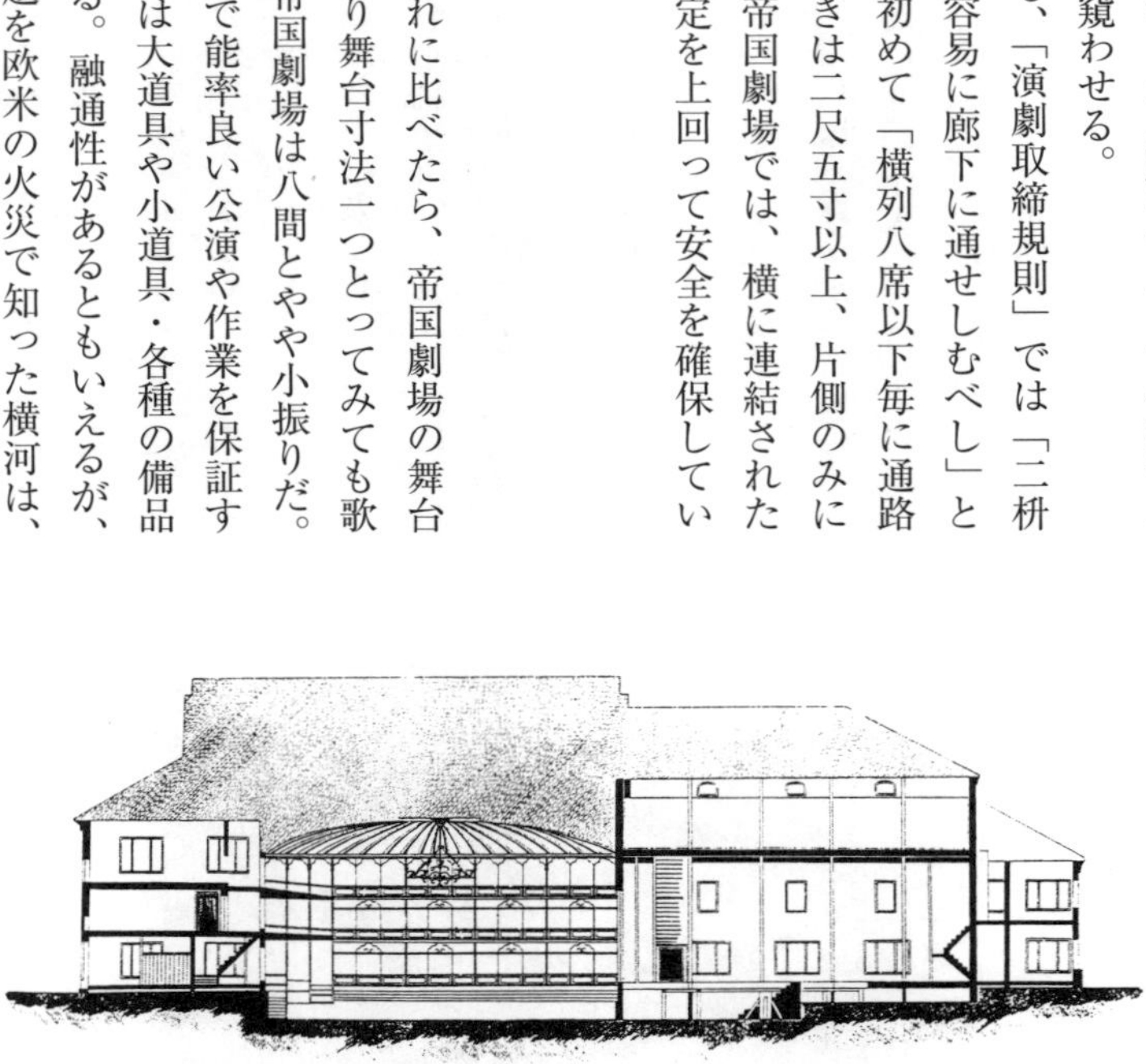
「歌舞伎座」断面図

舞台として実際に使える領域を狭めてでも安全を確保する方を選んだように思える。基本設計段階の図面には、そうした区画されていない計画案も見られる。

逆に帝国劇場が勝っている点は、舞台床からすのこまでの高さである。帝国劇場においては、舞台開口高さ約二四尺（七・三m）に対して、すのこまでの高さが五五尺余（一六・七m）と開口高さの約二・三倍を確保している。一方、歌舞伎座は舞台開口高さよりも僅かに高いだけで、フライタワーという概念では計画されていない。正面ファサードや客席内のシャンデリアは洋風劇場に倣ったものであったが、舞台側の劇場機能においては西洋劇場とは無縁だったという訳である。

では、帝国劇場の舞台は狭かったのか？　舞台開口の寸法や奥行などを現代の計画的な目で評価すると、これが実に基本に忠実な舞台であることに気付く。まず、プロセニアムの間口幅がいい。現在の同規模多目的ホールでは、オーケストラ・コンサートを考えてさらに広く高い間口として、舞台側で開口を調節するように考えることが多い。しかし、演劇では七間程度の間口が多いし、高さを含めて一つの目安になるプロポーションである。これに袖幕を入れて通路スペースをとると、ぴったりこの舞台が出来上がる。高さもプロセニアム高さ＋αの幕をそのまま吊り込める寸法で、基本どおりの計画といえる。現代では、これに側ないし後舞台など副舞台領域を加えて計画することが多い。

舞台上部に高い空間を持つことは、新技術の導入なくしては達成できないものだった。行程一五m以上をスムーズかつ安全に昇降する吊物機構、遠くからでも照度を確保できるスポットライトと調光可能な制御システムを持った新たな設備が必要だった。三階席を持った歌舞伎座でさえ、舞台床レベルから水引幕[17]までの高さが一七尺（五・一五m）でしかなく、それ以上の高性能の吊物や照明は未経験の領域だった。そのため、当時ヨーロッパでも最新鋭の技術製品をドイツから輸入している。隣接する吊物同士がぶつからず安定して昇降するゲーバー社製の吊物機構、AEG社製の舞台照明配電盤や照明器具、ジーメンス社製の調光器など海外製品が多数設備されていたという[18]。廻り舞台も人力に頼らずに速度調節ができる一二馬力の電動式とし、最新式の宙乗り用設備を備えるなど、わが国にない新技術を積極的に導入している[19]。

新しい技術を使った毎日の公演では、思わぬ故障やトラブルがあり、予想もできない出来事があったに違いない。また、昼夜違う公演が入り交じっての舞台では、技術者たちがどんなに苦労したことか想像以上のものがある。しかし、こうした最新技術の導入と厳しい舞台運営を経験したことが、その後わが国の劇場技術を格段に進歩させたことは明らかだ。それらのメンテナンスと製品技術の応用から、劇場分野の新しい産業と人材を育てたことも大変意義深い。

17　劇場で舞台開口部の最前部上方に、間口幅いっぱいに張った細長い幕。

18　小川昇著『補訂　日本舞台照明史』日本舞台照明協会、一九七五年。米山勇「建築家・横河民輔と帝国劇場」『よみがえる帝国劇場展』早稲田大学演劇博物館、二〇〇二年。

19　しかも舞台公演に関わるこうした設備電源は、全て蓄電池方式だった。当時、丸の内一帯は直流による配電で、昼間の内に蓄電し、公演に際してはこれを切り替えて供給した。わざわざ切り替え式としたのは、消費量が増大する夜間の停電を恐れたもので、まだ供給が安定していなかった電力事情を物語っている。

ハコモノでなく玉手箱へ

わが国初の本格的プロセニアム劇場の誕生がここに見られた。新富座や歌舞伎座において舞台先端が一直線化し、舞台・客席を分けて計画しているという点では、プロセニアム劇場に似通うものがあるが、断面に対する意識においては、江戸の芝居小屋とそれほど変わるものではなかった。この点、帝国劇場は全く異なった性質の劇場だった。それ以上に、帝国劇場が示した様々な先取性は、これまで見たように建築・技術・運営など多くの関連分野に多大な影響を及ぼした。特に、劇場建築における防災計画の規範となったことは大変意義深い。帝国劇場が実践した内容は、後の法令に先んじただけでなく、むしろそのリード役となったところに大きな意味がある。防災や劇場椅子などに関する多くの規則が、帝国劇場開場の一〇年後になってようやく「興行場及興行取締規則」に取り入れられるのである。

しかしながら、防災に対する意識と西洋化＝プロセニアム劇場への傾斜が、歌舞伎固有の劇場空間を喪失するモーメントとしても作用したことは認めざるをえない。そうした近代化の過程で劇場が失ってきた事実も見逃してはならない。安全さと十全なサービスの提供は、同時に舞台と観客、街と劇場が醸し出してきた渾然一体となった関係を淡泊で味気ないものにしてきてしまったことは否めない。

客席に取り囲まれながら中心軸から少しズレた舞台、そこから下手側横方向に奥行を持った橋掛かりが広がり、またそれと直行する方向で客席空間を縦断する花道、そうした演技の広がりと観客との関係によって生まれる奥行感のある演技空間を失なってしまった。平板な舞台・劇場空間になってしまった。その結果、本来有していた芝居見物の豊かさ・親密さが損なわれ、受け身の空間に変貌してしまった。西欧の劇場が、舞台と客席を積極的に区画し、見ることの機能性を優先したのと同じ結果をもたらしたとも言える。

だからといって、帝国劇場が示した基本的姿とそこに込められた夢を否定するつもりは全くない。むしろ、世界と調和する舞台の夢を描きながら建設と経営に挑戦した先人たちの純粋さと柔軟性から学ぶべきことがあることをここで示したつもりだ。法令をリードするような計画、あるいは法令を変革するような計画、安全の精度が高まってきた現代において求められる劇場、そこに出掛ける喜びを感じられる劇場空間の有り様とデザイン、それらについて改めて考える必要を思う。安全についての計画を軽んずることはできないが、それを踏まえた上で、行くこと自身が楽しくなるような劇場を作っていきたい。ハコモノの代表であるかのように扱われる劇場は、本当に単なるハコモノなのか、勇気と希望の玉手箱なのか歴史を振り返って見つめ直そう。

第七章　劇場のモダンデザイン

1　完全な劇場と不完全な場からの出発

アダプタブルという型

劇場は仮設性の強い場である。京の北野天満宮や四条河原での歌舞伎踊りや中世ヨーロッパの宗教劇に見るように消えていくものである。舞台として作られるのは、一時的に設けられる特殊な情況であり、張りぼて空間である。それは現実社会のどこにもない、上演時間中だけ生きる空間、そこにしかない場所である。しかも、照明が当たり人物が登場して、その物語を見に来る人がいて初めて成立する。観客が帰り作業用の明かりに照らされると、生気のないガランとした空間にまた戻ってしまう。まるで生死が繰り返されているような不思議な場である。そうした束の間の空間であるが故に、演劇人は一回一回に生命を掛けている。

建築の側から見れば、その仮設性がどの範囲にあるのかが問題で、舞台領域内に収まっている限りは、計画物としての建築を越えることはないが、客席を含めてとなると容易でなくなる。その難しさに挑んだのが、プロセニアム劇場に我慢できなくなった二〇世紀の演劇人だった。その一人、演出家エルヴィン・ピスカトール[1]の注文によって計画されたW・グロピウスのトータルシアター計画案（一九二七年）は、形式の異なる三種の劇場形式を一つの劇場で実現しようとしたもので、後にアダプタブル劇場[2]と称される可変型劇場の先駆けとなった。

1　キリスト教は、演劇が基本的に有する批判性・娯楽性を嫌った。演劇を反社会的な悪と見なし、劇場上演が禁止され、劇場が一掃されてしまった。ただ、演劇そのものを抹殺することはできない。五〇〇年以上の間、演劇は旅芸人や大衆芸能の一つとして語り継がれていった。一方、教会側は聖書普及のために演劇的形式を取り入れた。都市広場などに説明的な場面を設けて演じられる宗教劇は、文字を読めない人々にとって、聖書の視覚化であり広く受け入れられた。仮設的であるが故の面白さをそこに見ることができる。

1　Erwin Piscator (1893-1966)
一九二九年出版の『政治的劇場（*Das politische Theater*）』という本のタイトルが示す通り、彼の演劇はプロレタリア運動との繋がりが強い。誰も自分が生活する時代の政治・経済の状況・要因と分かち難く結び付けられているという認識から、観客参加を求める方法を探った。叙事的演劇という共通項によって、ブレヒトへの影響を指摘することもできるが、その手法は、観客の思考・行動力を

建物外周部に階段や技術ブースを設け、その内側に舞台から続く帯状の空間を回して客席を包み込んでいる。幾重にも技術・演技・観客領域を重層させることで、フレキシブルな空間を柔らかくフィットさせようとするアイデアは面白く、発展の可能性を感じさせる。廻り舞台と客席ワゴンの組み合わせ、機械力による迅速な型の変化という構想は、その後ハーバード大学レーブ・ドラマセンター

劇中で消費させてしまう懸念があるとブレヒトは考えていた。

2 一つの決められた舞台・客席の関係に留まらず、舞台形式を必要に応じてセンター、スラスト、プロセニアム形式などあらかじめ決められた複数の形式に変更可能な劇場。

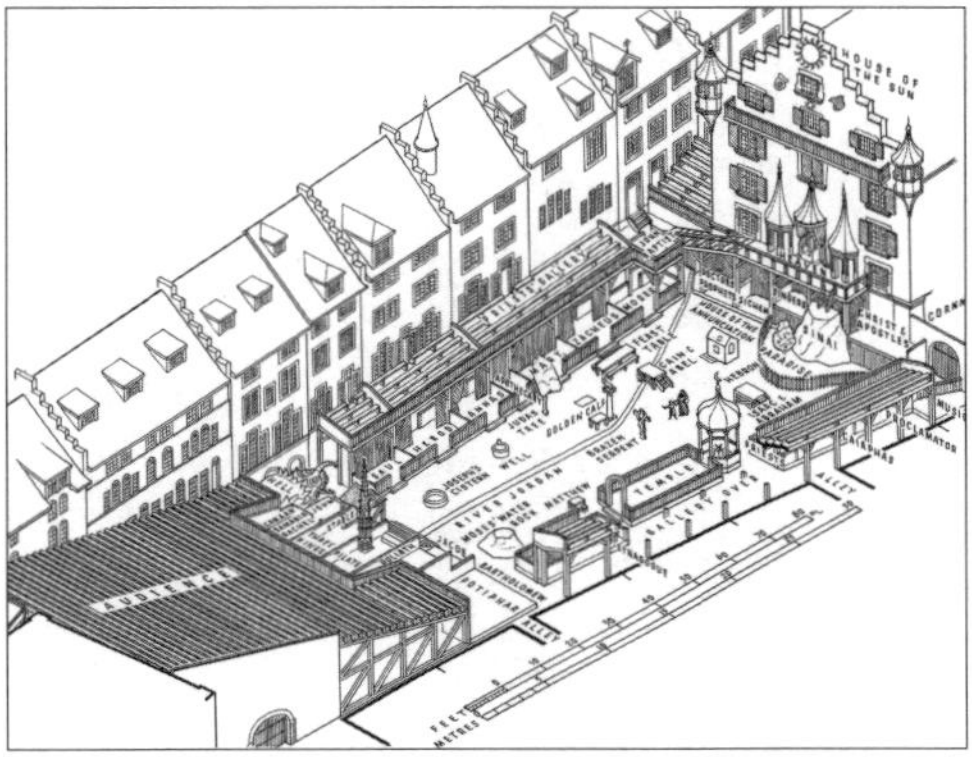

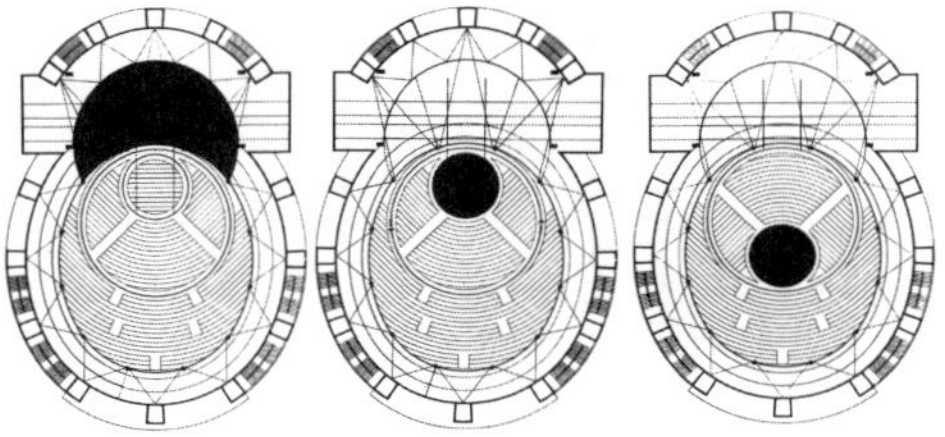

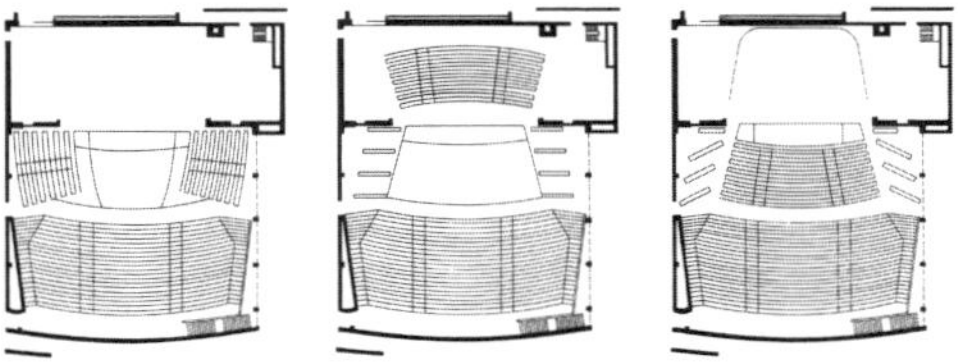

上から
中世ヨーロッパの宗教劇（再現想像図、ルツェルン、一五八三年）
「トータルシアター」（W・グロピウス、一九二七年）平面三つのヴァリエーション
「レーブ・ドラマセンター」（H・スタビンス、一九六〇年）平面三つのヴァリエーション

（一九六〇年）などアメリカの教育施設で積極的に具体化され、型で空間を捉えようとする計画がアカデミックな思考に合致した。しかし、アダプタブルもまた型であることに演劇人は納得することなく進むことになる。

ピスカトールの完全劇場

ドイツの会員制演劇組織フォルクスビューネは、一九世紀末に始まりプロレタリア演劇の興隆に伴い一九二〇年の八万人から一九二七年には五四万人へと劇的な拡大に成功した。そこから多くの演劇集団が誕生しているが、その中でも政治的信条を前面に打ち出した活動をピスカトールは展開していた。トータルシアターで彼が目指していたものを知る資料として、エルンスト・トラー作「どっこい、おれたちは生きている！」や「ラスプーチン」[3]公演（いずれも一九二七年）が参考になる。「どっこい、おれたちは生きている！」では、三階建ての大きな動く屋台を作り、その前後に設けた紗幕に客席側及び舞台背面から映像を投影するという舞台装置を作っている。そこに現実の断片として町の様子や戦争など雑多な映像を手当たり次第に繋いで映写したという。その後の演出作品「ラスプーチン」では二階建ての大きさで半球状に組み立てられた鉄製フレームの周りに布を張り、そこに下から上へとテキストが映写されたという。同様な手法により、機械装置を独創的に使い、映像技術やモンタージュの手法を劇場全体で可能にす

3 「ラスプーチン、ロマノフ家の人々、戦争、そしてロマノフ家の人々に対して反乱を起こした民族（Rasputin, die Romanows, der Krieg und das Volk, das gegen sie aufstand）」が正式なタイトル。

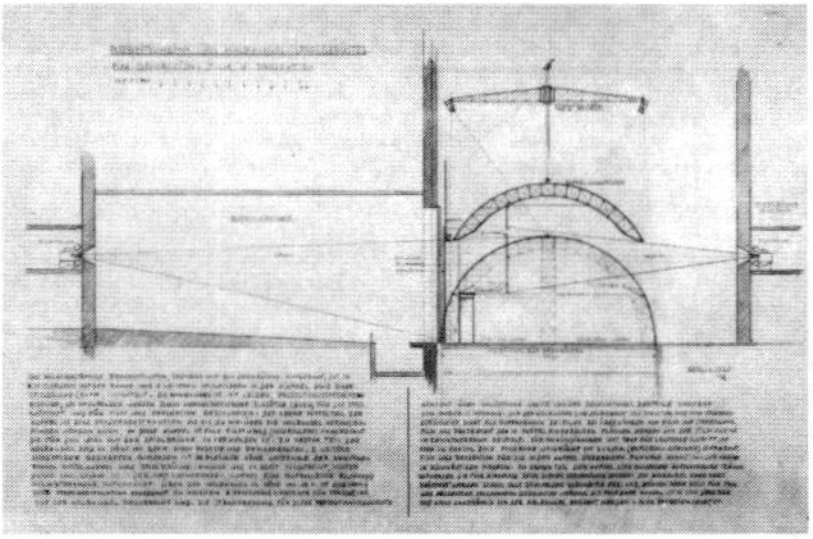

「ラスプーチン」

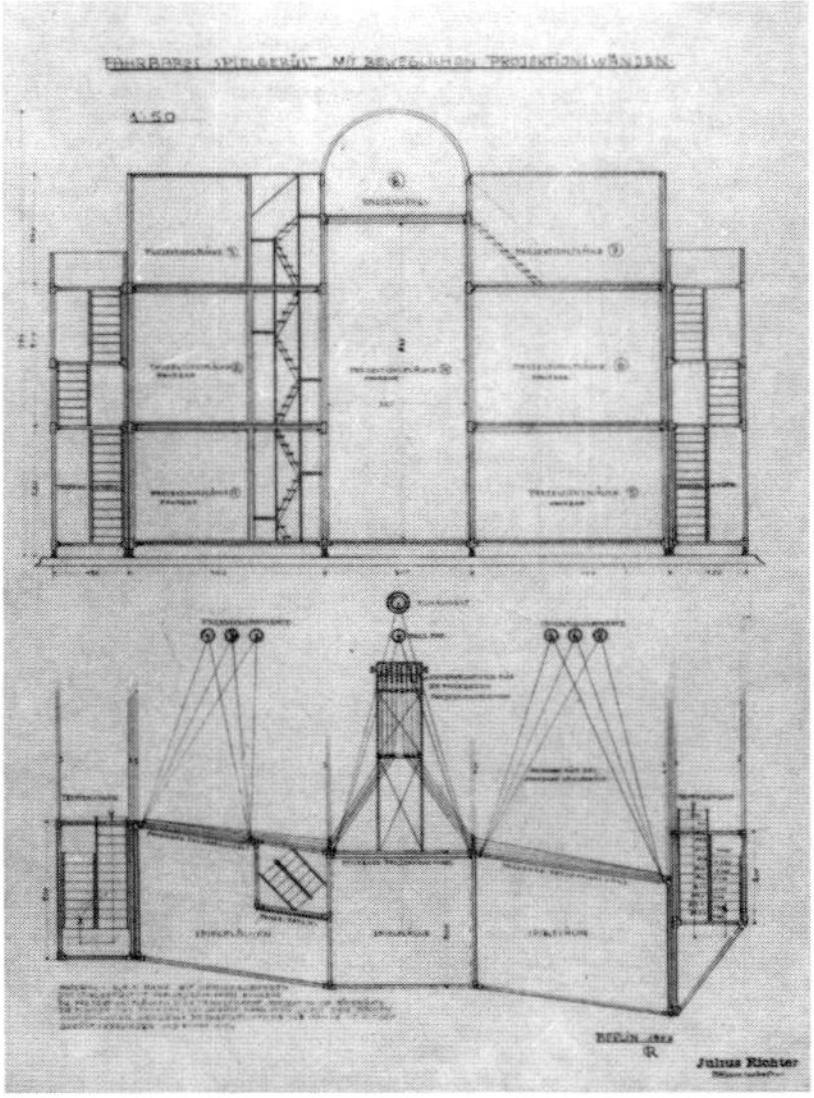

「どっこい、おれたちは生きている!」

上から
E・ピスカートル演出「ラスプーチン」一九二七年、舞台装置、舞台装置・客席断面図
E・ピスカートル演出「どっこい、おれたちは生きている!」一九二七年、舞台装置立面図、平面図

る従来にない演劇空間を作り出そうというのがグロピウスに対するピスカトールの注文だった。

それに具体的な提案で応えようとしているのが舞台・客席の後方に設けられた一〇数のブースである。立体的な映像空間を作り出そうとする試みは、プロジェクションによる動画映像を多用する現代の舞台美術・技術を予感させる。客席全体を幾層にもわたって立体的に取り巻くギャラリーも、映写・照明・音響の自由な配置を可能にするものとして計画されたに違いない。実はこうした技術の魅力と可能性に着目したのが第一次世界大戦下にあったドイツ政府だった。国威発揚のためのプロパガンダを狙って映画会社UFA社を一九一七年ベルリンに設立したのは、それを有効な手段としてみなしていたからに他ならない。しかし、戦後それが逆に文化的エネルギーとなって、ドイツをいち早く立ち直らせる原動力ともなったのである。その象徴「カリガリ博士」[4]は衝撃を持って世界に迎えられ、ニューヨーク、パリにおいてドイツ映画上演禁止を解く力となり、一九二〇年代のドイツ映画黄金期へと繋がっていく。

こうした最新技術を駆使しながら演劇表現を拡大しようとするピスカトールの演劇は、月並みな事物を扱い異化効果を狙うB・ブレヒトの叙事演劇の先駆者的な存在でもある。ピスカトールは初期に見せた観客を奮い立たせるような表現主義を排し、社会学的主題に対する批判的行為を啓発する解釈で作品を変身させた。

4 ドイツ表現主義映画の代表作。R・ウィーケ監督、一九一九年。

5 ハンス・M・ウィングラー編、バウハウス翻訳委員会訳、宮内嘉久編『バウハウス ワイマール/デッサウ/ベルリン/シカゴ』造形社、一九六九年。

6 前掲書(註5参照)。

劇的な叙情主義を嫌い、記録性を全面に出すことで、作品の客観性を浮き彫りにした。そうすることで、舞台―観客間に思想的な統一体を築き、客観性による完全な演劇となるはずだった。彼にとって演劇は議会であり観客は議員であった。しかし、彼の強い社会主義への傾きは、プロレタリア演劇にあっても組織との衝突・失敗を招き、完全なる劇場は夢の中でしか構想できなかった。

グロピウスの完全劇場

これに対して、「演劇舞台から雑物を取除き再生する」(「バウハウス劇場の仕事」[5]一九二三年)というW・グロピウスは、純化に向かって建築を考えていた。彼もまた新時代における完全な建築を目指していた。どちらも革新的・客観的であることの重要性を認識していた点では共通であったし、自由な形式を選択することで、演劇的にも建築的にも完全な劇場になるはずだった。しかし、アプローチには隔たりがあった。演劇は目前に存在する事象や空間に対して異議を申し立て、疑問符を投げかけることを得意とし、それによって人間性の様々な局面を露わにする作用をもくろむ。それ故、用意された型の中に収まりきれない側面を常に抱えている。こうした雑多性を引き受ける演劇的批判精神と「すべての造形活動の最終目標は完璧な建築にある」(「ワイマール国立バウハウスの要領」[6]一九一九年)とするグロピウスの近代建築思考が無理なく調和するとは考えにく

「トータルシアター」

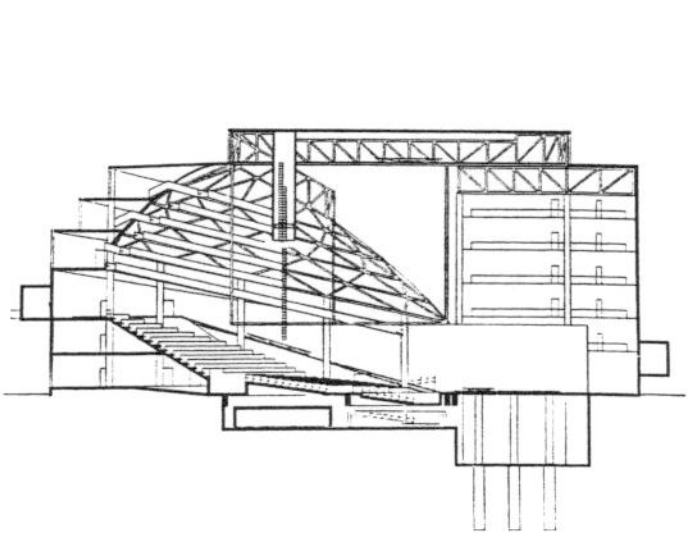

断面図

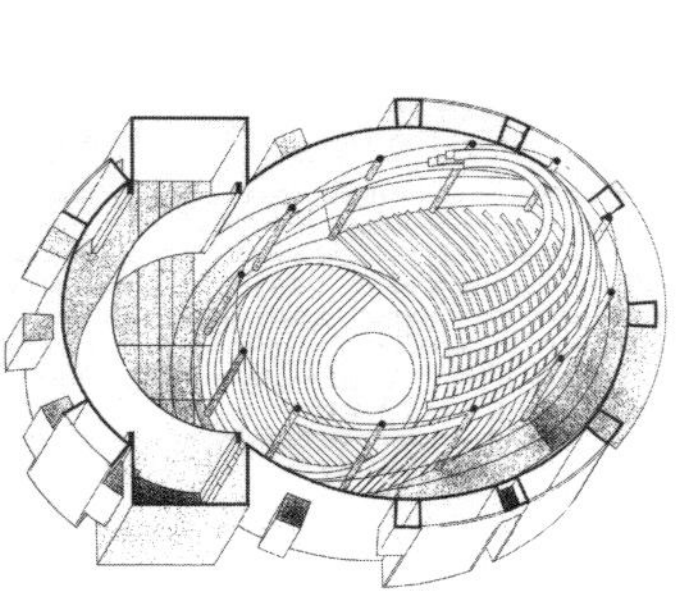

アクソメ図

い。むしろ、その衝突の中から生まれたことで、トータルシアターはどちらにも属さない第三の提案を導き出したように思える。

その平面は、大きな楕円の中に内接して設けられた正円が二重になったもので、大きい方の正円が回転することで型のバリエーションを生むという計画である。基本となっている円形劇場は、グロピウスが「演劇発展上の起源を尋ね出すことが我々の仕事の原点を形成する」(「バウハウス劇場の仕事」)と表明しているとおり、ギリシャ劇場に由来するものだし、やや膨らみのある楕円とその周囲に設けられた柱は、テアトロ・オリンピコに対する敬意であると考えることができる。一二ある柱は、ウィトルウィウスが『建築十書』[7]に描いたローマ劇場に内接する正三角形の頂点数と同じで西洋的な世界観を象徴しており、それに内包された空間を宇宙とみなすことで完全な劇場を描いたのだろう。しかし、舞台部と客席部はフライタワーを構成する壁によって区切られており、両者はまるで結び付きがたい谷で隔てられているようにも見える。

この伏線となった劇場として、バウハウスに関係し一九二四年に発表された二つの劇場計画案を参照できる。ファルカス・モルナーのU劇場案とアンドレ・ヴァイニンガーの球体劇場案である。U劇場案は、空中に浮かぶ第二の舞台や昇降する照明装置、空中舞台と接続したギャラリー席を設けている。球体劇場案では、壁に沿って座った観客が底の舞台を覗き込んだり、そこから繋がる立体・平面・

7　ウィトルーウィウス著、森田慶一訳注『ウィトルーウィウス建築書』東海大学出版会、一九七九年。マルクス・ウィトルウィウス・ポッリ(Marcus Vitruvius Pollio, 80-70 BC-15BC)によって著された現存する最古の建築理論書。良い建築の条件は、用(機能)・強(構造)・美(意匠)から成り、建築が成功するか否かは、職人の技や形式でなく、社会と建築家の相関性によるとしている。

[図9] Uシアター(設計:モルナー)

線などで構成される空間全体を見渡せる機械的劇場を作り出すといったものだった。やや大袈裟な感じはあるが、いずれも従来の舞台―観客関係から離れ、演劇造形や全体性の演劇を目指し、演技空間の立体化や観客同士が交差する関係を作り出そうとした点でトータルシアターに結び付く興味深い内容を持っていた。

不完全な場

劇場人と建築家が協力して新しい劇場空間を構想した意義は大きい。しかし、これら建築的着想は、思ってもみない方向へと向かうことになる。劇場建築を捨てよう、どのような形式にも依らない演劇空間を求めよう、というのだ。アルフ

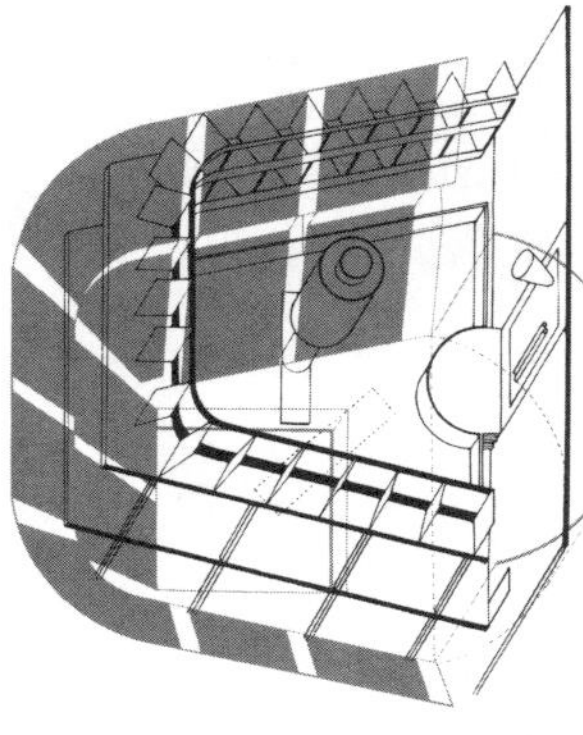

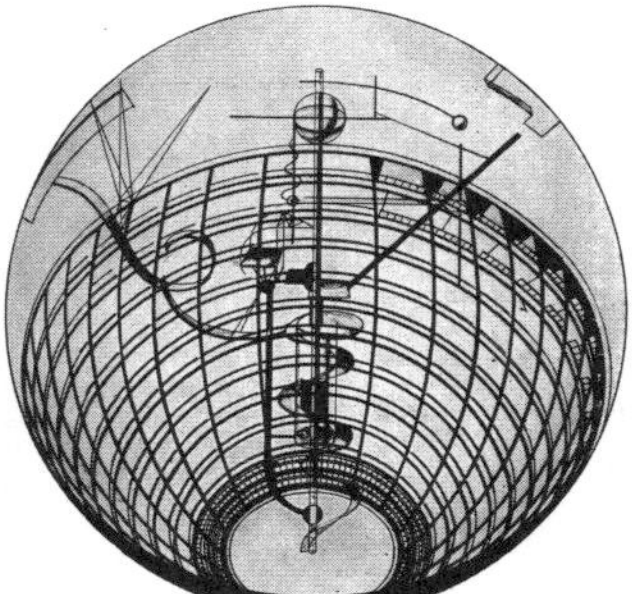

上から
F・モルナー「U劇場」一九二四年
A・ヴァイニンガー「球体劇場」一九二四年

レッド・ジャリ劇場を創設したアントナン・アルトー[8]は、薄汚れたコンサート会場を借り「チェンチ一族」を作り上げた（一九三五年）。資金も役者も舞台装置も何一つ十分でなかったが、逆にその不完全さから、演劇にとって最も重要な想像力と熱気を呼び起こしたのだった。滅茶苦茶な舞台はパリっ子の興味を引いたものの、当時ジャン＝ルイ・バロー[9]を除いては、誰もそれを評価する者はいなかったという。しかし、狂気とされていたアルトーの理念と試行錯誤は一九六〇年代に再評価され、一躍現実の表舞台に引き出される。

彼は「舞台と客席――私たちは舞台と観客席を捨て、代わりに一つの場所を置く。どんなものを用いても仕切ったり、遮ったりしない」[10]と一気に劇場建築に見切りを付けてしまう。そして、倉庫や納屋などあらかじめ劇場と認められていない「場所」で直接的な観客とのコミュニケーションを求めた。演劇の革新が、その「場所」に対する意識革新なくしてはないことを知っていたのだ。フランス演劇の修辞的な言葉・演技に反抗し、「言葉の錬金術から独立した空間の詩情」[11]を作り出すため直接感覚に訴えかけた。演劇は冗長な台詞を操るのでなく、音楽・舞踊・絵画・映像・パントマイムそれに建築・照明などによって構成されるべきものになった。それは、言語の詩に代わる「感覚の詩」を生み出そうとする意志だった。

様々に観客との関係を変容させる同じような舞台は、一九三〇年代モスクワの

8　Antonin Artaud (1896-1948)　一九二〇年代から俳優活動をはじめ、身体劇としての「残酷劇」を提唱したフランスの俳優・詩人・小説家・演劇家。著書に『演劇とその形而上学』（安堂信也訳、白水社、一九六五年）。その後、全面的に新訳となり『演劇とその分身（アントナン・アルトー著作集）』白水社、一九九六年。

9　Jean-Louis Barrault (1910-1994)　フランスの俳優、演出家。一九三一年からC・デュランの劇団アトリエ座に学び、前衛的習作で知られるようになる。四〇年コメディー・フランセーズ、映画『天井桟敷の人々』のバチスト役で有名。

10　アントナン・アルトー著、安堂信也訳『演劇とその形而上学』白水社、一九六五年。

11　前掲書（註10参照）。

12　Nikolai Pavlovich Okhlopkov (1900-1967)　メイエルホリドについて演出を学び、一九三二年モスクワのレアリスチーチェスキー劇場の演出家となる。エイゼンシュテインのモンタージュ理論に刺激され、シェイクスピア劇や

レアリスチーチェスキー劇場におけるニコライ・オフロープコフ[12]によって演出されていた。舞台が観客の周りに作られたり、中央になったり、頭上でさえ演技が行われた。複数の舞台を移動することもあった。しかし彼の演劇は、その劇場名の通り、様式的には自然主義の範囲を出ず、アルトーが求める潜在意識にまで立ち入るというものではなかった。

演劇の本質を探り、生き生きとした俳優と観客との関係なしには成り立たない場だとする動きは、次にイェジー・グロトフスキー[13]やP・ブルック、アリア

ギリシア劇に応用、演出した。

13　Jerzy Grotowski (1933-99)　従来の持てる(富裕の)総合演劇でなく、音楽・美術などをできるだけ排除し演劇の本質的要素にみによる空間と俳優の肉体を重視したポーランド出身の劇作家・演出家。代表的著書に『実験演劇論——持たざる演劇めざして』(大島勉訳、テアトロ、一九七一年)がある。

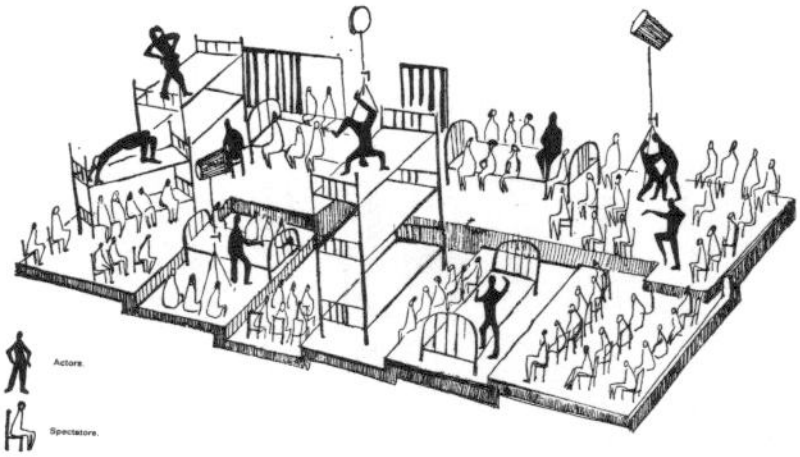

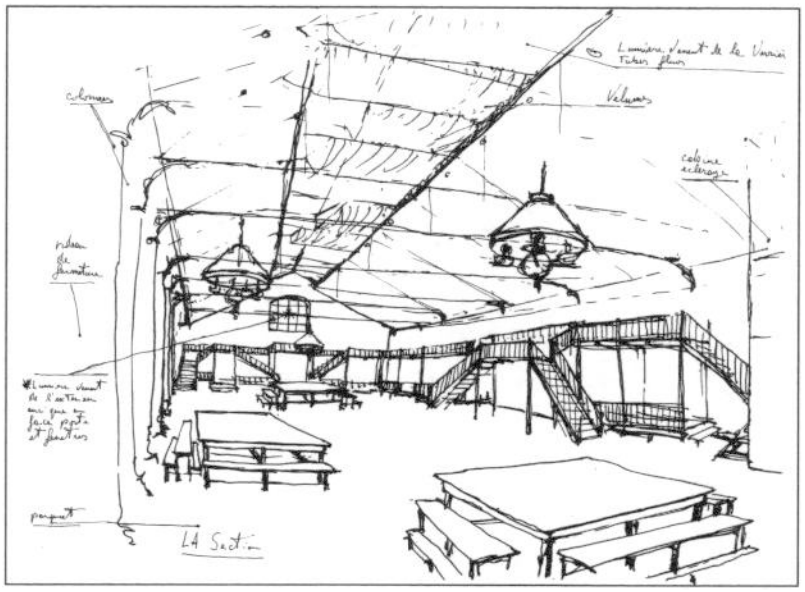

上から
J・グロトフスキー演出「コルディアン」のためのスケッチ、一九六二年
P・ブルック演出「テンペスト」一九六八年、ロンドンラウンドハウス
A・ムヌーシュキン演出「一七九三年」のためのスケッチ、一九七二年

ンヌ・ムヌーシュキン[14]らによって加速された。グロトフスキーは、劇場という完全に計画された空間でなく、不十分な場の中から演技者と観客の無限のバリエーションを作り出そうというものだった。彼は著書『実験演劇論』（一九六八年）の中で、舞台―客席の区別のない様々な演出構想をイラスト入りで説明している。そうした劇場空間に関する理念を具体化して見せたのが、P・シュタイン[15]が率いていたベルリンのシャウビューネ劇場（一一頁参照）だ。面白いことにそれは、建築家エーリヒ・メンデルゾーンによるUFA社の映画館「宇宙《ウニヴェルズム》」（一九二八年）を大改造して作られた（一九八一年）もので、外観保存の指定を受けながら、内部空間はまるで別物のフレキシビリティに富んだ空間性を持っている。しかも、単なるブラックボックスでなく、人の手を煩わせる不完全さを備えており、よく考えられたガランドウの空間である。

シュタインら各国の演劇人が推進役となっていた六〇年代後半以降の彼らの活動は、まさにアルトーやグロトフスキーを実践しているような刺激に満ちた演劇だった。既成の劇場空間に囚われず、相応しい場を発見し劇場の外に出掛け、何でもないホールを改造、自分たちの場としてしまうというものだった[16]。現状をものともしないで新しい空間を切り開いていく想像力あふれるエネルギーを感じさせた。舞台と客席の関係、劇場と非劇場の空間を大胆に再構成し、技術に頼らずに生身の人間と空間が渡り合う緊張感がみなぎっていた。シャウビューネ劇

14 Ariane Mnouchkine (1939-) 一九五九年、ソルボンヌ大学在学中にパリ学生演劇協会を設立、六四年には、パリの学生たちと太陽劇団（テアトル・デュ・ソレイユ）に参加、主宰。A・ウェスカー作「調理場」の上演で注目を集め、七〇年からは弾薬庫を改造した劇場に本拠を移し活動。即興演技を生かした集団創作と身体性重視の手法で注目される。中近東やアジア演劇の身体技法を取り入れた演出でも注目を浴びる。

15 Peter Stein (1937-) 一九六〇年代後半、演劇の「民主的実践」を唱え、深いテキスト解釈と信頼を寄せるスタッフ・俳優と協力、時間を掛けて作品を作り上げる手法を実践、ドイツ演劇をリードした。七〇年代以降、当時の西ベルリンのシャウビューネを本拠地とし、九〇年代はザルツブルク音楽祭の演劇部門ディレクター、近年はオペラ演出も多い。

16 日本においても状況劇場（唐十郎）、早稲田小劇場（鈴木忠志）、天井桟敷（寺山修司）など独自のエネルギッシュな演劇活動が展開された。

場は、長辺七〇m、短辺三〇m、高さ一二mのガランドウが三m×七mの迫りで全面にわたって構成され、二つの大きな二重シャッターでその大空間を分割して使う、舞台―客席をその度毎に作るという発想はそれまでにない劇場となった。戯曲が求める空間とその視覚化は、決められたものとして先にあるのでなく、発見すべき対象としてあることを体験した。

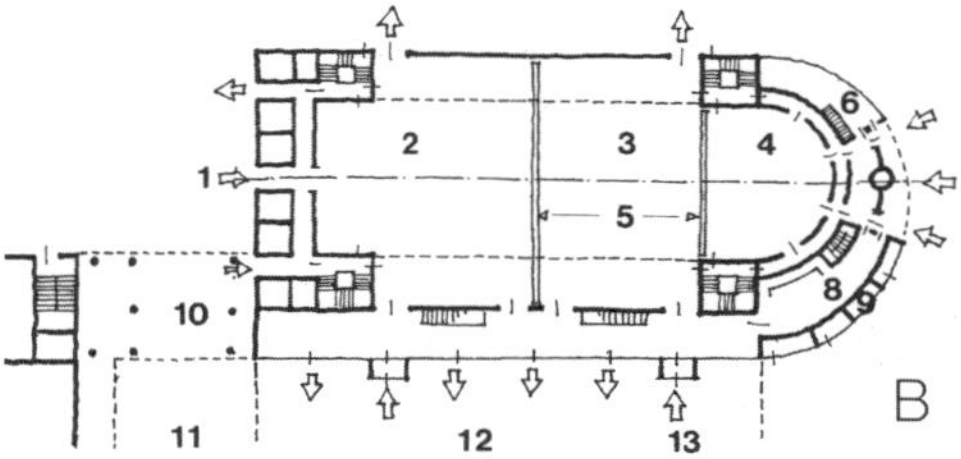

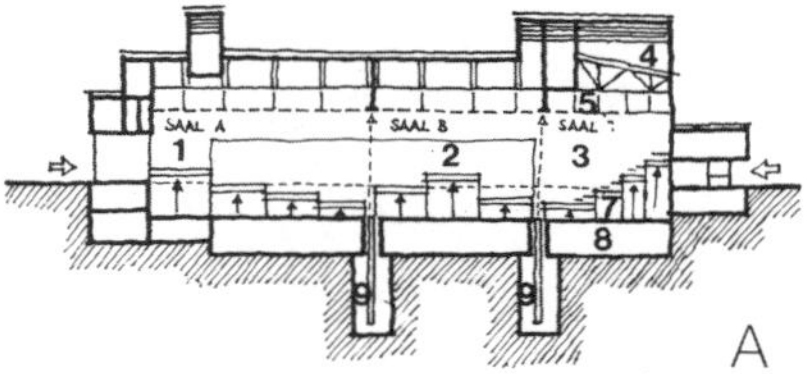

長手断面図

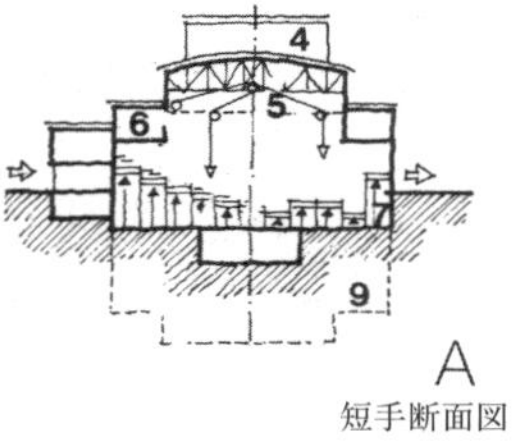

短手断面図

K・ヴェーファー「シャウビューネ劇場構想」一九八一年、劇場内部、平面図、断面図

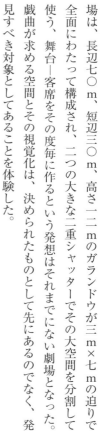

何かある空間

そういえば『なにもない空間』（一九六八年）を著したブルックが初めて来日公演した「真夏の夜の夢」（日生劇場、一九七三年）は、真っ白な舞台、真っ白な舞台衣裳で、何から何まで白ずくめだった。それを写真で見、人づてに聞いてまるでスチレンボードで作った建築模型のようで、近代建築そのもののようにも思えた。非常に純化された印象で、西洋の能を見るような気分にさせられた。本から先に入った私にしてみれば、そうしたモノクロームな空間的扱いが「なにもない空間」なのかと思いこんでしまったが、その時、彼は廃墟のイメージを持った個性的劇場空間を修復していた。一八七六年に創建され、火災に見舞われながらも美しい劇場の面影を残していたパリのブッフ・デュ・ノール劇場である。

何もないどころか、強力な存在感を感じさせる場所に蘇らせたのだった。彼は「マハーバーラタ」のニューヨーク公演に合わせてマジェスティック劇場を同じやり方で改修させている。建物の歴史的な痕跡を残すというよりも、幾重にも重ねられつぎはぎになっている建築的局面を剥ぎ取り、さらにわざとらしく繋げ、継ぎ足したのだった。作品作りはダイナミックだが、そのための利便性を第一義としない。空間としての力強さ、美しさとのバランスの中にそれは成立する。保証された自由や技術的性能だけで空間を評価しない。劇場は、演劇の豊かさを零点から出発させてくれる受容性を持ち、作品と対話できる演出空間でなければな

「パリ・ブッフ・デュ・ノール劇場」
一八七六年、平面図、断面図

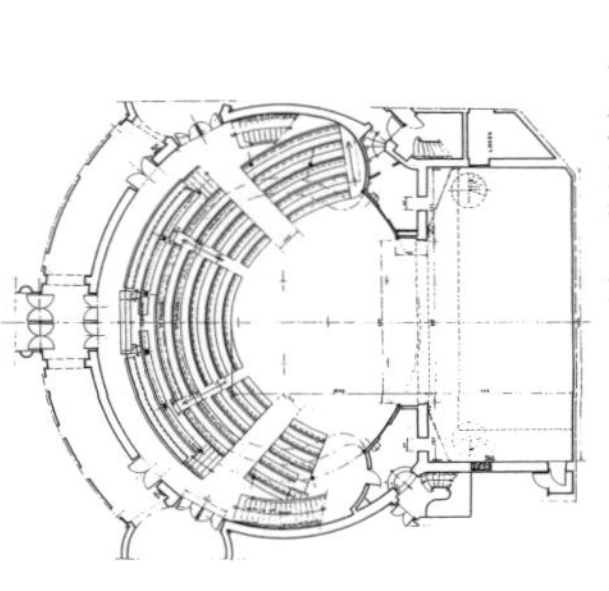

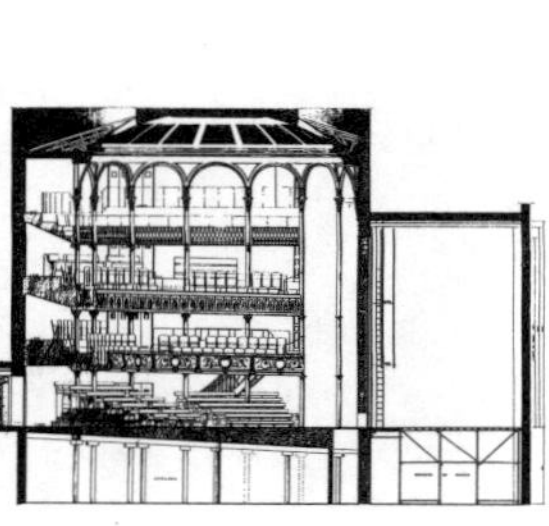

一九七四年、二〇年以上廃墟となっていたパリ北駅近くに位置するコメディ上演の劇場をその痕跡を留めた

らないことを伝えている。「何もない」空間は「何かある」場でもある。

それをイヨネスコは別の言葉で表している。「人は発明するよりも発見することが多いものだ。そして、発明にしても、実際には、発見あるいは再発見なのだ」と。前進するためには、まず後ろを振り返ることができなければならないということか。すでに成し遂げられたことについての深い理解があってこそ、発作的でない継続的な発展を可能にする。トータルシアターやシャウビューネ劇場を振り返ってみる時、私たちは、過去との関係を絶つことが必要な時にさえ、過去に依存せざるをえない、ということを思い知らされる。

2 パブリックのデザイン

記念写真になるオペラハウス

海外旅行を誘うポスターになっているオペラハウスといえば、パリ・オペラ座[17]（一八七五年）とシドニー・オペラハウス[18]（一九七三年）が双璧だろう。建築の魅力が人を感動させ引き寄せる。

パリは軸性を強く意識して作られており、正面玄関から入った観客は大階段を上がり、クランクして客席に入り舞台と向かい合う。観客側・舞台側の構図がハッ

まま新たな劇場空間としてP・ブルックが蘇えらせた劇場。ブルック演出により「鳥の会議」、「桜の園」、「テンペスト」、「マハーバーラタ」など話題作を次々と上演、二〇一〇年まで芸術監督として活動した。現在では、演劇に限らず音楽コンサート他のイベントも行われている。

17　建築家の名を冠して呼ばれる。一八六〇年ナポレオン三世の第二帝政をたたえる記念建築としてコンペが行われ、一七一作品の中から三五歳のガルニエ案が選ばれた。一八六二年着工されるが、一八七五年竣工までの間に普仏戦争敗戦、パリ・コミューン、共和制発足など再三大きな出来事によって中断を余儀なくされながらも当初案通りの姿で完成。

18　一九五七年のコンペでウッツォン案が選ばれるが、六五年の政権交代に伴い大幅な見直しに迫られ、ウッツォンは設計者の地位を外されるが、オーストラリア人チームによって七三年開館。二〇〇七年ユネスコの世界遺産に登録された。

キリ内部にも外観にも表れている。一方、シドニーの入口は舞台裏側に位置し、そこから舞台の脇を抜けて、さらに客席を回り込むようにして席に到達する。自分が入ってきた方向と向かい合わせに座ることで、軸性をはぐらかし表裏を逆転させている。

上から
C・ガルニエ「パリ・オペラ座」一八七五年
J・ウッツォン「シドニー・オペラハウス」一九七三年

どちらもコンペで選ばれ、完成まで一〇数年掛かっていること、都市の大切な場所に位置し独立した敷地に建っていること、政変に巻き込まれながら設計・建設が行われたことでは共通だが、ガルニエ[19]が最後まで仕事を全うできたのに対し、ウッツォン[20]は途中での離任を余儀なくされた。帝政ナポレオン三世によって立案され、戦争による中断を経て共和国政府になって完成したパリ、新天地を求めた人々の近代国家で民主的に選ばれスタートしたシドニー、一世紀の時代差・文化的背景の差は当然のこととして、近代の建築家は劇場にどのような変革をもたらしたのか?

表が裏を包み込む

機能的配列に封じ込められていた手詰まり情況に一つの解を示したのがミース[21]設計のマンハイム劇場案(一九五三年)だった。ユニバーサルスペースを標榜する彼にとって、それは当然の帰結だったかも知れないが、他の誰もが思い付かないものだった。舞台を含む裏機能を誰でも利用できる表の空間で包み込むことで、表裏の表情のズレをいとも簡単に消し去ってしまった。これにより、劇場におけるパブリックを街におけるパブリックと接続させた。裏を表と分離することなく、全体を一体的に計画する可能性とその方向を示したという点で新しい流れを示したものだった。既にファンズワース邸(一九五〇年)やレイクショアド

19 Charles Garnier (1825-98)
一八六〇年に公募されたパリ・オペラ座のコンペで一等に当選し、途中の困難を乗り越えで一八七五年実現。その後もモンテカルロの国営カジノやニース天文台などを設計したが、アトリエは持たなかった。

20 Jorn Utzon (1918-2008)
シドニーオペラハウスのコンペで一等に選ばれ、その印象的なデザインで建築界を驚かせたデンマーク人建築家。六六年その設計者・責任者としての地位を追われるが、完成後名誉が回復され二〇〇三年オーストリア勲章、シドニー大学栄誉博士号、プリツカー賞などを授与される。

21 Ludwig Mies van der Rohe (1886-1969)
二〇世紀近代建築をリードした建築家の一人。彼の建築思想は「Less is more(より少ないことは、より豊かなことである)」という言葉によく表されている。

ライヴ・アパート（一九五一年）で実現したように、自然光が求められる居住性の高い室を外周部に、一時的な使用に留まるサービス領域を中央部に置くという明快なセンターコア・プランニング、それを鉄とガラスで覆うという手法は、彼にとって至極当然の構成だった。設計中のＩＩＴクラウンホール（一九五六年）と以前考えたドライブインレストラン計画案（一九四六年）を重ね合わせ、そのスケールを拡大して適合させようと考えたことも自然な成り行きだったろう。また、アルバート・カーン[22]の飛行機格納庫をコンサートホールに仕立てたコラージュ（一九四二年）で着想した、構造体から自立した天井・壁によって目的空間を作り出すという考え方にもフィットし、輻輳する機能を解決するにはうってつけだった。

これより以前にも劇場が持つ裏の表情を隠そうとしたペトログラード劇場案（一八九〇年、ビクトル・シュレーター）などを見付けることはできる。ただ、それは計画的な内容をデザインしたものではない。裏はあくまで裏で、形態を整えるためだけに操作されているにすぎない。それら一九世紀の劇場に対して、ミース案が決定的に異なっているのは、劇場自身の位置付けである。日常生活の延長に舞台芸術を近付け、それを市民生活に開かれた場としている点に大きな差がある。舞台の創造活動を観客の活動が取り囲むように、あるいは観客が都市・生活と舞台との繋ぎ手であるかのように見せている。記念碑性の強い建築を求める

22　Albert Kahn (1869-1942)
二〇世紀初頭から工場や鉄筋コンクリート建築を手掛け始め、自動車工場を中心に数多くの大スパンの産業建築で能力を発揮した建築家。

ミースにしてみれば、劇場にそうした強い思い入れはなかったかも知れないが、図らずも新時代を表現する劇場になった。二階では、短辺側から入った観客用の空間が、中央部の舞台や大道具製作・倉庫などを取り囲むようにホワイエ、レストラン、プロムナードを周囲に巡らせ観客を結んでいる。八mの天井高を持つその空間はリラックスと気分の高揚とを同時にもたらし、劇場活動を通して街に表情を与えるものとなったことだろう。実現してほしかった劇場の一つだ。

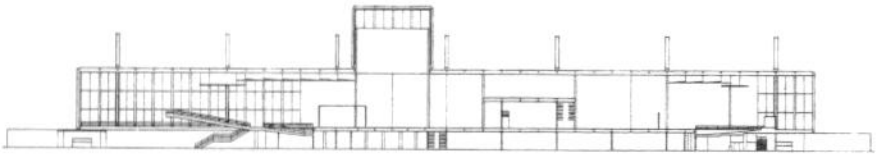

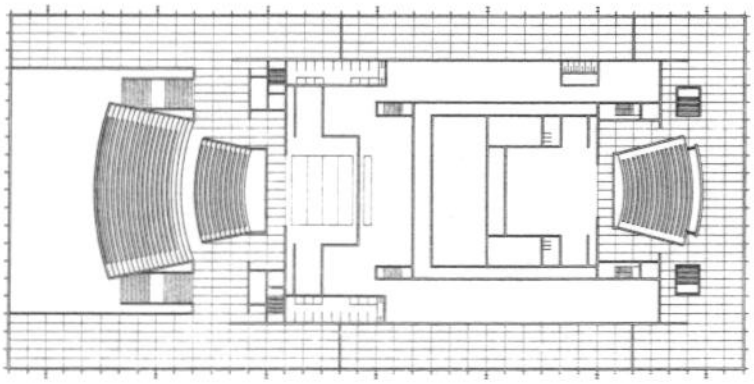

マンハイム劇場案

コンサートホールのコラージュ

ミース・ファン・デル・ローエ「マンハイム劇場案」一九五三年、パース、平面図

ミース・ファン・デル・ローエ「コンサートホールのコラージュ」一九四二年

勿論、ミース案にも疑問点や問題点を指摘できる。例えば、客席の壁面・音響上の反射面・暗転をどうするのか、投光室や技術室もないし、リハーサル室・大道具製作場・フライタワーの天井高不足、搬入口の位置も改善項目だ。軸線・対称性への拘り、四〇mを越える大劇場の最大視距離、大小劇場のボリュームを同じように扱っていることも図式的すぎる。そうした問題点は、実際の設計において解決していけることで、始めから全部解けている計画案を望むのは過酷というものだ。何といっても、劇場にありがちな閉塞感を見事に打ち破る可能性を感じさせてくれる。裏を集約して表のユニバーサルスペースで劇場を解いてしまった発想の勝利だ。劇場という情感に満ちた場所とは相容れない抽象物のような形態も、劇場の中身がまさに工場であることを知る者にとっては、率直な実用性の表現として悪くない。どこにでもありそうで、ここにしかないものを示しているという意味で、プラトニックな個性を感じさせる。

パブリックの劇場を目指す施主にとって、パブリックとの妥協を許さないミースの純粋さは扱いにくかったかも知れない。しかし、建築家が示す態度と作り出すものとはイコールではない。それは、実現された似て非なる別物（一九五七年）が教えてくれる。大小劇場の配置や二階壁面よりセットバックした一階などに共通点が見られるが、設計の根拠、ファサードの作り方、観客空間の表現など全く異なっている。最悪は、表が裏によって挟み撃ちされた格好にしてしまっている

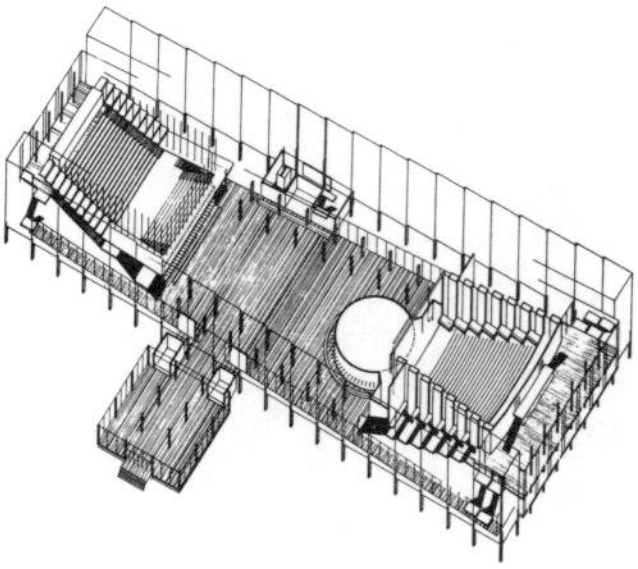

G・ヴェーバー「マンハイム劇場」一九五七年、アクソメ図

ことだ。舞台機能が充満された上階のボリュームにガラス張りの低い一階空間は、いかにも押しつぶされそうに見える。

表裏の立体化

マンハイムにおけるミースの挑戦に続いたのがシドニーだ。やはりここでも舞台レベルを地上に持ち上げているが、その計画的な根拠は、ミースとは全く別種の意図によるものである。ウッツォンは、水辺と基壇上部を純粋にパブリックの空間とするために、一切の裏機能を基壇の下に集約した。この着想は大変に見事なもので、アプローチからベネロング岬の先端までを途切れのないシークエンスで導いている。オペラハウスが岬を独占するのでなく、むしろ、それによって水辺と人が交わるランドスケープに変換することを狙った。そのために全てを表の領域としたのだった。誰でもが自由に散策でき、素晴らしい湾の風景を満喫できる。切符を持たない人でも、ガラス一枚で仕切られた同じ目線で観客とのコミュニケーションが成り立っており、岬を訪れる全ての人々に分け隔てなく開放されるという構想を、劇場のパブリック性に変換し直したと言える。

こうした配列の単純性は、表裏を立体的な関係で解決したことでもたらされた。大きな基壇の下には、楽屋・リハーサル室から管理事務室・舞台転換スペース・倉庫まであらゆる機能が三層にわたって隙間なく詰め込まれている。中央を貫く

J・ウッツォン「シドニーオペラハウス」一九七三年、断面図

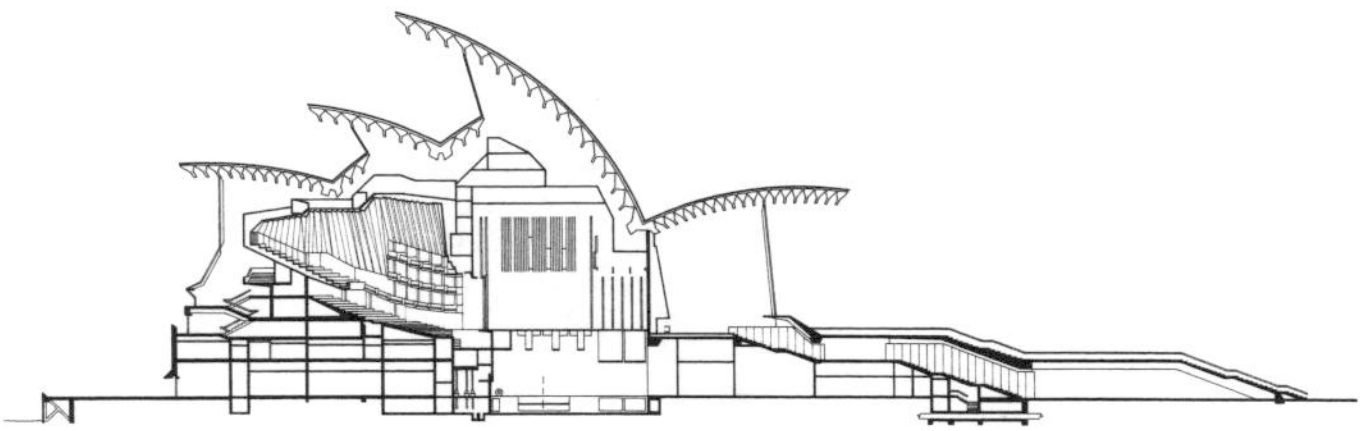

搬入動線を軸に、左にタクシー利用者の寄り付き、右に楽屋口が隣り合って並んでいて、まさに表裏が一体となった計画を象徴している。

しかし、オペラを創造する劇場としてみると、舞台空間に関しては手放しで喜んではいられない。シェルの大きさから舞台空間を十分確保できなかったことが致命的な問題であることは隠しようがない。そこを突いて、内部的要求・劇場機能を制限している外の建築に意味を見出せないと主張することもできる。確かに、

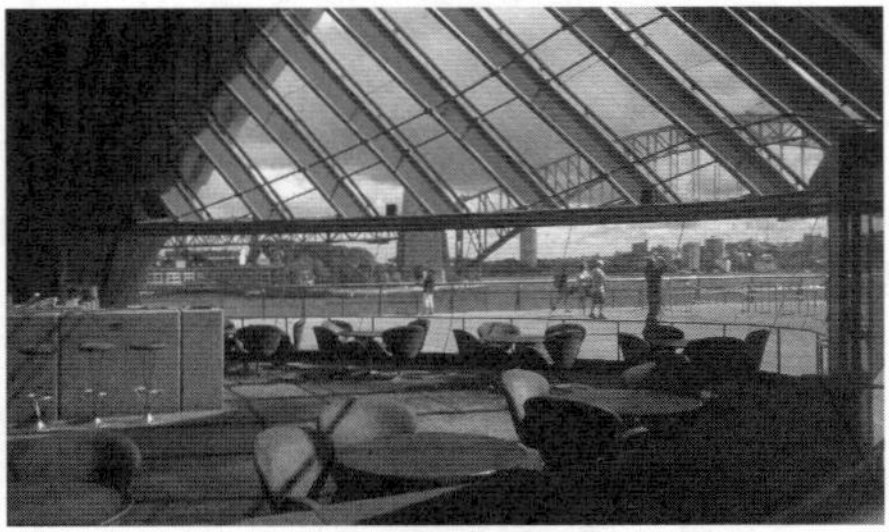

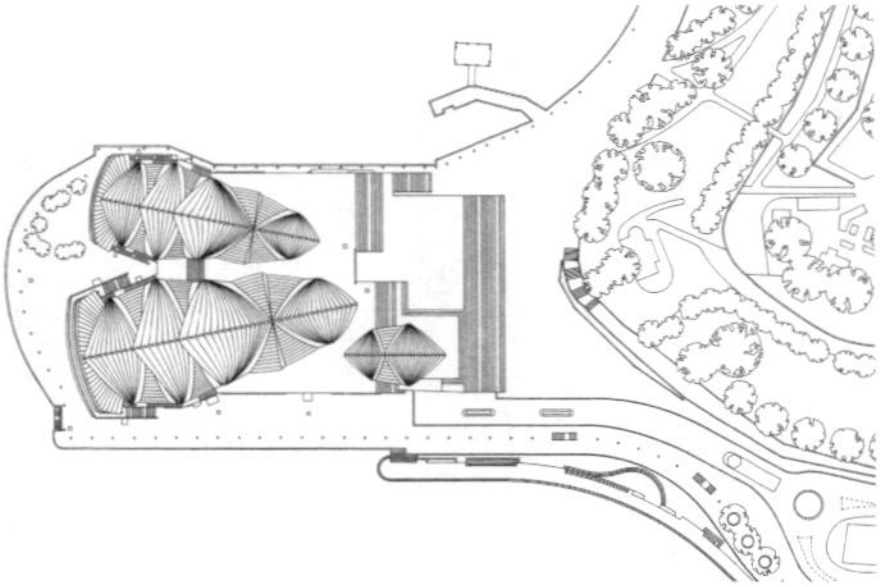

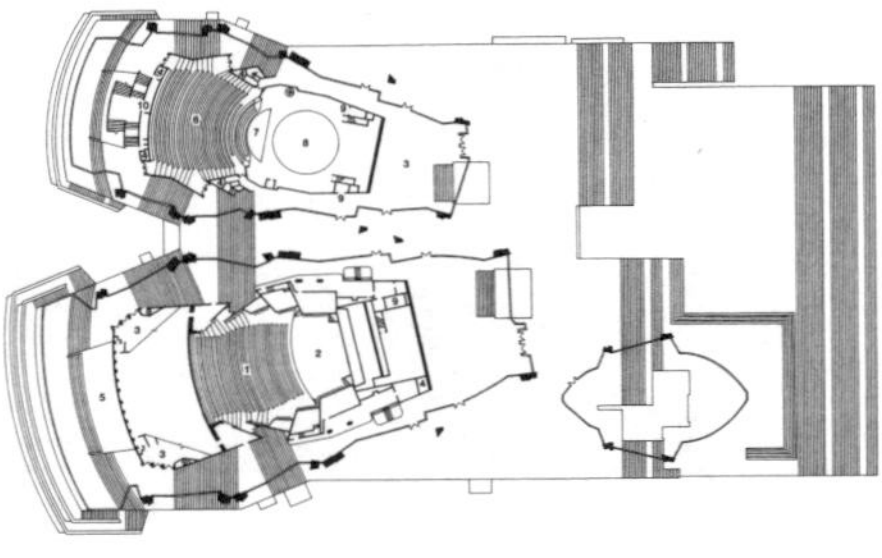

J・ウッツォン「シドニーオペラハウス」一九七三年、ハーバーブリッジから、インテリア、配置図、基壇レベル平面図

一九六六年の政権交代とプログラムの見直しによって、三上祐三が言う「玉突き追突事故[23]」となってしまったこと、建設半ばの設計責任者の離任を考慮すれば、それはウッツォンの作品と言い切れない奇妙な混合物だ。地元建築家の手による劇場・ホールの内部デザインは凡庸でがっかりさせられる。それは表裏が引き離された政治的な混合物であり、政治に直面している建築の姿を端的に示している。それでも彼が挑戦したことにどれほど大きな意義があったかを疑わせるものではない。強烈なシンボル性のために、形態とそこに生じた問題に目を奪われがちだが、それとは別にもう一つ重要な視点を見逃してはならない。

劇場の多重構造

市民社会に貢献する建築像を描いていた近代の建築家にとって、市民そのものであるパブリックをどのように空間化するかは重要な課題であった。しかし、ヒエラルキーと自由度がぶつかり合う劇場は、反デモクラティックな場でもある。創造的でありながら統率的であり、開かれていると同時に閉じている。裏腹な要素が劇場には満ちている。近代の主人公は、そこに新しい手続きとデフレ空間を持ち込んだが、劇場の空間構造を革新するデザインは、そこからはなかなか生まれてこない。

裏の表情を見せない劇場はこれからも計画されるだろう。しかし、形式的で相

23 三上祐三『シドニーオペラハウスの光と影』彰国社、二〇〇一年。

変わらずパリの延長線上に留まっているようでは困る。デュッセルドルフ演劇劇場（一九六九年）は、隣接する公園への通り抜けを可能とするため、舞台レベルを地上から四m、主舞台を除く劇場全体を一九mに揃えて柔らかな曲線で包むことで表裏のない印象的な表情を作っている。舞台空間を背骨のように配置し、スムーズな舞台運営を図っている魅力的劇場だ。ただ、人々を惹き付け、中へと誘導し回遊するような計画性・空間性にはやや欠ける。通り抜けに面して活動の気

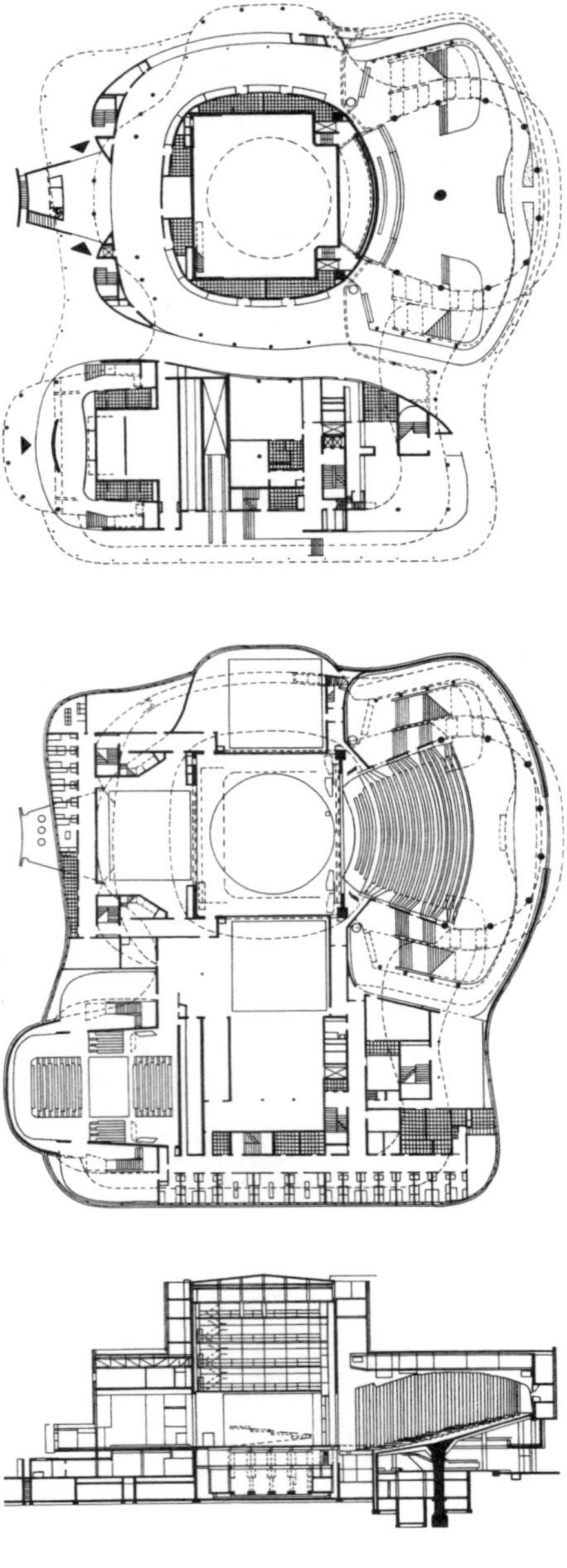

ベルンハルト・プファウ「デュッセルドルフ演劇劇場」一九七〇年開場、平面図、断面図

配が十分表出しておらず、壁面の自由さとは裏腹に、コンベンショナルで硬い印象からまだ抜けきれていないのが残念だ。

演出機能を充実しようとすればするほど舞台裏のヴォリューム・壁面が大きくなり、昼夜変わりない無表情さで立ち尽くす。それは表も同じこと。目的空間の性能向上を図ることは、機能を先鋭化し限定していくことに繋がる。しかし、こうした合理性を劇場で展開しようとしても矛盾をカバーしきれないのではないか。劇場を堅苦しい場所、浪費の場所、近寄りがたい場所といったイメージで括られないために、建築デザインの力は必要だ。表裏の境界、昼夜の差、環境との差などを解消するだけでなく、活動と結びついた魅力的空間がデザインされなければ何も始まらない。プロセスだけでない、結果が求められる。近付きやすく、親しみが持てる空間で人々を呼び込み、利用を喚起できる空間性だ。そこにパブリックが重しのようにのしかかってくる。

これら複合する課題を巧みにカバーする鍵が表裏に隠されている。シドニーの何倍もある舞台空間を持ちながら表裏を作らず、マンハイムのようにユニバーサル空間で裏を囲い込みながら、裏の中に表を、表の中に裏が二重の可能性を持って計画されるなど、二重三重の綾を組み込んでいくことができないか。劇場が新しい段階に入った気がする。

初出一覧

『STAGING』東芝ライテック
「作曲家と同時代のオーケストラピット」（No.1、一九九五年四月）
「神秘を収めるオーケストラピット」（Vol.1、No.3、一九九六年四月）
「オーケストラはどこにある」（No.5、一九九七年六月）
「芸能の床に見る仮設性」（No.7、一九九八年一〇月）
「舞台としての道、芝居小屋の原型」（No.8、一九九九年五月）
「舞台の床が劇場空間を変える」（No.10、二〇〇一年一月）
「観客と作る芝居の明かり」（No.15、二〇〇七年一二月）

『GA Japan』A.D.A. EDITA Tokyo Co.Ltd.
「モダン・シアター・ストーリー　プロローグ　劇場と建築家の希薄な関係」（No.60、二〇〇三年一月）
「モダン・シアター・ストーリー　第一幕　リアルからメタフィジカルへ、プロセニアム劇場の確立と否定の近代」（No.61、二〇〇三年三月）
「モダン・シアター・ストーリー　第二幕　「見る」劇場から「居る」劇場へ」（No.62、二〇〇三年五月）
「モダン・シアター・ストーリー　第三幕　シェークスピアの国での劇場デザイン、活動と呼応する距離感」（No.63、二〇〇三年七月）
「モダン・シアター・ストーリー　第四幕　出会う・音楽する・描く、コンサートホールに育てられる、オーケストラと観客のためのデザイン」（No.64、二〇〇三年九月）
「モダン・シアター・ストーリー　第五幕　Public の脅迫、劇場の表と裏」（No.65、二〇〇三年一一月）
「モダン・シアター・ストーリー　第六幕　完全と不完全／両極端な劇場からの再出発、演劇と建築の相克」（No.66、二〇〇四年一月）

『自然と文化』日本ナショナルトラスト
「近代劇場の計画理念を主導した帝国劇場」（第七四号、二〇〇四年二月）

『演劇人』舞台芸術財団演劇人会議
「演劇を変える＝劇場建築を変える＝制度を変える」（第一一号、二〇〇二年一〇月）

『研究会「地方におけるこれからの公立文化施設」』
「文化活動・施設を進行形で考えられないか」（二〇一四年九月）

『JATETフォーラム「劇場演出空間における芸術と技術の調和を求めて」資料集』劇場演出空間技術協会
「歌舞伎小屋から学ぶこと：日本の木造劇場空間を再考する――現代の劇場空間作りに継承すべき課題――」（二〇〇五年）

あとがき

今まで書き溜めていたもの中から出版社が選んでくれ、形になったのがこの本です。初出一覧を見てみると、『GA Japan』に連載してもらった「モダン・シアター・ストーリー」と東芝ライテックの『STAGING』に書かせてもらったものが多いことに改めて気付きます。「モダン・シアター・ストーリー」は、編集の杉田義一さんが機会を作ってくれたもので、私が気になっている事柄を下敷きとして話し、それに対して杉田さんが色々な質問や意見を言ってくれる過程から生まれました。問題意識を刺激され、大変感謝しています。『STAGING』は、従来の広報誌とはちょっと違った企画で作りたいということで秋山利勝さんから投げ掛けられたものでした。好きなテーマで書かせてもらったことで歴史を振り返ることができ大変有り難く思っています。どちらも、劇場建築に関する研究や設計の実践過程で感じていることが出発点となったものでした。

劇場研究を始めたキッカケは、そもそもオペラ上演ための舞台間口や広さはどのくらいとすべきか？　どのような関係で舞台寸法が決まっているのか？　楽屋の大きさや数は？　ビュッフェやトイレは？　など設計にすぐ反映されるものを探し出すためでした。それがベルリンのオペラやシャウビューネでの研究に繋がり、フィルハーモニーを含めた体験の中で広がってきました。当初は、もっぱら新しい劇場空間にしか興味が持てませんでしたが、次第に古い木造劇場や伝統的な行事などを求めて出掛けることが多くなりました。

劇場の歴史は極めて古く、その分非常に幅広く多様性に富んでいることに気付かされます。ところが、現在日本で計画される劇場・ホールは型通りのものが多いように見受けられ、設計者選定でも実績重視で、これでは活気も希望も生まれません。パリのオペラハウス（C・ガルニエ）、バイロイト祝祭劇場（O・ブリュックヴァルト、初期案はW・ノイマン）、ベルリン・フィルハーモニー（H・シャロウン）といった名だたる劇場建築は、未経験者による作品です。未経験者こそ新しいアイデアを秘めた原石でもあるのです。

だからこそ逆に、同じテーマを追いかけ続けてきている自分が狭い視野に囚われてしまわないよう、柔軟な思考・態度を保つよう心掛けないわけにはいきません。私が行っている建築計画は、ある意味で型を指し示す作業ですが、同時にそれを乗り越える作業でもあります。ですから、自分が言っている先から自分を裏切っていることにならないか、常にそんなことを考えながらの作業です。

本書中で記述した内容に自分勝手な思い込みや誤解があるかも知れません。その際は是非お教えいただければ幸いです。

末尾ながら、丁寧に文や資料の差異を指摘して下さり、最後まで付き合って下さった鹿島出版会の川嶋勝さん、安昌子さん、奥山良樹さんに心から謝意を表します。

二〇一五年一一月

本杉省三

……… 91 上

Knut Boeser, Renata Vatkova, *Erwin Piscator -Eine Arbeitsbiographie in 2 Baenden, Band 1: Berlin 1916-1931, Edition Heinrich,* Verlag Froelich & Kaufmann, Berlin, 1986. ……… 221 中・下

Ruth Freydank, *Theater in Berlin: Von den Anfangen bis 1945,* Argon, Berlin, 1988. ……… 126 下

Architectural Design 3-4, Academy Group Ltd., London, 1989. ………163 上・中・下右・下左

Jean Vermeil, Jacques Moatti, Florian Kleinefenn, *Operas D'Europe,* Edition Plume, Paris, 1989. ……… 145

Siegfried Albrecht, Susanne Grötz, Erwin Herzberger, Hans-Joachim Heyer, Ursula Quecke, *Teatro - Eine Reise zu den oberitalienischen Theatern des 16.-19. Jahrhunderts,* Jonas Verlag, Marburg, 1991. ……… 125 上

Ove Hidemark, Per Edstroem, Birgitta Schyberg and Max Plunfer(Photographs), *Drottningholm Court Theatre - Its advent, fate and preservation,* Byggfoerlaget, Stockholm, 1993. ……… 191 上・下

Marcus Binney, Rosy Runciman, *Glyndebourne - Building a Vision,* Thames and Hudson Ltd., London, 1994. ……… 33 下

Philip Drew, *Sydney Opera House - Jorn Utzon,* Phaidon Press Ltd., London, 1995. ……… 237, 238 中下・下

Stadsschouburg Utrecht, *Architectenbureau Wouda BV,* Verbouwing Stadsschouburg Utrecht, Stadsschouburg Utrecht, 1995. ……… 16 左

James Steele, *Theatre Builders, Academy Edtions,* Academy Group Ltd., London, 1996. ………33 中右

Peter Blundell Jones, Hans Scharoun - An exhaustive study of the significant German architectural Modernist, Phaidon Press Ltd., London, 1997. ……… 165 右・左

Jean-Louis Cohen, *Ludwig Mies van der Rohe,* Birkhäuser Verlag AG, Basel, 2007. ……… 235 上・下

Birgit Schmilke, *Theatres & Concert Hall - Construction & Design Manual,* Dom Publishers, Berlin, 2011. ……… 166 上

Victoria Newhouse, *Site and Sound - The Architecture and Acoustics of New Opera Houses and Concert Halls,* The Monacelli Press LLC, New York, 2012. ………164 中・下 , 166 下

Wilfried Wang, Daniel E. Sylvester (eds.), *Philharmonie : Hans Scharoun, Berlin 1956-1963,* Ernst Wasmuth Verlag GmbH & Co., Tuebingen, 2013. ………97 中・下 , 175 下

http://digi.ub.uni-heidelberg.de/fwhb/klebeband15/ ……… 131 上

http://lorfeo.dk/ ……… 128

http://www.bildindex.de/obj20312155.html#|home ……… 100 下右

http://www.kulturzeitschrift.at/kritiken/musik-konzert/ ……… 19 中上

Archipress & associés, *Techniques & Architecture,* no.310, Archilivres, Boutigny Prouais, 1976 Sep. ……153 上・中上

Denis Bablet, *Revolutions of Stage Design in the Twentieth Century,* Leon Amiel Publisher, 1976. ……95 上・中下

Denis Bablet, *Revolutions of Stage Design in the Twentieth Century,* Leon Amiel Publisher, 1976. …… 227 上・中・下

L'Architecture d' Aujourd' hui, no.199, Archipress & Associés, Paris, 1978/10. ……93 中上，229 中上・中下・下

Frederick Penzel, *Theatre lighting before Electricity,* Wesleyan University Press, Connecticut, 1978. …… 135 中

Kunstbibliothek Berlin, *Bretter, die die Welt bedeuten - Entwuerfe zum Theaterdekor und zum Buehnenkostuem,* Dietrich Reimer Verlag Berlin, 1978. …… 131 下

Allardyce Nicoll, *The Garrick Stage -Theatres and Audience in the Eighteenth Century,* Manchester University Press, Manchester, 1980. …… 126 上

Brian Mercer Walker, *Frank Matcham - Theatre Architect,* Blackstaff Press Ltd., Belfast, 1980. …… 87

Vittorio Gandolfi, *Il Tteatro Farnese Di Parma,* Luigi Battei, Parma, 1980. ……93 下，103 中・下，120

The Architect's Journal, EMAP Publishing, Ltd., London, 1982/8/18. …… 153 中・中下・下右・下左，161

Klaus Konrad Weber, Peter Guettler und Ditta Ahmadi, Berlin und seine Bauten, *Architekten- und Ingenieur-Verein zu Berlin,* Berlin und seine Bauten, Verlag von Wilhelm Ernst & Sohn, Berlin, 1983. ……99 上右・上左・中右・中左，179 上・中・下

Christos G. Athanasopulos, *Contemporary Theater - Evolution and Design,* A Wiley-Interscience Pub., Jhon Wiley & Sons, Inc., 1983. ……95 下，99 下右，236

Richard and Helen Leacroft, *Theatre and Playhouse - An Illustrated Survey of Theatre Buildings from Ancient Greece to the Present Day,* Methuen London Ltd., 1984. ……204, 219 上

Heinrich Habel, *Festspielhaus und Wahnfried - Geplante und ausgefuehrte Bauten Richard Wagner,* Prestel-Verlag Muenchen, 1985. ……136 右，139 下，142 上・中，143 左，146

Heinrich Magirius, *Gottfried Sempers Zweites Dresdner Hoftheater - Entstehung, Künstlerische Ausstattung, Ikonografie,* Edition Leipzig, Hermann Bohlau Nachf. GmbH, Graz/Wien, 1985. ……139 上右・上左・中右・中左，142 下

Michael Forsyth, *Building for Music,* The MIT Press, Cambridge, Massachusetts, 1985. …… 88 上、130

R.A. Foakes, *Illustration of the English Stage 1580-1642,* Scolar Press, James Prince Pub., Ltd, London, 1985.

『劇場・コンサートホール（スペース・デザインシリーズ）』新日本法規出版 , 1995 年 ………… 169 左

小池章太郎『増補・新訂　考証江戸歌舞伎』三樹書房、1997 年 …………114

Edwin O. Sachs, *Modern Opera Houses and Theatres,* 1896, B. T. Batsford, London, 1896. ………… 88 下

Oskar Fischel, *Das Moderne Buhnenbild,* Verlag Ernst Wasmuth A. G., 1923. ………… 93 上

Paul Zucker, *Theater und Lichtspielhaeuser,* Verlag Ernst Wasmuth A. G., Berlin, 1926. ………… 99 下左 , 100 上右・上左・下左

Paul Zucker, *Theater und Lichtspielhaeuser,* Verlag Ernst Wasmuth A. G., Berlin, 1926. …………181 上・中・下

Erwin Piscator, *Das Politische Theater,* Adalbert Schultz Verlag, Berlin, 1929. ………… 221 上

Margarete Bieber, *The History of the Greek and Roman Theater, 2 Revised edition,* Princeton Univ. Press, 1961. …………107 上・中右・中左・下

Oskar Schlemmer, Laszlo Moholy-Nagy and Farkas Molnar, *The Theater of the Bauhaus,* Wesleyan University Press, Connecticut, 1961. ……219 中 , 223 右 , 225 上・下

Hans-Christoph Hoffmann, *Die Theaterbauten von Fellner und Helmer,* Prestel-Verlag, Muenchen, 1966. ………… 86

Margarete Baur-Heinhold, *Theater des Barock - Festliches Bühnenspiel im 17. und 18. Jahrhundert,* Georg D. W. Callwey, Munchen, 1966. …… 91 下 , 108, 127, 132, 135 上

Walter Rene Fuerst, Samuel J. Hume, *Twentieth-Century Stage Decoration,* Dover Publications, Inc., New York, 1967. …………95 中上

Wernar Ruhnau, *Versamlungsstaetten,* Bertelsmann Fachverlag, Guetersloh, 1969. ………… 152, 159 右・左 , 219 下 , 241 上・中・下

Giuliana Ricci, *Teatri D'Italia - dalla Magna Grecia all' Ottocento,* Bramante Editrice, Milano, 1971. ………… 103 上右・上左 , 123 右・左

Hannelore Schubert, *The Modern Theater - Architecture, Stage Design,* Lighting, Karl Kraemer Verlag, Stuttgart, 1971. ………… 28 上・下 , 173 上・中上・中下 , 223 左 , 235 中

Architectural Review, The Architectural Press Ltd., London, 1972/2. …………154 上・中・下 , 155

François Lesure, *L'Opera Classique Français,* Editions Minkoff, Geneve, 1972. ………… 125 中・下

Dietrich Mack, Wilhelm Rauh, Herbert Barth, *Der Festspielhuegel - Richard Wagners Werk in Bayreuth,* Paul List Verlag KG, Muenchen, 1973. ………… 136 左 , 143 右 , 144

Simon Tidworth, *Theatres - an illustrated History,* Pall Mall Press, London, 1973. … 93 中下 , 122 上 , 129, 135 下

Peter Pfankuch, *Hans Scharoun - Bauten, Entwuerfe, Texte, Gebr.* Mann Verlag, Berlin, Akademie der Kuenste, Berlin, 1974.………169 右 , 172 右・左 , 173 下

図版出典

［クレジット］
出光美術館……45, 70 上
逸翁美術館……77 下
愛媛大学図書館（鈴鹿文庫）……25
太田記念美術館……188
観世文庫……53
京都国立博物館……66
国立劇場……81 下, 82, 197 上
国立国会図書館
　年中行事絵巻（藤原光長）6……41
　「京童」巻一……43 上
　（新撰）古今役者大全 巻四……43 下
　歌舞音楽略史・乾……64
　歌舞音楽略史・坤……65
　帝国劇場写真帖……199 右, 200 右・左, 210
　日本之勝景：一名・帝国美観……208
東京都中央区……195
国立歴史民族博物館……40
佐藤光彦……164 上
寂光院……70 中
静嘉堂文庫美術館……187 上
東京国立博物館……77 上・中, 78-79
徳川美術館……50 下, 194 上
豊国神社……46-47, 49, 50 上
奈良県立美術館……190
平木浮世絵財団……81 上
藤森輝信……198
堀尾幸男……35 上・中・下, 36 上・下
本杉省三……11, 13 上・中右・中左・下右・下左, 16 右, 17 上・中・下, 19 上・中下・下, 23 上・中右上・中左, 30 上右・上左・中上右・中左・中下右・下右・下左, 32, 33 上・中左, 57 中・下, 63, 97 上, 112, 122 下, 151 右・左, 158, 160 右・左, 168 右・左, 175 上・中上・中下, 183 上・下, 194 下, 229 上, 232 上・下, 238 上・中上
早稲田大学坪内博士記念演劇博物館……70 下, 81 中
Foto Kranich……10

［出典］
北尾春道『国宝能舞台』洪洋社、1942 年……52, 53, 57 上, 59 右・左, 60 下, 187 下
河竹繁俊『日本演劇圖録』朝日新聞社、1956 年……116
須田敦夫『日本劇場史の研究』相模書房、1957 年……67, 189
帝劇史編纂委員会編纂『帝劇の五十年』東宝、1966 年……211
松崎茂『日本農村舞台の研究』松崎茂工学博士論文刊行会、1967 年……21, 23 中右下・下
東京都『目でみる東京百年』東京都、1968 年……199 左
市川猿之助『猿之助の歌舞伎講座』新潮社、1984 年……112
『建築文化』452 号、彰国社、1984 年 6 月……28 中上・中下, 147
横道萬里雄『能劇の研究』岩波書店、1986 年……60 上, 99 中左
遠山静雄『舞台照明学（上・下）』リブロポート、1988 年……115
鈴木博之、初田亨『図面でみる都市建築の明治』柏書房、1990 年……197 中・下, 201 上・下, 212
伊東正示、シアターワークショップ『演劇のための空間』鹿島出版会、1995 年……230 右・左
高橋幹夫『江戸歌舞伎図鑑：芝居で見る江戸時代』芙蓉書房出版、1995 年……72 右・左, 73, 74
三上祐三、鈴木博之、清水裕之、本杉省三

New York, 1968.（初版は1896年）
Cesare Molinari, *Theatre through the Age,* Cassel & Company Ltd., 1975.
Carl-Friedrich Baumann, *Bühnentechnik im Festspielhaus Bayreuth (100 Jahre Bayreuther Festspiele),* Prestel Publishing Ltd, Munich, 1980.
The Architect's Journal, EMAP Publishing, Ltd., London, 1982/8/18.
Hans Peter Doll, Guenther Erken, *Theater: Eine illustrierte Geschichte des Schauspiels,* Belser Verlag, Stuttgart/Zuerich, 1985.
Andrew Gurr and John Orrell, *Rebuilding Shakespeare's Globe,* Weidenfeld and Nicolson, London, 1989.
Guido Canella (ed.), *Zodiac 2,* Editrice Abitare Segesta, Milano, 1989.
Peter Boeger, *Architektur der Lichtspieltheater in Berlin; Bauten und Projekte 1919-1930,* Verlag Willmuth Arenhoevel, Berlin, 1993.
Marcus Binney, Rosy Runciman, *Glyndebourne: Building a Vision,* Thames & Hudson, London, 1994.
Marino Narpozzi, *teatri 1980-2005,* Motta Architettura, MIlano, 2006.
Klaus-Dieter Reus (Hrsg.), *Faszination der Bühne,* Verlag C. u. C. Rabenstein, Bayreuth, 2008.
Joseph Quincy Adams, *Shakespearean Playhouses; A History of English Theatres from the Beginnings to the Restoration,* Hardpress Publishing, 2012.（初版は1917年。現在はProject Gutenberg eBook, 2007 #22397として、以下で読むことができる。http://www.gutenberg.org/files/22397/22397-h/22397-h.htm#CHAPTER_X）

新潮社、1992 年
熊倉功夫編『日本の近世　第 11 巻：伝統芸能の展開』中央公論社、1993 年
京都大学附属図書館編『國女歌舞妓絵詞』京都大学附属図書館所蔵、1993 年
神野由紀著『趣味の誕生：百貨店がつくったテイスト』勁草書房、1994 年
Cecile de Banke 著、加藤壽一訳『シェイクスピア時代の舞台とその今昔』毎日新聞社、1996 年
アントナン・アルトー著、安堂信也訳『演劇とその分身』白水社、1996 年
ベルトルト・ブレヒト著、千田是也編訳『今日の世界は演劇によって再現できるか：ブレヒト演劇論集』白水社、1996 年
嶺隆著『帝国劇場開幕：今日は帝劇明日は三越』中央公論社、1996 年
鳥越文蔵他著『岩波講座　歌舞伎・文楽　第 2 巻：歌舞伎の歴史I』『岩波講座　歌舞伎・文楽　第 3 巻:歌舞伎の歴史II』岩波書店、1997 年
神山彰著「暗闇の光学」『岩波講座　歌舞伎・文楽　第6巻：歌舞伎の空間論』岩波書店、1998 年
近藤端男「都市と劇場」『岩波講座　歌舞伎・文楽　第 6 巻：歌舞伎の空間論』岩波書店、1998 年
服部幸雄編『歌舞伎をつくる』青土社、1999 年
C. ウォルター・ホッジズ著、河合祥一郎訳『絵で見るシェイクスピアの舞台』研究社出版、2000 年
河竹登志夫著『舞台の奥の日本：日本人の美意識』ティビーエス・ブリタニカ、2000 年
武井協三著『若衆歌舞伎・野郎歌舞伎の研究』八木書店、2000 年
小野恭靖著『絵の語る歌謡史』和泉書院、2001 年
三上祐三著『シドニーオペラハウスの光と影：天才建築家ウツソンの軌跡』彰国社、2001 年
I. L. バード 著、楠家重敏・橋本かほる・宮崎路子訳『バード日本紀行』雄松堂出版、2002 年
国立能楽堂調査養成課調査資料係編『江戸時代の能（国立能楽堂 2000 年特別展示）』日本芸術文化振興会、2002 年
国立能楽堂調査養成課編『浮世絵にみる能：主題に因む受容と変貌（国立能楽堂 2002 年特別展示）』日本芸術文化振興会、2002 年
槌田満文監修『新吉原画報・劇場図会『世事画報』増刊』ゆまに書房、2003 年
エドワード・ブローン著、浦雅春・伊藤愉訳『メイエルホリド　演劇の革命』水声社、2008 年
黒田日出雄『豊国祭礼図を読む』KADOKAWA、2013 年
Victor E. Albright, *The Shaksperian Stage,* The Columbia University Press, 1909.（復刻本は Ams Press Inc., N.Y., 1965.　以下のサイトで読むことができる。https://www.questia.com/library/2870916/the-shaksperian-stage）
Ashley Horace Thorndike, *Shakespeare's Theater,* The Macmillan company Pub., New York, 1916.
William Allan Nielson, Ashley Horace Thorndike, *The Facts About Shakespeare,* The Macmillan company Pub, 1927.（現在は Project Gutenberg eBook 2007, #22281 で読める）
Edwin O. Sachs, *Modern Opera Houses and Theatres,* Benjamin Blom, Inc.,

参考文献

式亭三馬著『戯場訓蒙図彙』日本芸術文化振興会　文化デジタルライブラリー（http://www2.ntj.jac.go.jp/dglib/contents/learn/ebook01/mainmenu.html）

末松謙澄著『演劇改良意見』文學社、1886年（鴎外文庫 書入本画像データベースで閲覧、http://rarebook.dl.itc.u-tokyo.ac.jp/ogai/data/F70_51/0001_m.html）

坪内逍遥著『劇場改良法』大阪出版、1886年

河竹繁俊著『日本演劇全史』岩波書店、1959年

河竹繁俊、楢崎宗重解説『歌舞伎図巻』東京中日新聞出版局、1964年

アントナン・アルトー、安堂信也訳『演劇とその形而上学』白水社、1965年

服部幸雄著『歌舞伎成立の研究』風間書房、1968年

ハンス・M・ウィングラー編著、バウハウス翻訳委員会訳『バウハウス:ワイマール／デッサウ／ベルリン／シカゴ』造形社、1969年

角田一郎編『農村舞台の総合的研究：歌舞伎・人形芝居を中心に』桜楓社、1971年

芸能史研究会編『日本庶民文化史料集成第6巻：歌舞伎』三一書房、1973年

森林太郎著『鴎外全集　第22巻・第24巻・第29巻』岩波書店、1973-1974年

河竹登志夫著『続比較演劇学』南窓社、1974年

諏訪春雄著『歌舞伎史の画証的研究』飛鳥書房、1974年

望月太意之助著『歌舞伎下座音楽』演劇出版社、1975年

照明文化研究会編『あかりのフォークロア』柴田書店、1976年

エミール・ギメ著、青木啓輔訳『1876ボンジュールかながわ』有隣堂、1977年

森田慶一訳註『ウィトルーウィウス建築書』東海大学出版会、1979年

小山弘志・切畑健・原田伴彦編『図説日本の古典　第12巻：能・狂言』集英社、1980年

守屋毅「日本の音曲考」『is』第九号、ポーラ文化研究所、1980年

高野辰之著『日本歌謡史』五月書房、1981年

竹内芳太郎著『野の舞台』ドメス出版、1981年

エドワード・ブローン著、浦雅春訳『メイエルホリドの全体像』晶文社、1982年

中村哲郎著『西洋人の歌舞伎発見』劇書房、1982年

『近世風俗図譜　第5巻：四条河原』小学館、1982年

『近世風俗図譜　第8巻：祭礼1』小学館、1982年

『近世風俗図譜　第3巻：洛中洛外1』小学館、1983年

本田安次著『伝統芸能の系譜：わたしのアルバム』錦正社、1986年

山田庄一著『歌舞伎音楽入門』音楽之友社、1986年

遠山静雄著『舞台照明学（上・下巻）』リブロポート、1988年

福田晴虔『建築と劇場：十八世紀イタリアの劇場論』中央公論美術出版、1991年

諏訪春雄「歌舞伎の歴史」『國文学』第37巻6号臨時増刊、学燈社、1992年5月

高埜利彦著『元禄・亨保の時代』集英社、1992年

西野春雄・竹西寛子『能・狂言・風姿花伝』

［著者］
本杉省三（もとすぎ・しょうぞう）
日本大学教授、劇場建築計画・設計。一九五〇年神奈川県生まれ。日本大学大学院理工学研究科修士課程修了。日本大学理工学部助手、文化庁文化部嘱託・非常勤職員（第二国立劇場設立準備調査担当）、ベルリン自由大学演劇研究所留学、ベルリン・ドイツオペラおよびシャウビューネ劇場特別研究員、ＤＡＡＤ（ドイツ学術交流会）奨学生などを経て、一九九九年より現職。
おもな劇場計画担当に、シアターコクーン、新国立劇場、まつもと市民芸術館など。主な著書に『音楽空間への誘い』共著・鹿島出版会、『地域に生きる劇場』『建築設計資料集成／展示・芸能』共著・丸善など。

SD選書265
劇場空間《げきじょうくうかん》の源流《げんりゅう》
二〇一五年一二月一〇日　第一刷発行

著　者　本杉省三《もとすぎしょうぞう》
発行者　坪内文生
発行所　鹿島出版会
〒一〇四―〇〇二八　東京都中央区八重洲二―五―一四
電話〇三（六二〇二）五二〇〇
振替〇〇一六〇―二―一八〇八八三

印刷・製本　三美印刷

ISBN 978-4-306-05265-9　C1352
©Shozo MOTOSUGI 2015, Printed in Japan

落丁・乱丁本はお取り替えいたします。

本書の無断複製（コピー）は著作権法上での例外を除き禁じられています。

また、代行業者等に依頼してスキャンやデジタル化することは、たとえ個人や家庭内の利用を目的とする場合でも著作権違反です。

本書の内容に関するご意見・ご感想は左記までお寄せください。

URL: http://www.kajima-publishing.co.jp
e-mail: info@kajima-publishing.co.jp

SD選書目録

四六判（*＝品切）

001 現代デザイン入門　勝見勝著
002* 現代建築12章　L・カーン他著　山本学治訳編
003* 都市とデザイン　栗田勇著
004* 江戸と江戸城　内藤昌著
005 日本デザイン論　伊藤ていじ著
006* ギリシア神話と壺絵　沢柳大五郎著
007 フランク・ロイド・ライト　谷川正己著
008 きもの文化史　河鰭実英著
009 素材と造形の歴史　山本学治著
010* 今日の装飾芸術　ル・コルビュジエ著　前川国男訳
011 コミュニティとプライバシイ　C・アレグザンダー著　岡田新一訳
012* 新桂離宮論　内藤昌著
013 日本の工匠　伊藤ていじ著
014 現代絵画の解剖　木村重信著
015 ユルバニスム　ル・コルビュジエ著　樋口清訳
016* デザインと心理学　穐山貞登著
017 私と日本建築　A・レーモンド著　三沢浩訳
018* 現代建築を創る人々　神代雄一郎編
019 芸術空間の系譜　高階秀爾著
020 日本美の特質　吉村貞司著
021 建築をめざして　ル・コルビュジエ著　吉阪隆正訳
022* メガロポリス　J・ゴットマン著　木内信蔵訳
023 日本の庭園　田中正大著
024* 明日の演劇空間　尾崎宏次著
025 都市形成の歴史　A・コーン著　星野芳久訳
026* 近代絵画　A・オザンファン他著　吉川逸治訳
027 イタリアの美術　A・ブラント著　中森義宗訳
028 明日の田園都市　E・ハワード著　長素連訳
029* 移動空間論　川添登著
030* 日本の近世住宅　平井聖著
031* 新しい都市交通　B・リチャーズ著　曽根幸一他訳
032* 人間環境の未来像　W・R・イーウォルド編　磯村英一他訳
033 輝く都市　ル・コルビュジエ著　坂倉準三訳
034 アルヴァ・アアルト　武藤章著
035* 幻想の建築　坂崎乙郎著
036* カテドラルを建てた人びと　J・ジャンペル著　飯田喜四郎訳
037 日本建築の空間　井上充夫著
038* 環境開発論　浅田孝著
039* 都市と娯楽　加藤秀俊著
040* 郊外都市論　H・カーヴァー著　志水英樹訳
041* 都市文明の源流と系譜　藤岡謙二郎著
042* 道具考　榮久庵憲司著
043 ヨーロッパの造園　岡崎文彬著
044* 未来の交通　H・ヘルマン著　岡寿麿訳
045* 古代技術　H・ディールス著　平田寛訳
046* キュビスムへの道　D・H・カーンワイラー著　千足伸行訳
047* 近代建築再考　藤井正一郎著
048* 古代科学　J・L・ハイベルク著　平田寛訳
049 住宅論　篠原一男著
050* ヨーロッパの住宅建築　S・カンタクシーノ著　山下和正訳
051* 都市の魅力　清水馨八郎、服部銈二郎著
052* 東照宮　大河直躬著
053 茶匠と建築　中村昌生著
054* 住居空間の人類学　石毛直道著
055 空間の生命 人間と建築　坂崎乙郎著
056* 環境とデザイン　G・エクボ著　久保貞訳
057* 日本美の意匠　水尾比呂志著
058* 新しい都市の人間像　R・イールズ他編　木内信蔵監訳
059 京の町家　島村昇他編
060* 都市問題とは何か　R・パーノン著　片桐達夫訳
061 住まいの原型Ⅰ　泉靖一編
062* コミュニティ計画の系譜　佐々木宏著
063* 近代建築　V・スカーリー著　長尾重武訳
064* SD海外建築情報Ⅰ　岡田新一編
065* SD海外建築情報Ⅱ　岡田新一編
066 天上の館　J・サマーソン著　鈴木博之訳
067 木の文化　小原二郎著
068* SD海外建築情報Ⅲ　岡田新一編
069* 地域・環境・計画　水谷穎介著
070* 都市虚構論　池田亮二著
071 現代建築事典　W・ペーント編　浜口隆一他日本語版監修
072* ヴィラール・ド・オヌクールの画帖　藤本康雄著
073* タウンスケープ　T・シャープ著　長素連他訳
074* 現代建築の源流と動向　L・ヒルベルザイマー著　渡辺明次訳
075* 部族社会の芸術家　M・W・スミス編　木村重信他訳
076 キモノ・マインド　B・ルドフスキー著　新庄哲夫訳
077 住まいの原型Ⅱ　吉阪隆正他著
078 実存・空間・建築　C・ノルベルグ＝シュルツ著　加藤邦男訳
079* SD海外建築情報Ⅳ　岡田新一編
080* 都市の開発と保存　上田篤、鳴海邦碩編
081* 爆発するメトロポリス　W・H・ホワイトJr.他著　小島将志訳
082* アメリカの建築とアーバニズム(上)　V・スカーリー著　香山壽夫訳
083* アメリカの建築とアーバニズム(下)　V・スカーリー著　香山壽夫訳
084* 海上都市　菊竹清訓著
085* アーバン・ゲーム　M・ケンツレン著　北原理雄訳

086* 建築2000　C・ジェンクス著　工藤国雄訳
087* 日本の公園　田中正大著
088* 現代芸術の冒険　O・ビハリメリン著　坂崎乙郎他訳
089* 江戸建築と本途帳　西和夫著
090* 大きな都市小さな部屋　渡辺武信著
091* イギリス建築の新傾向　R・ランダウ著　鈴木博之訳
092* SD海外建築情報V　岡田新一編
093* IDの世界　豊口協著
094* 交通圏の発見　有末武夫著
095 建築とは何か　B・タウト著　篠田英雄訳
096* 続住宅論　篠原一男著
097* 建築の現在　長谷川堯著
098* 都市の景観　G・カレン著　北原理雄訳
099* SD海外建築情報VI　岡田新一編
100* 都市空間と建築　U・コンラーツ著　伊藤哲夫訳
101* 環境ゲーム　T・クロスビイ著　松平誠訳
102* アテネ憲章　ル・コルビュジエ著　吉阪隆正訳
103* プライド・オブ・プレイス　シヴィック・トラスト著　井手久登他訳
104* 構造と空間の感覚　F・ウイルソン著　山本学治他訳
105* 現代民家と住環境体　大野勝彦著
106* 光の死　H・ゼーデルマイヤ著　森洋子訳
107* アメリカ建築の新方向　R・スターン著　鈴木一訳
108* 近代都市計画の起源　L・ベネヴォロ著　横山正訳
109* 中国の住宅　劉敦槙著　田中淡他訳
110* 現代のコートハウス　D・マッキントッシュ著　北原理雄訳
111 モデュロールI　ル・コルビュジエ著　吉阪隆正訳
112 モデュロールII　ル・コルビュジエ著　吉阪隆正訳
113* 建築の史的原型を探る　B・ゼーヴィ著　鈴木美治訳
114 西欧の芸術1 ロマネスク上　H・フォシヨン著　神沢栄三他訳
115 西欧の芸術1 ロマネスク下　H・フォシヨン著　神沢栄三他訳
116 西欧の芸術2 ゴシック上　H・フォシヨン著　神沢栄三他訳
117 西欧の芸術2 ゴシック下　H・フォシヨン著　神沢栄三他訳
118* アメリカ大都市の死と生　J・ジェイコブス著　黒川紀章訳
119* 遊び場の計画　R・ダットナー著　神谷五男他訳
120 人間の家　ル・コルビュジエ他著　西沢信弥訳
121* 街路の意味　竹山実著
122* パルテノンの建築家たち　R・カーペンター著　松島道也訳
123 ライトと日本　谷川正己著
124 空間としての建築(上)　B・ゼーヴィ著　栗田勇訳
125 空間としての建築(下)　B・ゼーヴィ著　栗田勇訳
126 かいわい[日本の都市空間]　材野博司著
127* 歩行者革命　S・プライネス他著　岡並木監訳
128 オレゴン大学の実験　C・アレグザンダー著　宮本雅明訳
129* 都市はふるさとか　F・レンツローマイス著　武基雄他訳
130* 建築空間[尺度について]　P・ブドン著　中村貴志訳
131* アメリカ住宅論　V・スカーリーJr.著　長尾重武訳
132* タリアセンへの道　谷川正己著
133* 建築VS.ハウジング　M・ポウリー著　山下和正訳
134* 思想としての建築　栗田勇著
135* 人間のための都市　P・ペータース著　河合正一訳
136* 都市憲章　磯村英一著
137* 巨匠たちの時代　R・バンハム著　山下泉訳
138 三つの人間機構　ル・コルビュジエ著　山口知之訳
139 インターナショナル・スタイル　H・R・ヒッチコック他著　武沢秀一訳
140 北欧の建築　S・E・ラスムッセン著　吉田鉄郎訳
141* 続建築とは何か　B・タウト著　篠田英雄訳
142* 四つの交通路　ル・コルビュジエ著　井田安弘訳
143 ラスベガス　R・ヴェンチューリ他著　石井和紘他訳
144 ル・コルビュジエ　C・ジェンクス著　佐々木宏訳
145* デザインの認識　R・ソマー著　加藤常雄訳
146* 鏡[虚構の空間]　由水常雄著
147* イタリア都市再生の論理　陣内秀信著
148 東方への旅　ル・コルビュジエ著　石井勉他訳
149 建築鑑賞入門　W・W・コーディル他著　六鹿正治訳
150* 近代建築の失敗　P・ブレイク著　星野郁美訳
151* 文化財と建築史　関野克著
152* 日本の近代建築(上)その成立過程　稲垣栄三著
153* 日本の近代建築(下)その成立過程　稲垣栄三著
154 住宅と宮殿　ル・コルビュジエ著　井田安弘訳
155* イタリアの現代建築　V・グレゴッティ著　松井宏方訳
156 バウハウス[その建築造形理念]　杉本俊多著
157 エスプリ・ヌーヴォー[近代建築名鑑]　ル・コルビュジエ著　山口知之訳
158* 建築について(上)　F・L・ライト著　谷川睦子他訳
159 建築について(下)　F・L・ライト著　谷川睦子他訳
160* 建築形態のダイナミクス(上)　R・アルンハイム著　乾正雄訳
161 建築形態のダイナミクス(下)　R・アルンハイム著　乾正雄訳
162 見えがくれする都市　槇文彦他著
163* 街の景観　G・バーク著　長素連他訳
164 環境計画論　田村明著
165* アドルフ・ロース　伊藤哲夫著
166* 空間と情緒　箱崎総一著
167 水空間の演出　鈴木信宏著
168* モラリティと建築　D・ワトキン著　榎本弘之訳
169* ペルシア建築　A・U・ポープ著　石井昭訳
170* ブルネッレスキ ルネサンス建築の開花　G・C・アルガン著　浅井朋子訳
171 装置としての都市　月尾嘉男著
172 建築家の発想　石井和紘著
173 日本の空間構造　吉村貞司著
174 建築の多様性と対立性　R・ヴェンチューリ著　伊藤公文訳
175 広場の造形　C・ジッテ著　大石敏雄訳
176 西洋建築様式史(上)　F・バウムガルト著　杉本俊多訳
177 西洋建築様式史(下)　F・バウムガルト著　杉本俊多訳
178 木のこころ 木匠回想記　G・ナカシマ著　神代雄一郎他訳

179* 風土に生きる建築 若山滋著
180* 金沢の町家 島村昇著
181* ジュゼッペ・テッラーニ B・ゼーヴィ編 鵜沢隆訳
182* 水のデザイン D・ベーミングハウス著 鈴木信宏訳
183* ゴシック建築の構造 R・マーク著 飯田喜四郎訳
184 建築家なしの建築 B・ルドフスキー著 渡辺武信訳
185 プレシジョン(上) ル・コルビュジエ著 井田安弘他訳
186 プレシジョン(下) ル・コルビュジエ著 井田安弘他訳
187* オットー・ワーグナー H・ゲレツェッガー他著 伊藤哲夫他訳
188 環境照明のデザイン 石井幹子著
189 ルイス・マンフォード 木原武一著
190 「いえ」と「まち」 鈴木成文他著
191 アルド・ロッシ自伝 A・ロッシ著 三宅理一訳
192 屋外彫刻 M・A・ロビネット著 千葉成夫訳
193 「作庭記」からみた造園 飛田範夫著
194 トーネット曲木家具 K・マンク著 宿輪吉之典訳
195 劇場の構図 清水裕之著
196 オーギュスト・ペレ 吉田鋼市著
197 アントニオ・ガウディ 鳥居徳敏著
198 インテリアデザインとは何か 三輪正弘著
199* 都市住居の空間構成 東孝光著
200 ヴェネツィア 陣内秀信著
201 自然な構造体 F・オットー著 岩村和夫訳
202 椅子のデザイン小史 大廣保行著
203 都市の道具 GK研究所、榮久庵祥二著
204 ミース・ファン・デル・ローエ D・スペース著 平野哲行訳
205 表現主義の建築(上) W・ペーント著 長谷川章訳
206* 表現主義の建築(下) W・ペーント著 長谷川章訳
207 カルロ・スカルパ A・F・マルチャノ著 浜口オサミ訳
208* 都市の街割 材野博司著
209 日本の伝統工具 土田一郎著 秋山実写真

210 まちづくりの新しい理論 C・アレグザンダー他著 難波和彦監訳
211* 建築環境論 岩村和夫著
212 建築計画の展開 W・M・ペニヤ著 本田邦夫訳
213 スペイン建築の特質 F・チュエッカ著 鳥居徳敏訳
214* アメリカ建築の巨匠たち P・ブレイク他著 小林克弘他訳
215* 行動・文化とデザイン 清水忠男著
216 環境デザインの思想 三輪正弘著
217 ボッロミーニ G・C・アルガン著 長谷川正允訳
218 ヴィオレ・ル・デュク 羽生修二著
219 トニー・ガルニエ 吉田鋼市著
220 住環境の都市形態 P・パヌレ他著 佐藤方俊訳
221 古典建築の失われた意味 G・ハーシー著 白井秀和訳
222 パラディオへの招待 長尾重武著
223* ディスプレイデザイン 魚成祥一郎監修 清家清序文
224 芸術としての建築 S・アバークロンビー著 白井秀和訳
225 フラクタル造形 三井秀樹著
226 ウイリアム・モリス 藤田治彦著
227 エーロ・サーリネン 穂積信夫著
228 都市デザインの系譜 相田武文、土屋和男著
229 サウンドスケープ 鳥越けい子著
230 風景のコスモロジー 吉村元男著
231 庭園から都市へ 材野博司著
232 都市・住宅論 東孝光著
233 ふれあい空間のデザイン 清水忠男著
234 さあ横になって食べよう B・ルドフスキー著 多田道太郎監修
235 間(ま)——日本建築の意匠 神代雄一郎著
236 都市デザイン J・バーネット著 兼田敏之訳
237 建築家・吉田鉄郎の『日本の住宅』 吉田鉄郎著
238 建築家・吉田鉄郎の『日本の建築』 吉田鉄郎著
239 建築家・吉田鉄郎の『日本の庭園』 吉田鉄郎著
240 建築史の基礎概念 P・フランクル著 香山壽夫監訳

241 アーツ・アンド・クラフツの建築 片木篤著
242 ミース再考 K・フランプトン他著 澤村明+EAT訳
243 歴史と風土の中で 山本学治建築論集①
244 造型と構造と 山本学治建築論集②
245 創造するこころ 山本学治建築論集③
246 アントニン・レーモンドの建築 三沢浩著
247 神殿か獄舎か 長谷川堯著
248 ルイス・カーン建築論集 ルイス・カーン著 前田忠直編訳
249 映画に見る近代建築 D・アルブレヒト著 萩正勝訳
250 様式の上にあれ 村野藤吾著作選
251 コラージュ・シティ C・ロウ、F・コッター著 渡辺真理著
252 記憶に残る場所 D・リンドン、C・W・ムーア著 有岡孝訳
253 エスノ・アーキテクチュア 太田邦夫著
254 時間の中の都市 K・リンチ著 東京大学大谷幸夫研究室訳
255 建築十字軍 ル・コルビュジエ著 井田安弘訳
256 機能主義理論の系譜 E・R・デ・ザーコ著 山本学治他訳
257 都市の原理 J・ジェイコブズ著 中江利忠他訳
258 建物のあいだのアクティビティ J・ゲール著 北原理雄訳
259 人間主義の建築 G・スコット著 邉見浩久、坂牛卓監訳
260 環境としての建築 R・バンハム著 堀江悟郎訳
261 パタン・ランゲージによる住宅の生産 C・アレグザンダー他著 中埜博監訳
262 褐色の三十年 L・マンフォード著 富岡義人訳
263 形の合成に関するノート/都市はツリーではない C・アレグザンダー著 稲葉武司、押野見邦英訳
264 建築美の世界 井上充夫著
265 劇場空間の源流 本杉省三著